Jean Chalon

Porträt einer Verführerin

Die Biographie
der
Natalie Barney

List Verlag München

Aus dem Französischen von Helmut Kossodo.
Die Originalausgabe »Portrait d'une séductrice«
erschien 1976 bei den Editions Stock.

Wo nicht anders vermerkt, stammen die Rohübersetzungen von
Gedichten und Texten anderer Autoren von Helmut Kossodo.

Umschlaggestaltung: Franz Wöllzenmüller, München

ISBN 3-471-77214-6

Satz: Fertigsatz GmbH, München
Druck: Karl Wenschow GmbH, München
Bindearbeit: R. Oldenbourg, München

Inhalt

Natalie, für die ich dieses Buch geschrieben habe, und Berthe, ohne die dieses Buch nicht geschrieben werden konnte, zugeeignet. Berthe Cleyrergue, der Natalie Barney zu sagen pflegte: »Wenn ich einmal nicht mehr da bin, wird man Sie über die Amazone ausfragen, und da bitte ich Sie, die Wahrheit zu sagen.«

»... er verdammt die Indiskretion und scheint darüber zu vergessen, welche Wohltaten sie vollbringt. Jeder Ausdruck, jedes Kunstwerk ist eine Indiskretion, die wir an uns selbst begehen. Und das entspringt keiner ›Armut‹, sondern einem Überfluß an Reichtum, denn nur so verlängern wir die wenigen Stunden unseres Lebens über sich selbst hinaus. Und vor unseren wirklich vergangenen Vergangenheiten ist die Diskretion nur ein wertloses, steriles Vergessen. Ich glaube, daß es andachtsvoll ist, unsere Toten durch einige Worte zu ehren, durch die sie weiter leben können, und ihnen anstatt zu schweigen einen anregenden und mutigen Grabspruch zu setzen, der sie so zeigt, wie sie waren. Denn vielleicht ist es sträflich, all den Reichtum, der aus ihrem Leben selbst ihr Meisterwerk geschaffen hat, so sang- und klanglos vergehen zu lassen. Die sorgsam aufgelesenen Geschichten ihrer Liebschaften haben ja die Welt verschönert; sie sind die barmherzige Gabe, die ihr Reichtum uns hinterläßt. In ihnen allein leben sie fort. Es gibt auch eine Indiskretion des Schweigens. Und wäre es nicht gnadenlos armselig, sterben zu lassen, was gestorben ist?«

Natalie Clifford Barney
(*Verstreute Gedanken*, 1910)

»Ich habe über all das ein wenig nachgedacht: Ich habe mir gesagt, daß Sie das Glück hatten, in einer Zeit zu leben, als der Begriff des Vergnügens noch ein zivilisatorischer Begriff war (das ist er heute nicht mehr); ich habe es an Ihnen besonders geschätzt, daß Sie den intellektuellen Fieberkrankheiten dieses halben Jahrhunderts entgangen sind, daß Sie weder psychoanalysiert noch existenzialistisch waren, daß Sie sich nicht mit allerlei sinnlosen Taten beschäftigt haben, sondern daß Sie dagegen stets der Gewißheit Ihres Geistes, Ihrer Sinne, ja Ihres gesunden Menschenverstandes treu geblieben sind.«

(Aus einem Brief von Marguerite Yourcenar
an Natalie Barney, vom 29. Juli 1963)

I

Natalie, Alice, Laura und Olivia

»Meine Kindheit? ›Außergewöhnlich‹, wie die jedes anderen, aber im Gegensatz zu jedem anderen lege ich keinen Wert darauf, sie lang und breit zu erzählen.«

Natalie Clifford Barney
(Indiskrete Erinnerungen)

Das Leben meiner Freundin Natalie Clifford Barney ist eine lange Folge von großen Lieben. Denn die Verführung kennt kein Alter. Und von ihrer Geburt an, am 31. Oktober 1876 in Dayton (Ohio), bis zu ihrem Tode, am 2. Februar 1972 in Paris, hat Natalie Barney nicht aufgehört, zu verführen. Allerdings hat diese meisterhafte Verführerin schon in der Wiege zahlreiche Gaben empfangen: Schönheit, Charme, Gesundheit, Vermögen, und dazu vielleicht die kostbarste von allen: die Fähigkeit, ihre Gaben anzuwenden und sie zu genießen. Wie viele Menschen verschwenden die Gaben des Himmels ...

Um sich Natalie vorzustellen, um sie zu verstehen, muß man vorgefaßte Meinungen außer acht lassen. Natalie erschüttert den festverankerten Glauben. Natalie bricht die Schranken, die die vier Altersstufen voneinander trennen: Kindheit, Jugend, Reife, Alter. Sie wurde erwachsen geboren. Jawohl, man *muß* einfach annehmen, daß Natalie erwachsen geboren wurde. Oder aber sie ist stets ein siebenjähriges Kind geblieben, eine frühreife Amazone, die bereits ihre Ponys und Spielkameraden zu zähmen wußte.

Zwischen dem »wilden Kind aus Ohio«, dem jungen Mädchen aus bester Familie, das in der Welt und Halbwelt so beliebt war, der Muse von 1900, der Liane de Pougy ihre *Saphischen Idylle*, Renée Vivien ihre *Studien und Preludien* widmete, dem Idol, das Rémy de Gourmont in seinen *Briefen an die Amazone* vergöttert, der Pariserin der dreißiger Jahre, die in ihrem Salon und Freundschaftstempel, Rue Jacob 20, empfing, der Autorin von *Strichzeichnungen und Portraits* und *Indiskrete Erinnerungen,* der legendären »Demoiselle« der Jahre 50–60–70 gibt es nur einen Unterschied in der äußeren Hülle und Erscheinung. In ihrem Wesen hat Natalie all die Jahre hindurch nichts eingebüßt, ist keinem Einfluß erlegen und keiner Verminderung anheimgefallen. Natalie hat ihr Jahrhundert voll und ganz als Natalie durchschritten und alle, die sich ihr näherten, natalisiert. Ein solches Privileg grenzt an ein Wunder. Es ist ein Wunder.

Natalie ist eine reine Tochter Evas. Adam scheint an ihrer Erzeugung nicht teilgehabt zu haben. Ihr Vater, ihre Vettern, ihre Anbeter und all ihre männlichen Freunde sind nur sehr entfernte Bewunderer von einem anderen Planeten. Natalie hat nur die Frauen geliebt, und sie tat es ohne Zögern, ohne Maske – zu einer Zeit, als Heuchelei und Anstand noch mit ihrer ganzen Macht herrschten. So ist sie die erste befreite Frau ihrer Zeit geworden, sie war die Amazone, der alle die heute so üppig verbreiteten Amazonen gefolgt sind. Wie erstaunt wäre Natalie beim Anblick dieser sich männlich gebenden und derb lärmenden Nachkommenschaft – sie, die die perfekte Blütenfrau war, mit allem, was an irreführender Grazie und Zerbrechlichkeit dazugehörte. Erstaunt? Ich weiß es nicht einmal, denn schon höre ich ihr: »Was hat denn dieser Gemeinplatz, ›Erstaunen‹, mit mir zu tun?«

Natalies Verständnis, Toleranz und Scharfsinn waren grenzenlos. Sie hatte den Leitspruch ihrer Mutter übernommen: *Leben und leben lassen.* Das hat sie unter anderem versucht, mir beizubringen, als ich sie kennenlernte. Damals war sie gerade siebenundachtzig Jahre alt geworden, und ich achtundzwanzig.

Ich vergaß ihr Alter, und sie vergaß meins. Im Schutze dieses Vergessens entstand unsere Freundschaft mit ihrem spontanen Gefühls- und Gedankenaustausch. Ich brachte Natalie das Geschwätz der Stadt und die Darstellung meiner bescheidenen Unordnung. Sie bot mir das Bild einer Gelassenheit und Klarsicht, das ich sehr nötig brauchte, und die Früchte ihrer Erfahrungen. Sie verstand es, mich so geschickt zu führen, daß ich stets glaubte, zu tun, was mir gefiel. Waren wir räumlich getrennt, wenn sie den Winter in Nizza oder den Sommer auf dem Land verbrachte, so waren wir durch Briefe vereint, die wir uns ein- bis zweimal in der Woche schrieben. Eines Tages schrieb sie mir: »Sie stehen mir nahe. Vergessen Sie nicht, daß wir uns die, die uns nahe stehen, auserwählen müssen.«

Dieser Satz könnte darauf schließen lassen, daß Natalie über ihre Familie zu klagen hatte. Das stimmt aber nicht. Gewiß, sie sprach nicht oft von ihren Eltern. »Sie waren jung, sie waren schön, und sie waren gesund«, erklärte sie mir kurz, als wollte sie damit ihre eigene Jugend, Schönheit und Gesundheit erblich herleiten.

Ihr Vater, Albert Clifford Barney, ist ein blonder Lebemann, Präsident der Barney Railroad Car Foundry, einer Eisenbahnwagenfabrik. Ihre Mutter Alice, geborene Pike, ist ebenfalls blond und lebenslustig. Sie haben Vermögen, Geist und gute Vorfahren. Sie sind in Washington als modernes Ehepaar beliebt.

Drei Jahre nach Natalies Geburt bringt Alice Pike Barney eine zweite und letzte Tochter zur Welt: Laura. Von da an widmet sie sich ausschließlich ihrer einzigen Leidenschaft, der Malkunst. Sie ist eine Dilettantin, die gern als Malerin anerkannt sein möchte, und nimmt bei Carolus Duran und später bei Whistler Unterricht. Sie schreibt auch Theaterstücke. Als überzeugte Mäzenin erzieht sie ihre Töchter zur Kunstliebe und ermutigt sie, Künstlern zu helfen. Natalie folgt diesem Rat besonders gern. Die etwas schwächlicher veranlagte Laura entschließt sich, den Mystikern beizustehen, und tritt der persischen Sekte der Bahais bei. Natalie machte sich darüber lustig und erklärte: »Meine Schwester ist eine Heilige ...« Als diese Heilige drei Jahre alt war, schlug sie Natalie mit einer Schaufel auf den Kopf, was lange Zeit eine Narbe und viel Groll hinterließ. Später bemühte sich Laura vergebens, den Schaufelhieb durch völlige Ergebenheit an ihrer älteren Schwester wiedergutzumachen.

Natalie erlebt die Freuden einer ländlichen Kindheit auf dem schönen elterlichen Besitz in der Umgebung von Cincinnati. Dort führt sie ihre beiden Hunde spazieren und reitet auf ihrem Shetlandpony. Sie plaudert mit ihrem Papagei Jumbo und ihrem mexikanischen Sittich Orisaba. Sie schwimmt und läuft viel. Ihre französische Gouvernante erteilt ihr französischen Sprachunterricht, und sie liest die Werke der Comtesse de Ségur. Bald beherrscht sie diese Sprache akzentlos, worüber eine ihrer Großmütter, »die die elegantesten Abendgesellschaften von Baltimore veranstaltete«, besonders glücklich ist.

Für Natalie ist das Französisch-Sprechen ein Spiel, dem sie sich gern mit Violette und Mary, zwei gleichaltrigen Freundinnen aus der Nachbarschaft, hingibt. Später trifft sie die beiden in Paris wieder, und Violette stellte Natalie der Dichterin Renée Vivien vor. Es gibt schicksalhafte Begegnungen, denen man nicht entgeht. So flüchtet sich die kleine Natalie in einem Hotel, wo sie von einer Kinderschar verfolgt wurde, auf den Schoß eines Herrn. Und dieser Herr, der wie kein anderer zu trösten und eine Geschichte zu erzählen weiß, ist Oscar Wilde. Er war auf einer Vortragsreise in den Staaten. Später will man Natalie mit dem Liebhaber Oscar Wildes, Lord Alfred Douglas verloben, aber sie zieht Oscars Nichte, Dolly, vor. Man entkommt eben nicht der Schicksalshaftigkeit seiner Gefühle.

1883 ist Natalie sieben Jahre alt und Laura vier. Albert Clifford Barney beschließt, daß seine Töchter jetzt alt genug sind, um Europa, das Land ihrer Vorväter, kennenzulernen, jener angelsächsischen Professoren, Geschäftsleute und Industriellen, die den von der amerikanischen Milliardärin Florence Jay-Gould als »das phantastische Vermögen der Barneys« bezeichneten Reichtum geschaffen hatten. Von ihnen sprach Natalie nie. Sie erwähnte nur ihre französische Urgroßmutter, die sich während der Revolution nach Amerika geflüchtet und dort den »ehrlichen Richter Miller« geheiratet hatte. Er war es, der mit seinem französischen Schwiegervater den Vertrag aufsetzte, durch den Frankreich den Staat Louisiana an die Vereinigten Staaten abtrat. Diese Urgroßmutter war ausschließlich mit ihrem Haushalt beschäftigt und kümmerte sich kaum um politische Ereignisse. Eines Tages erhielt sie von ihrem Mann die Nachricht: »La Fayette kommt an. Bereiten Sie alles vor.« Sie glaubte an unmittelbar drohende Gefahr und flüchtete mit ihrem Silber, den Kindern und Sklaven in die umliegenden Wälder. Als Herr Barney und La Fayette eintrafen, fanden sie zum Empfang ein leeres Haus vor ...

Natalie hatte noch einen Ahnen, der ihr gefiel: der Kommodore Joshua Barney. Er war zwischen 1782 und 1815 viermal in offizieller Mission nach Frankreich gekommen. Das erstemal brachte er wichtige Dokumente zu Benjamin Franklin. Das zweitemal wurde er als Repräsentant der Neuen Welt von Marie Antoinette geküßt. Die beiden letzten Male zählten für Natalie überhaupt nicht. Nur vom Kuß der Königin Marie Antoinette liebte sie zu träumen.

1883 findet Natalie Europa, trotz aller elterlichen Bemühungen, recht uninteressant. Alles, was ihr damals vom Kontinent ihrer Vorväter in Erinnerung geblieben ist, sind die zoologischen Gärten, Museen und vor allem jene Schwimmbecken und Badewannen für Puppen, die sie in den Hotelzimmern stets von neuem in Entzücken versetzten: das Bidet.

Nach ihrer Rückkehr in die Vereinigten Staaten beginnt Natalie heranzuwachsen. Ihr endlos langes blondes Haar, das alle ihre verliebten Gespielinnen einstimmig »Moonbeam« (Mondstrahl) nannten, zieht bereits zärtliche Blicke auf sich. Aber Natalie macht sich noch nichts daraus. Sie denkt nur an ihre Ferienaufenthalte in Bar Harbour, im Staate Maine, wo die Familien Vanderbilt und Pulitzer als einzige private Schwimmbecken besitzen. Sie führt ein französisches Tagebuch. Darin schreibt sie, wie sie jenseits des Flusses die Indianerzelte be-

obachtete, und wie sie sich dort hinsehnte. Eines Tages machte sie sich dorthin auf, wurde aber eiligst von ihrer Gouvernante zurückgeholt. An diesen mißglückten Besuch bei den Indianern pflegte sie sich noch später mit gespielter Sehnsucht zu erinnern: »Stellen Sie sich vor, Jean, ich wäre eine Königin der Prärie geworden. Wäre das nicht schön?«
Eine Episode hat die Amazone in ihrem Tagebuch nicht aufgeführt; sie erzählte mir aber davon: ein zehnjähriger Spielkamerad hatte – wie es in diesem Alter üblich ist – exhibitionistische Neigungen. So zeigte er ihr in einer Scheune einen anschwellenden Auswuchs, der Natalie sehr mißfiel. Sie weigerte sich strikt, das Ding anzufassen, erklärte sich aber immerhin bereit, den Penis ihres kleinen Vetters mit einem Stück Bindfaden zu fesseln, und zwang ihn dann »wie ein Bär zu tanzen«.
»Er gehorchte mir aufs Wort. Ob er daran Gefallen fand?« fragte sich die Amazone noch achtzig Jahre später... Dieses Mal kam keine Gouvernante als Spielverderberin dazwischen. Übrigens kannte Natalie keine Furcht. Nichts und niemand machten ihr Angst, außer – und das war ganz ungerechtfertigt – daß die Mutter ihr vor dem Einschlafen keinen Kuß geben könnte.
1887. Zweiter Aufenthalt in Europa. Natalie ist elf Jahre alt. Carolus Duran verewigte ihre kindliche Schönheit auf einem seiner besten Bilder: *Der kleine Page*.

Süßer, trauriger kleiner Page,
der ich einst gewesen bin...

So schrieb Natalie über dieses Bild, das sie sehr liebte. Damals schwärmte sie für eine ihrer schönen Kusinen, ohne zu ahnen, daß es vielleicht schon Liebe war. Aber dann erfährt sie, daß die Schöne einen Verlobten hat. Natalie leidet. Natalie vergißt.
Während des Aufenthalts in Europa sollte sie einer Aufführung von *Carmen* beiwohnen. Schließlich aber finden ihre liberalen

Eltern, daß *Carmen* für ein elfjähriges Kind denn doch zuviel ist. So geht Natalie nicht in die Oper. Am Abend der Vorführung brennt das Theater. Und das war nicht das einzige Mal, daß sie dem Feuer entkam...

Um mögliche Unfälle zu verhüten und derartige Versuchungen nicht mehr aufkommen zu lassen, beschließen Monsieur und Madame Barney, Natalie und Laura in das Pensionat *Les Ruches* in Fontainebleau zu geben. Dort hatte einige Jahre vorher eine junge Engländerin gelebt, die später unter dem Pseudonym Olivia in einem ebenfalls *Olivia* betitelten Roman ihre jugendliche Leidenschaft für Mademoiselle Julie, eine der Direktorinnen, beschrieb.

»Als ich in *Les Ruches* ankam«, erzählte mir die Amazone, »tuschelte man noch geheimnisvoll davon, aber so geheimnisvoll, daß ich nichts verstand.«

Olivia und Natalie sind sich später als sehr alte Damen begegnet und haben ihre Erinnerungen an *Les Ruches* ausgetauscht. Wie Olivia hätte Natalie sagen können: »Die Liebe war stets die große Beschäftigung meines Lebens, die einzige, die mir von höchster Bedeutung erschien – nein, deren höchste Bedeutung ich stets *gefühlt* habe.«

Mit elf Jahren konnte Natalie noch nicht »die höchste Bedeutung« der Liebe in ihrem Leben erkennen. Sie war von ahnungsloser Unschuld. Mit zwölf hatte sie ihre erste Periode, und das war und blieb ihr stets etwas Unerträgliches. Beim Anblick ihres Blutes fällt sie vor Schreck in Ohnmacht. Die Direktorin pflegt sie und tröstet sie. Sie rezitiert ihr André Cheniers *La Jeune Captive* vor, und Natalie fühlt sich ganz als jene »Junge Gefangene«; sie wiederholt immer wieder: »Ich will noch nicht sterben«, und versucht, über ihre vorübergehende Verwundung hinwegzukommen. Jetzt begreift sie endlich, warum ihre Mutter ihr einmal vor jenem Aquarium, in dem einige Fische rote flüssige Faden hinter sich herzogen, hastig erklärt hatte: »Natalie, du wirst auch einmal solche roten Fadentropfen haben. Dann mußt du nicht erschrecken.«

Gott sei Dank hat Natalie andere Sorgen. Sie muß ihre Schönschrift vervollkommnen und für den Französischunterricht Monologe von Racine, Fabeln von La Fontaine und Hymnen von Victor Hugo auswendig lernen. In *Les Ruches* werden ihr außerdem Anstandsregeln, Knicksen, vornehmes Betragen und vor allem das Tanzen beigebracht. Und wie gern Natalie tanzte! Wollte sie es ihrem von Carolus Duran verewigten Konterfei nachtun? Sie führte ihre Tanzpartnerinnen als Page, als Kavalier. In *Les Ruches* nahm sie auch – ohne jeden Glauben – ihre erste und letzte Kommunion. Sie verläßt die Schule mit dem Ehrenabzeichen der »goldenen Biene« als eine der besten Schülerinnen.

Der kleine Page kehrt nach Amerika zurück. Bald wird es mit dem Zustand der Unschuld zu Ende sein.

2
Eva

»Ich hatte die Frisur der Evelina Palmer gewählt. Zwei schwere Zöpfe zwängten mir den Kopf ein. Allerdings hatte ich nicht das phantastische Haar Evelinas, das ihr bis zu den Füßen hing, und in dem sich alle Farbtöne vom Geraniumrot bis zum Aschblond widerspiegelten.«

Lucie Delarue-Mardrus
(Meine Erinnerungen)

Die zwölf ersten Lebensjahre Natalies wurden durch kein Familiendrama, durch keine ernsthafte Krankheit getrübt. Ihr charmanter Vater, ihre vielbewunderte Mutter, Vettern und Kusinen, Haustiere, Spielzeug, Spiel und Schule, Reiten – alles trug zu ihrer Entfaltung bei. Kein Trauma verdunkelte diese Jahre.

Als Tochter reicher Eltern, zu einer Zeit, da der Wohlstand vor der übrigen Welt schützte, war man unwiederbringlich an den Kult des goldenen Kalbes gebunden und durfte über die als »untergeordnet« betrachteten Menschen herrschen. Natalie aber begnügte sich damit, über Natalie zu herrschen und sich dem Kult Natalies hinzugeben. Sie küßte ihr eigenes Spiegelbild. Und recht hat sie! Wo gibt es blonderes Haar, größere Augen, einen so wohlgeformten Mund? Immerhin wird sich dieser weibliche Narzißmus nicht allzu lange mit solchen Betrachtungen abfinden. Bald wird sie sich nach lebendigen Spiegelbildern Natalies umsehen. Inzwischen entdeckt die Zwölfjährige ganz allein, wie eine Erwachsene, die allerhöchste Kostbarkeit auf Erden: das Lustgefühl. Sie steht aufrecht in ihrer

Badewanne. »Das Wasser, das ich mir aus einer schwanenhalsförmigen Dusche zwischen die Beine spritzte, gab mir die lebhaftesten Empfindungen«, schrieb sie in ihrer Autobiographie. Und sie fügt hinzu: »Ich war mir selbst zum Liebhaber und Geliebten geworden.« Diese Schülerin der Leda hat dem Wasser stets unendliche Dankbarkeit bezeugt. So schrieb sie im Epilog ihrer *fünf kleinen griechischen Dialoge:* »Ich bin in das Wasser verliebt, das mich von den Menschen reinigt (...) Ich bin in das unstete und niemals sich verändernde Wasser verliebt. Wie schwerlastend ist mein fließender Buhle! Und wie leicht ist er! ... Er berührt mich, und ich bin keuscher als je. Er besitzt mich, und doch bin ich jungfräulich, er erweckt mich zum Leben, das er mir nimmt ...«

Die Kraft dieses frühreifen Lustgefühls läßt sie die Möglichkeit anderer Vergnügungen vergessen. Natalie, der die größten Hoffnungen erlaubt sind und deren Herkunft und Vermögen sie zur Ehe mit einem Gesandten, einem Senator oder sogar mit einem Präsidenten der Vereinigten Staaten bestimmen, wird immer nur Natalie und ihre Zwillingsschwestern ins Ehebett führen.

»Jawohl, mit zwölf Jahren wußte ich bereits genau, was ich liebte, und ich war fest entschlossen, mich durch nichts von meinen Neigungen abhalten zu lassen«, jubilierte die Amazone. Dieser Entschluß wurde durch die Beobachtungen an den Eltern, so wie sie jetzt waren, nur noch bestärkt. Mit dem guten Einvernehmen war es zu Ende. Die zwölfjährige Natalie stellte fest, daß auch in ihrer Familie nicht immer eitel Freude und Sonnenschein herrschten. Jedes Paradies hat seine Schlange. Hier heißt sie Eifersucht – »absurde« Eifersucht, die ihr Vater angesichts der allzu Schönen empfindet, die für Alice Pike Barney Modell stehen. Mama ist wie die meisten Künstler der Jahrhundertwende in die Schönheit vernarrt. Papa macht Mama Szenen. Papa raucht zuviel. Papa trinkt zuviel. (Als ich Natalie kennenlernte, wagte es niemand, in ihrer Gegenwart eine Zigarette anzuzünden, und nur ganz selten war diese Wassertrinkerin bereit, ein Schlückchen Wein zu trinken.)

Eines Tages will der von Whisky und Eifersucht berauschte Albert Clifford Barney Natalie und Laura ihrer Mutter entführen, die er zu Unrecht als nicht ihrer Kinder würdig verurteilt. Im Eisenbahnabteil des Zuges, der sie von Washington nach Dayton bringt, fordert er seine Töchter auf, mit ihm in den Tod zu gehen. Sie sollten alle drei aus dem fahrenden Zug springen. Natalie täuscht eine Ruhe vor, die sie durchaus nicht verspürt, und zieht die Notbremse. Der Zug hält. Natalie bricht schluchzend zusammen, was Laura schon lange vor ihr getan hatte. Sie saß in ihre Ecke gekauert und »war nur noch des Heulens fähig«.

Der Gipfel war erreicht, als Natalie Zeugin männlichen Doppelspiels wurde. Ihr Vater, der die Mutter beschuldigte, Liebhaber zu haben, nahm sich selbst die Freiheit, Mätressen zu unterhalten. Während eines Empfangs beobachtete Natalie, wie eine dieser Frauen dem Vater eine Zigarre aus dem Mund nimmt, um ihm einen Kuß zu geben.

»Ich habe nichts gesagt, denn ich hatte meine Lektion gelernt. Einmal hatte ich einen Butler beim Zigarrenstehlen überrascht und es meinem Vater berichtet. Er bemerkte dazu nur, daß eine junge Dame meines Standes gewisse Dinge einfach zu übersehen habe, und er bat mich, ihn in Zukunft nicht mehr mit derartigen Geschichten zu belästigen. Diese Lektion habe ich nie mehr vergessen«, erzählte mir die Amazone.

In jener Zeit hatte eine englische Lady einst ihren Gemahl in den Armen eines Kammerdieners überrascht. Sie war nicht in der Lage, darüber hinwegzusehen, machte großes Geschrei, ließ es zum Skandal kommen und reichte Scheidungsklage ein. Als sie geschieden waren, wurde der Lord weiterhin in der Gesellschaft empfangen, ihr aber waren alle Türen verschlossen, weil sie sich der Nichtbeachtung der Anstandsregeln schuldig gemacht hatte. Diese Heuchelei, die zu Ende des letzten und zu Beginn des jetzigen Jahrhunderts vorherrschte, war Natalie unerträglich, und sie dachte auch nie daran, sich ihr zu beugen. Sie war stets bemüht, nach einem ihrer wichtigsten Glaubenssätze zu leben: »Lebe ohne Maske.« Bald begannen die Leute

in den Salons von Washington und Cincinnati über dieses Leben ohne Maske zu tuscheln.
Zwischen ihrem zwölften und fünfzehnten Lebensjahr zeigte Natalie offene Bewunderung für junge Mädchen und junge Männer, die wie junge Mädchen aussahen. Einer dieser Epheben schenkte ihr einen schnell vergessenen Kuß und einen Siegelring, der in ihrem Schmuckkasten blieb. Natalie schwärmt für gewisse Damen aus Washington, die sie als »unerreichbare Schönheiten« bezeichnet. Sie bemüht sich um die madonnenhaften Damen, deren Porträts ihre Mutter malt. Einige von ihnen wurden beim Modellsitzen sehr nervös, und dann streichelte Natalie ihnen die Fußknöchel: Ihr Magnetismus wirkte beruhigend... Als die Amazone mir von diesen Massagesitzungen erzählte, deutete sie mit den Händen ihre liebkosenden Gesten an und ließ noch einmal die für immer verblichene Zeit und die längst vergangene Schönheit wiederauferstehen.
Natalie führt das exquisite Leben der aufblühenden Debutantin; sie besucht Bälle, reitet, spielt Tennis und besteigt den Green Mountain. Ihrer Phantasie und Neigung nach interessiert sie sich eher für ihresgleichen, aber sie läßt sich auch gern von jungen Männern umschwärmen, die ihr Gedichte und Blumensträuße unter den Balkon legen. Ob solcher Liebesgaben zeigt der Vater Besorgnis: »Wenn ich je annehmen müßte, daß meine Tochter sich von einem dieser jungen Leute küssen läßt, so würde ich sie vom Balkon stürzen.«
Die Amazone erzählte mir von diesem väterlichen Tugendausbruch und fügte hinzu: »Ich bin Amerikanerin und daher praktisch veranlagt. Ich habe meinen Vater gebeten, mir ein Zimmer im Erdgeschoß zu geben.« Der Vater war von so viel Selbstbewußtsein beeindruckt und erfüllte ihr den Wunsch. Ein belgischer Diplomat, der sich verzweifelt und vergebens um die Gunst Natalies bemüht hat, beschuldigt sie »widernatürlicher Neigungen«. Natalie ist sich noch nicht bewußt, daß ihre einer tiefen Veranlagung entsprechenden Neigungen von der Gesellschaft als ein Laster angesehen werden. Der tugendhafte Diplomat schließt seine Beschuldigungen mit dem Rat: »Passen

Sie auf. Mit Frauenliebschaften macht man keine Karriere.« Eigentlich mißfällt es Natalie gar nicht, etwas zu tun, was sich nicht gehört. Soeben hat sie erfahren, daß sie nicht wie die anderen ist. Um so besser. Das ist ein Grund zur Freude, denn die anderen sind so stinklangweilig! Sie verderben einem ja nur das Vergnügen. Und Natalies Vergnügen heißt jetzt gerade Eva. Sie ist eine junge und prächtige Rothaarige und verbringt auch ihre Ferien in Bar Harbour. Sie heißt Eva Palmer und ist einzige Erbin der größten Bisquit- und Keksfabrik, Huntley und Palmer. »Ihr Vermögen wächst« – so schreibt Robert de Montesquiou – »selbst in den Stunden, in denen alle anderen Vermögen zwangsweise aus Nichtbeschäftigung abnehmen, denn auch zu jeder Nachtzeit wird immer irgendwo eine an Verdauungsstörungen leidende Dame im Dunkel die Hand ausstrecken, einen Palmerkeks ergreifen und ihn mit Wonne zerknabbern.«

Das Schiff, auf dem Natalie, Eva und ihre Familien nach Bar Harbour fahren, heißt – *Sappho.* Dank einem ihrer dichterisch veranlagten Verehrer erfährt Natalie endlich, was Sappho war. Es war auch höchste Zeit, denn sie wurde gerade sechzehn Jahre alt.

Die rotschöpfige Eva interessiert sich nur für Griechisch. Ihr zuliebe, und weil sie nun auch für Griechisch schwärmt, vertieft Natalie sich in die Werke Platos. »Daraus entwickelte sich ein zärtliches Verhältnis, in dem das *Gastmahl* des Plato und Nacktkultur an unserem arkadischen Leben teilhatten«, schrieb sie in ihrer Autobiographie. »Wir erlebten das Wonnegefühl des Nacktseins inmitten von Quellen und Waldmoos ...«

Eva ist die Nymphe und Natalie der Schäfer. Der Herbst unterbricht dieses ländliche Idyll, und die beiden jungen Mädchen kehren in ihre Internate zurück, wo man »sich selbst verlernen muß, um zu lernen«, wie Natalie sagt. Trotz ihres heißen Wunsches zusammenzubleiben, werden Natalie und Eva in verschiedene Schulen geschickt.

In Natalies Mädcheninternat herrscht eine sehr intellektuelle

Atmosphäre. Am Tag ihrer Ankunft gerät Natalie mitten in eine Debatte über Frauenrechte. Man wird aufgefordert, mit erhobener Hand für oder wider zu stimmen. Ohne Zögern stimmt Natalie für die Frauenrechte, weil – »die Befürworterin eine äußerst hübsche Person war«.

In den Weihnachtsferien 1892 kehrt Natalie ins elterliche Haus zurück. Es ist eines der schönsten und gastlichsten Häuser Washingtons. Die gesamte Familie Barney wird ins Weiße Haus eingeladen[1]. Am Ende des Mittagessens faßt Natalie ihren Mut zusammen und sagt zur Präsidentin, deren Schönheit es ihr wieder einmal angetan hatte: »Ach, Frau Präsidentin, könnten Sie doch nur immer hier im Weißen Haus präsidieren – mit jedem beliebigen Präsidenten!«

Die Präsidentin ist ob dieses seltsamen Kompliments einigermaßen verblüfft, bemüht sich, es nicht zu verstehen, und lächelt. Aber dieses Lächeln besänftigt keinesfalls Herrn Barneys Wut, die er zuerst beherrscht, der er aber nach dem Abschied freien Lauf läßt. Er macht ihr heftige Vorwürfe wegen der Unschicklichkeit einer solchen Bemerkung. Immerhin entziehen sich seine drei Frauen mehr und mehr seiner Autorität: Alice widmet sich voll und ganz ihrer Malerei und den »Lebenden Bildern«, die sie mit Brillanz und Erfolg inszeniert, Laura denkt nur an ihre wohltätigen Werke und Natalie an ihre Bälle, ihre Flirts und an Eva. Die Unabhängigkeitsbestrebungen der drei bringen den ohnehin sehr reizbaren Albert Clifford Barney zur Weißglut. Davon zeugt dieses französisch geschriebene Briefchen Natalies an Eva:

Die Japaner haben eine Theorie, nach der jeder schlechte Gedanke auf den zurückfällt, der ihn gefaßt hat, aber auch den bedrückt, an den er gerichtet ist. Das ist für die Leute in unseren Zonen vielleicht nicht klar genug. Sicher ist jedoch, daß empfindsame und verletzbare Menschen dem ungesunden Einfluß häßlicher Worte besonders ausgesetzt sind. Eine Szene, deren

[1] Der sehr versnobte Herr Barney pflegte zu sagen: »Heut' werden wir uns einmal unters Volk mischen, wir gehen ins Weiße Haus zum Mittagessen.«

Ursache nur in der schlechten Laune meines Vaters zu suchen ist, hat mich mit einer entsetzlich unentwirrbaren Wolke umnebelt und mich in das schlimmste aller Übel versenkt, nämlich in die Kleinlichkeit. Seine snobistischen Ansichten verletzen mich, seine hartherzigen und egoistischen Worte, seine Macht, Ungerechtigkeit in einer ohnehin genügend ungerechten Welt walten zu lassen, all das ekelt mich an, verdirbt mir jede Freude und macht mich selbst in dieser herrlichen Nacht häßlich. Deine Gegenwart allein und die Gewißheit der Dinge, an die ich glaube, könnten meinen Seelenzustand verändern.

Vielleicht stammt jene Anekdote, mit der Natalie mir beweisen wollte, daß sie bereits eine Amazone war, bevor Rémy de Gourmont in ihrem Leben auftauchte, aus dieser Zeit? (Natalie liebte keine Daten. Sie zählte nicht die Jahre, sondern die Menschen, die die Jahre ausfüllten. Sie pflegte zu sagen: »Das war zu Lianes Zeit, zu Renées Zeit, zu Dollys Zeit«, doch genauere Zeitangaben machte sie nie.) Man verzeihe mir diese etwas lange, aber notwendige Einfügung, die die Schwierigkeit erklärt, folgende Begebenheit im Leben Natalies zu »orten«.
Eines Abends, als die Familie in die Oper gehen will, bricht beim Abendessen ein Streit zwischen Natalie und ihrem Vater aus. Natalie verläßt den Tisch wie eine entrüstete kleine Königin. Vor dem Haus steht der Zweispänner. Natalie läßt sich in das beste Restaurant der Stadt fahren, wo sie in aller Ruhe das unterbrochene Abendessen beendet. Danach begibt sie sich zu ihren Eltern in die Oper.
Herr Barney beschließt, daß es für Natalie höchste Zeit sei, ihre Europareise anzutreten. Eine solche Reise ist für jede reiche junge Amerikanerin unerläßlich. Zahlreiche intime Tagebuchaufzeichnungen und die Romane von Henry James, wie z. B. *Daisy Miller* zeugen von dieser Mode. Man muß in Rom, Paris, London und Berlin gewesen sein. Dort soll man sich erwartungsgemäß die nötigen schöngeistigen Kenntnisse aneignen, indem man Museen und Konzerte besucht.
Vor der Abfahrt hatte eine der Madonnen, die zum Kunstkreis

Alice Pike Barneys gehörte, zu Natalie gesagt: »Sie erinnern mich an *Séraphita.*«
Vergebens hat Natalie diesen philosophischen Roman Balzacs in den Buchhandlungen Washingtons gesucht. Sie fand das Buch erst in Europa und trieb die Raffinesse so weit, erst in Norwegen, dem Schauplatz des Romans, über die engelhaften Wandlungen des Doppelwesens Séraphitus-Séraphita nachzulesen.
»Welche Phantasie wäre nicht schon beim Betrachten der Küsten Norwegens auf der Landkarte bezaubert? Dieses phantastische Schnitzwerk, diese endlos lange Spitzendecke aus Granit, wo die Brandung der Nordsee ewig tobt. Wer hat nicht von jenem majestätischen Schauspiel dieser strandlosen Küsten, von der Vielfalt der Buchten, Fjorde und kleinen Förden geträumt, von denen keine der anderen gleicht, und die alle weglose Abgründe sind?«
Natalie träumt allerdings von anderen Abgründen. Das geht aus ihrem mit Notizen versehenen Exemplar hervor, in dem die Klagen der Séraphita an Wilfrid mit Bleistift angestrichen sind:

Wird es auch kein Mißbrauch Eurer Männerrechte sein? Wir müssen Euch stets gefallen, Euch Erholung gewähren, stets fröhlich sein, und selbst unsere Launen müssen Euch zu amüsieren vermögen. Was soll ich tun, mein Freund? Soll ich singen, soll ich tanzen, oder soll die Müdigkeit mir Glieder und Stimme lähmen? Ach, meine Herren, selbst wenn wir Todesqualen ausstehen, müssen wir Euch noch anlächeln. Ich glaube, Ihr nennt das herrschen. Arme Frauen, sie tun mir leid.

Diesem Mitleid wird Natalie jedoch entgehen. Sie wird sich nicht in die Schar der Unglücklichen einreihen, die unwiederbringlich dem Manne untertan sind. Und doch nähert sich der Augenblick der Opferung, der entscheidende Augenblick im Leben einer jungen Dame ihrer Zeit und ihres Milieus. Sie wird

in die Gesellschaft eingeführt werden, und dem folgt allgemein die Heirat und jener Zustand der »armen Frau«.
Für ihr Debüt in der Gesellschaft bietet Albert Clifford Barney eine Garderobe von Worth und einen Empfang am englischen Königshof. Natalie nimmt das erste an, schlägt das zweite Angebot jedoch aus: »Ich brauche den Hof von St. James nicht. Ich bin Amerikanerin und werde mein Debüt in Washington machen.«
Dieser plötzliche Anflug von Patriotismus setzt Herrn Barney in Erstaunen. Aber Natalie liebt nun einmal nicht dieses England, das sie als ein Land definierte, »in dem nichts für Frauen vorgesehen ist, nicht einmal die Männer«. Die wahren Gründe ihrer Weigerung liegen allerdings tiefer. Sie hat ihre wahre Heimat kennengelernt, und die ist Paris. Was bedeutet der ganze Pomp des Hofes, wenn man weiß, daß man in Paris seine täglichen und geheimen Feste feiern kann?
Albert Clifford Barney hat Eile, nach London zurückzukehren, denn *er* liebt es, und er willigt ein, Natalie in einer Pension für junge Damen in Paris zu lassen. Dort soll sie unter der Obhut einer Freundin leben, deren Schick und Eleganz Alice Pike Barney, die in Washington mit ihrer Malerei und ihren lebenden Bildern beschäftigt ist, vollauf beruhigt. Laura bleibt bei der Mutter. Nun ist Natalie endlich allein! Unter dem Vorwand, ihre Kenntnisse der französischen Sprache und Literatur zu vervollkommnen, hat sie erreicht, was sie wollte. In Paris untersteht sie weiß Gott keiner strengen Aufsicht; und sie ist bereit, die zeitweilige Freiheit zu genießen und sich »an verlockenden und vom Reiz des Unbekannten umwehten Abenteuern zu berauschen«. Sie hat festgestellt, daß ihre Schönheit die Blicke der Passanten und gewisser Passantinnen auf sich zieht. Und nun wird sie entdecken, daß nichts in Paris, wo alles erlaubt zu sein scheint, ihrer Verführung widerstehen kann.

3
Carmen

»Ich erhob den Blick und sah sie. Es war an einem Freitag, und das werde ich nie vergessen. Da sah ich jene Carmen, die Sie kennen ...«

Prosper Mérimée
(Carmen)

Dieses Paris des »Fin de Siècle« ist die Hauptstadt des Vergnügens und aller Vergnügungsarten. Man reist aus der ganzen Welt dorthin, und besonders aus Nord- und Südamerika. Die Bewohner des vierten Kontinents stürzen sich auf das »moderne Babylon«, um dort die Luft der Wollust zu atmen und dem Puritanismus zu entkommen, der ihre Länder vergiftet. Genauso, wie heute die Europäer Amerika entdecken und nach New York und Mexiko, die neuen Hauptstädte der Sinneslust, eilen.

Der Diktatur der verschiedenen Genußarten muß man noch die allesumfassende Herrschaft des Luxus, die gebieterischen Gesetze der »Haute Couture« und die geistige Ausstrahlung hinzufügen. Das Universum der Künste mit seinen Sonnen befindet sich ein für allemal an den Ufern der Seine, und so kommt auch Natalies Mutter nach Paris, um ihrer porträtistischen Begabung den letzten Schliff zu geben.

Im Augenblick denkt Natalie kaum an Literatur und die schönen Künste. Sie ist wie ein Kind vor dem Schaufenster einer Konditorei. Wie soll sie all diese Kuchen essen? Mit welchen

Losungsworten gelangt man an die Orte, wo sich die Sapphos von Belleville und die Bilitis von der Plaine Monceau ihr Stelldichein geben? Natalie ist zwar keine Unschuld mehr, aber die Geographie des Pariser Lesbos ist ihr noch völlig unbekannt. Vorerst muß sie sich mit der Modepromenade begnügen, der Akazienallee im Bois de Boulogne[1], wohin ihre Anstandsdame und die Söhne Pariser Freunde ihres Vaters sie begleiten. Dort erblickt sie Schönheiten, die ganz offenbar Kreaturen des Himmels sind. Eine von ihnen ähnelt dem Engel Séraphitas. Ihre Begleiter empfinden solche Naivität als peinlich und hoffen, ihrer übertriebenen Bewunderung einen Dämpfer aufzusetzen, indem sie verächtlich erklären: »Kurtisanen!« Das facht Natalies Neugier nur noch mehr an. Sie hat keine Ahnung, was diese Bezeichnung bedeutet, und hütet sich wohl, um eine genauere Erklärung zu bitten, da sie sich damit nur weiterem Spott aussetzen würde.

Heutzutage geht jeder mit jedem ins Bett, und schon daher ist es schwer, sich die Bedeutung der Kurtisane und ihrer sozialen Funktion vorzustellen. Damals bewahrte sich eine junge Dame ihre Jungfernschaft bis zur Ehe. Der Ehebruch war ein großes Risiko, und die Kurtisane war dazu da, den jungen Leuten zu Geduld zu verhelfen und die Ehemänner allzu langweiliger und tugendhafter Frauen zu trösten.

Eine gleichaltrige Freundin, die Geigerin Andréa, die bereits verheiratet und schwanger war, klärt Natalie über den wahren Beruf der Kurtisanen auf. Auf einem Spaziergang im Bois ohne Anstandsdame und Pariser Freunde der Familie klagt ihr Andréa: »Außerdem kennen diese Frauen Rezepte, wie man keine Kinder kriegt.«

»Ach, da muß ich sie einmal fragen«, sprudelt Natalie mit einer Begeisterung hervor, die Andréa kaum zügeln kann.

---

1 »... die Mode hat es so gewollt, und ganz Paris hat sich gefügt: Man muß sich auf der Akazienallee zeigen. Ganz Paris ist da. Das galante Paris und das Paris der Künstler. Liane de Pougy, nach ihren Reisen in die Schweiz und Deutschland, und Boldini, der gerade in Amerika war.« (Jean Lorrain *Die vergiftete Stadt,* S. 211).

Und Natalie gibt den Gedanken nicht auf. Sie will sich unbedingt diese Rezepte verschaffen, um Andréa die Pein weiterer Geburten zu ersparen. Aber da gibt es schier unüberwindbare Schwierigkeiten. Die Halbwelt ist ebenso verschlossen wie die vornehme Welt. Schließlich entsinnt sie sich eines ehemaligen Modells der Akademie Jullian, einer gewissen Carmen, die einst von ihrer Mutter – vielleicht für den *Spanischen Schal* oder für *Sevilla in Montmartre* – gemalt worden ist. Sie schreibt ihr und bittet um ein Rendezvous.
Carmen entspricht genau der klassischen andalusischen Schönheit ihres Namens; pechschwarzes Haar, flammender Blick. Sie empfängt das Mädchen in einem Durcheinander von Fächern und Spitzenschals. Carmen hat sich eine Nelke in den Mund gesteckt und gibt ihrer Freude, Natalie endlich einmal fern des Familienkreises zu sehen, durch die einfache Aufforderung Ausdruck: »Wenn ich dir gefalle, pflücke mich.«
Natalie pflückt und erst danach fällt ihr der eigentliche Zweck ihres Besuches ein: »Carmen, wie kann man sich lieben, ohne Kinder zu machen?«
Carmen lacht, weigert sich zu antworten, und versichert Natalie, daß sie nichts riskiere. Und übrigens müsse Natalie jetzt gehen: Carmen erwarte ihren Beschützer. Noch ein Begriff, den Natalie heute entdeckt. Sie lernt entschieden eine Menge an jenem Nachmittag. Sie geht fort, nachdem Carmen ihr die Nelke geschenkt und sie eingeladen hat, bald wiederzukommen. (Wenn ich der Amazone einen Blumenstrauß brachte, steckte ich immer eine Nelke hinein und sagte: »Das ist die Nelke Ihrer Carmen«, worüber sie dann lachte.)
Natalie kehrt zu Fuß in ihre Pension in der Avenue de la Grande Armée zurück. Sie ist vollkommen glückselig. So wie Emma Bovary sich ständig wiederholte: »Ich habe einen Liebhaber, ich habe einen Liebhaber«, so wiederholte sich Natalie: »Ich habe eine Geliebte, ich habe eine Geliebte.« Das ist auch gar nicht verwunderlich. Sie ist nicht die einzige in Paris, wo der Sapphismus Triumphe feiert. Auf all jenen Gemälden und Skulpturen, die das Bad der Diana oder Semiramis und ihre

Jungfrauen darstellen, tummeln sich Frauenpaare. *Die Freundinnen* Courbets schmiegen sich genauso zärtlich aneinander wie die Nymphen auf den Marmorallegorien der Handelskammern, wo die Industrie die Brüste der verzückten Landwirtschaft liebkost.

In der Literatur erscheinen unzählige Romane, in denen die Gouvernanten sich nicht damit begnügen, den Herrn des Hauses zu verführen, sondern obendrein noch Madame betören. Zola beschreibt ohne falsche Scham die zärtlichen Umarmungen seiner Nana mit Satin. In den *Amants Féminins* schreibt Adrienne Saint-Agen quasi als Einführung: »Es gibt viele Frauen, die ahnungslos oder bewußt so von den Reizen einer Freundin angetan sind, daß sie dabei sinnliche Erregung verspüren.« Im selben Vorwort macht sie mögliche Skeptiker darauf aufmerksam, daß die Liebesgeschichte ihrer beiden Heldinnen, Rose und Paloma, »eine leider nur allzu wahre Geschichte« sei. Schließlich läßt sie die mitfühlende Warnung folgen: »Die sapphische Liebe ist reizvoll und voller Grazie, aber wenn sie uns einmal gefangen hält, erniedrigt sie uns zu elenden Sklaven ihrer Phantasien.« Adrienne Saint-Agen vermerkt ausdrücklich: »Diese Liebe kennt keine Gnade; sie schlägt sowohl die Herzogin wie auch das Arbeitermädchen in ihren Bann.« Gomorrha, wo sind deine Grenzen?

Die Karikaturisten haben ein dankbares Objekt gefunden. Forain zeichnet zwei sich zärtlich an der Hand haltende junge Mädchen. Sie seufzen: »Ach, schließlich ist ein Mann doch so etwas Häßliches!«

Es ist eine Mode und vor allem eine Reaktion auf die entsetzliche männliche Brutalität jener Zeit. Die Hochzeitsnacht ist eine legale Vergewaltigung, über die nur wenige Frauen hinwegkommen. Nichts hat sich geändert, seit George Sand ihre Klagen über dieses Thema in die Worte zusammenfaßte: »Unsere Mädchen werden wie Heilige erzogen und dann wie Stutenfohlen ausgeliefert.« Die Heiligen und die Stuten trösten sich so gut es geht über das, was man keuscherweise »die Verständnislosigkeit der Männer« nennt, hinweg, indem sie der

Mutterschaft oder der Mystik anheimfallen. Manche suchen in einem hastig beschlossenen Engeldasein Zuflucht, das sie geradewegs nach Lesbos führt, wo Herzensergüsse, Liebkosungen der Seele und zärtliche Berührungen sie die Last der ehelichen Pflichten vergessen machen. Jawohl, es sind wahrhaftig himmlische Kreaturen, wie die, die Natalie im Bois de Boulogne erblickte. Und über diesen seraphischen Legionen glänzt die Allerberühmteste: Liane de Pougy. Auch sie liebt die Frauen, aber sie verkauft sich den Männern, und zu einem hohen Preis. Sie war es bestimmt, die damals im Bois von Natalie bewundert und mit dem Engel der Séraphita verglichen wurde. Als sie Carmen diese ätherische Schönheit beschreibt, erklärt jene ohne Zögern: »Das kann nur Liane sein.«
Carmen bemüht sich vergeblich, Natalie die strahlende Erscheinung einer in Hermelinpelze gehüllten Liane an einem verschneiten Tag im Bois vergessen zu lassen. Natalie hat sich aufmerksam den Namen und Vornamen ihrer fernen Göttin eingeprägt. Aber so fern ist sie wiederum nicht, denn Natalie ist zu jeder Kühnheit bereit und schmiedet Pläne. Sie wird Liane retten. Sie wird Liane aus diesem »schrecklichen Beruf« befreien. Aber wie? Für den Augenblick weiß sie es nicht.
Während Natalie von ihren Befreiungsplänen träumt, hat Worth das Debütantinnenkleid aus Pompadourseide fertiggestellt. Das Opferkleid. Natalie findet einen neuen Vorwand, um die Rückkehr nach Amerika und ihre Einführung in die Gesellschaft hinauszuzögern. Sie möchte die Prosodie der französischen Dichtung erlernen.
In der Pension der Avenue de la Grande Armée werden am Abend Dichterlesungen veranstaltet. Man rezitiert Musset, Béranger oder Victor Hugo. Diese Autoren begeistern Natalie nicht besonders, und auf den Rat eines beflissenen Professors gelangt sie mühelos über François Coppée zu Paul Verlaine. Bald hat diese äußerst begabte Schülerin nach und nach alle Schwierigkeiten der französischen Metrik überwunden. Sie lernt, den Alexandriner, den achtsilbigen und den freien Vers zu meistern. Diese fruchtbare Lehre bereitet Natalie auf die

späteren Liebesspiele mit den schönsten Dichterinnen ihrer Zeit vor.

Alles scheint sich zum Besten zu wenden. Und welches Glück: Carmens Beschützer wird vierundzwanzig Stunden lang abwesend sein. Die Freundinnen wollen sich diese Freiheit zunutze machen. Aber ach! Carmen beschließt, mit ihrer Freundin auf den Jahrmarkt von Neuilly zu gehen[1]. Natalie, die keine Minute dieser kostbaren Nacht verlieren wollte, ist verstimmt. Und als Carmen dazu noch in die Bude des Pétomanen[2] gehen will, wird Natalie wütend und läuft davon. Sie verbringt die restliche Nacht beim Abfassen eines Gedichtes an – Liane de Pougy.

Am nächsten Morgen schickt sie ihr Gedicht mit einem Lilienstrauß und den Worten: »Von einer Fremden, die Ihnen nicht länger fremd bleiben möchte.«

Und da Natalie keine halben Sachen macht, klingelt sie an Lianes Haustür. Das war eine namenlose Kühnheit, die nicht ungestraft blieb. Die Kammerzofe teilt ihr mit, daß Madame nie vor elf Uhr ihr Bett verläßt, und daß der Herr Baron bei Madame sei. Natalie hört auch an unmißverständlichen Geräuschen, daß Monsieur gerade Madame eine Szene macht. Natalie läßt sich von diesem Fehlschlag nicht entmutigen.

»Die Halbwelt interessierte mich mehr als die Welt«, erklärte mir die Amazone immer wieder.

Natalie will gerade die Offensive wieder aufnehmen, um Liane zu erobern, als ein Telegramm von Monsieur Barney eintrifft. Er verläßt London und kommt nach Paris. Dann geht es nach Washington zurück, wo Natalie in die Gesellschaft eingeführt wird. Aus ist's mit der französischen Prosodie, der Welt und der Halbwelt. Natalie muß gehorchen. Sie nimmt mehrere

---

1 »Das Fest von Neuilly, wo man unbedingt gewesen sein muß. Staub und Waffelgeruch, stumpfsinniger Lärm, Gedränge, phantastischer Flimmer und Tand ...« (Jean Lorrain, *Die vergiftete Stadt,* S. 102).

2 Pétomane: Ein Jahrmarktskünstler, der melodieartige Darmwinde hervorbringt. Ein Pétomane soll sogar die Marseillaise »gefurzt« haben (Pétomane, von péter-furzen).

Photos von Liane mit und wendet eine Jungmädchenlist an. Um in aller Ruhe ihr Idol betrachten zu können, hat sie die vollständige Photosammlung der Pariser Modeschönheiten gekauft. Mit diesen Bildern tapeziert sie die Wände ihres Zimmers, und inmitten all der Sarah Nebbia, der Cavaliéri und der Otero sieht Natalie nur allein das Gesicht Lianes.

4
Villa des Dames

»›Man sagt, daß die guten Amerikaner, wenn sie sterben, nach Paris gehen‹, sagte Sir Thomas ...«
(Oscar Wilde, *Das Bildnis des Dorian Grey*)

Um ihr verlorenes Paris zu vergessen, stürzt sich Natalie in die Ersatzparadiese, die Feste und Bälle Washingtons. Aus Spielerei sticht sie eine dunkelhaarige Rivalin aus und entwendet ihr einen jungen Italiener königlichen Geblüts. Danach gerät sie mit ihrer Eroberung in einige Verlegenheit, denn der junge Mann legt ihr jeden Morgen eine Rose der Gattung *American Beauty* vor das Fenster.

Der königsblütige Italiener ist vor Liebe entbrannt und fleht Natalie an, »seine Flamme zu krönen«. Eines Tages, als sie zusammen zu einer Garden Party eingeladen sind, macht Natalie mit ihrem Anbeter einen Spaziergang im Wäldchen. »Da hat er mich plötzlich in seine Arme genommen und sich so an mich gedrückt, daß er darauf eiligst in sein Hotel zurückkehren mußte, um sich völlig umzukleiden«, erzählte mir die Amazone.

Sie fügte hinzu: »Er trug einen weißen Alpakaanzug.« Und da sie oft meinen Mangel an praktischem Sinn kritisierte, unterließ sie es nicht, mir mit ihrem unnachahmlichen Spott den Rat zu geben: »Jean, wenn Sie sich einmal zu fest an jemanden drücken wollen, dann passen Sie bitte auf, daß Sie keinen weißen Alpakaanzug tragen.«

Schließlich gibt es der königliche Italiener auf und wendet sich weniger gefährlicher Beute zu. Er fährt nach Indien, um Tiger und Leoparden zu jagen. Natalie ist entschieden nicht dazu berufen, am Hofe Italiens oder Englands Stellung zu beziehen ...

Natalie wird immer mehr umworben. Sie lernt es, sich gegen die Angriffe der jungen Männer zu verteidigen, und wenn ein besonders Wagemutiger sich erdreistet, ihren Fuß zu berühren, so kontert sie mit der ironischen Bemerkung: »Merkwürdige Art, meine Aufmerksamkeit erregen zu wollen und mit den Füßen anzufangen.« Aber Ironie, Spott und Ausweichen entmutigen keinesfalls die versessenen Verfolger. Manchmal ist Natalie gezwungen, sich mit dem Eingeständnis aus der Affäre zu ziehen, sie liebe nur die Frauen, und sie könne den Männern nur ein Freund sein. Auch das entmutigt nicht den glühendsten Anbeter der Gruppe, Will, einen reichen Erben aus Pittsburg, der ihr erklärt: »Auch ich liebe die Frauen. Wir werden sie beide lieben.«

Ob solcher Liberalität gerührt, gibt Natalie ihm Hoffnung auf eine Scheinehe. Jeder hätte seine Mätressen. Sehr gut. Will erklärt sich zu allem bereit, solange er die unvergleichliche Natalie behalten kann, die jetzt endlich in Washington ihr Debüt macht. Das pompadourseidene Kleid von Worth und die darin Auftretende ernten großen Beifall:

»Ich habe nur verschwommene Erinnerungen an meine Debütantinnenzeit in Washington. Ich bringe all die Feste und Bälle stets durcheinander«, erzählt mir die Amazone. »Und ich kann nur wiederholen, daß ich ja eigentlich viel mehr meinen Eintritt in die Halbwelt ersehnte.«

Die Zeit vergeht, und Natalie nähert sich der Erfüllung dieses Wunsches, von dem sie so besessen ist. Nach einem letzten Kotillon in der russischen Gesandtschaft und einem letzten Jagdausflug kehrt sie nach Europa zurück. Sie begleitet ihre Mutter, die bei Whistler Unterricht nehmen will.

Die Barneys kommen im Juli in Frankreich an. Herr Barney hat beschlossen, daß Paris im Sommer eine Wüste ist, in der es sich nicht schickt, gesehen zu werden. (Man bemerke die Bedeutung, die im gesellschaftlichen Leben den Verpflichtungen und Verhaltensregeln angemessen wird. Sie sind genauso streng wie die alte Hofetiquette des Escorial. Und man bemerke das Verdienst Natalies, ihnen absolut zu entgehen.) Die Familie verbringt den Sommer in einer Villa in Etretat. Natalie langweilt sich. Man schreibt diese Langeweile der Trennung von Will, ihrem anerkannten Verlobten zu. Will sendet wöchentlich einen leidenschaftlichen Brief, und jede Woche antwortet Natalie. Sie schreibt auch an Carmen, die sie »die Verkörperung des Superlativs« nennt und die in ihren Antworten ihrer Leidenschaft unveränderlich in den Worten Ausdruck gibt: »Du bist, was ich auf der Welt nach Gott am meisten liebe. Komm, ich erwarte Dich.«

Diese Korrespondenzen genügen jedoch nicht, den Tag Natalies auszufüllen. Sie täuscht sich über die restliche Leere hinweg, indem sie von Liane träumt, Mallarmé liest und in den benachbarten Schlössern tanzt, wo man dieser jungen, schönen und reichen Amerikanerin besten Empfang gewährt. Ihre Wespentaille, auf die sie mit Recht stolz ist, wird allgemein bewundert. Der Sommer geht seinem Ende zu. Im September kehrt Albert Clifford Barney nach Washington zurück. Alice Pike Barney und ihre beiden Töchter steigen in Paris in einer Pension ab, über deren Namen Natalie lächeln muß: *Villa des Dames . . .*

Die Schönheit der Pariserinnen bezaubert Natalie so sehr, daß sie zuerst ihre Rückkehr Carmen verheimlicht. Sie erklärt sich Unbekannten, die nichts von ihr wissen wollen, und Eve Lavallière, die ihr nicht antwortet. Und immer noch weiß sie nicht, wie sie Liane de Pougy auf sich aufmerksam machen kann. Aber sie ist nun einmal praktisch veranlagt und legt keinen Wert darauf, ihre Zeit zu verlieren. So kehrt Natalie einstweilen zu Carmen und ihren Nelken zurück. Als Zwanzigjährige geht Natalie ganz entschieden ihren Vergnügungen nach, und Pierre Louys, der sie später »das junge Mädchen der zukünftigen Gesellschaft« nannte, hat sich nicht geirrt. In ihrer freien Lebensart ist Natalie ein Mädchen von heute.

So verbringt sie ganze Nachmittage mit Carmen, während Alice Pike Barney sich unter der Führung von James Whistler in der Malerei übt. Natalie genießt wirklich eine außergewöhnliche Freiheit, die sich nur durch den fortschrittlichen Geist ihrer Mutter, ihren Glauben an den Wahlspruch »leben und leben lassen« und ihrer völligen Interessenlosigkeit an allem, was nicht mit Malerei zu tun hat, erklären läßt.
Von dieser Zeit an steht Natalie mit ihr in einem freundlich brüderlichen Einverständnis. Im Trio Natalie-Laura-Alice ist Laura die Verantwortungsbewußte, die Mutter der beiden anderen geworden (was mir von Richard Huntington, dem Vertrauensmann der Damen Barney, bestätigt wird).
Alice Pike Barney verlangt von Natalie nur eins: Der Schein des Anstands muß gewahrt werden. Auf den Rat ihres Mannes vertraut sie ihre älteste Tochter einem alten Freund der Familie an, einem braven Mann, den Natalie wie am Schnürchen führt und den sie sogar zum Bal Bullier schleppt, wo sich jede Nacht Gigolos und Gigoletten zum fröhlichen Beisammensein finden. Natalie ist begeistert. Sie ist es noch mehr, als eines Abends – o Zufall, o Schicksal – ausgerechnet wer gerade beim Cancan den Bal Bullier betritt? Liane de Pougy in Begleitung dreier junger Herren und einer Dame »mit majestätischer Haltung«. Liane und ihre Gesellschaft lassen sich in einer Loge nieder, während man ihnen zuruft: »Da kommen die Bummler von der feinen Welt!« Natalie vergißt den Bal Bullier, die Gigolos und Gigoletten. Sie hat nur noch Augen für Liane, die sie aber leider gar nicht beachtet.
Natalie ist nicht entmutigt. Für den Karneval bestellt sie sich bei Landolf ein Pagenkostüm aus mandelfarbenem Samt mit einer aufgestickten Wasserlilie. In dieser Aufmachung wird sie sich Liane bei der ersten Gelegenheit vorstellen. Aber die Gelegenheit kommt nicht.
Es wird Frühling, und die ersten Schwertlilien kommen aus dem Süden in Paris an. Natalie schickt einen Strauß davon an Liane mit den üblichen Worten: »Von einer Fremden, die Ihnen nicht länger fremd sein möchte.«

Jubel! Am folgenden Vormittag erblickt sie Liane de Pougy im Bois de Boulogne. Sie steigt aus ihrer Karosse, um ein paar Schritte zu tun, und sie trägt im Gürtel ihrer roten, mit Persianer verbrämten Jacke eine Schwertlilie, eine ihrer Schwertlilien... Das ist für Natalie Ermutigung genug, sich in den Pagendreß zu werfen und noch am selben Nachmittag zu Liane zu eilen. Sie läßt sich unter einem erfundenen Namen anmelden: Miß Florence Temple-Bradford, dem gleichen Namen, den sie später in dem ihrer Liebe gewidmeten Roman Liane de Pougys, *Die sapphische Idylle*, tragen wird. Nun beginnt eine Idylle, an die sich die Amazone bis an ihr Lebensende erinnern wird, denn sie sprach niemals den geliebten Vornamen aus, ohne ihn mit einem Seufzer und einem zärtlichen, besitzanzeigenden Fürwort zu begleiten: »Liane-ach-meine-Liane.«

5
Liane 1899

»Traf Maurice de Rothschild bei der Vorstellung der *Kameliendame.* Wir sprachen über die Kurtisanen von einst. ›Die letzte große Kurtisane‹, sagte R., ›wird Liane gewesen sein.‹«

Paul Morand (Journal d'un attaché d'ambassade – Tagebuch eines Gesandtschaftsattachés)

»Betet für das Seelenheil der am 25. Dezember 1950 in ihrem achtzigsten Lebensjahr verstorbenen Madame Anne-Marie Ghika. Requiescat in pace.«

»Man muß es verstehen, im richtigen Augenblick in das Leben einer Frau zu treten«, pflegte die Amazone festzustellen und führte als Beispiel an, wie sie selbst in das Leben der Liane de Pougy eingedrungen war.

Liane war damals an die dreißig Jahre alt. Sie regierte über die Halbwelt und einige gekrönte Häupter, Thronanwärter und sonstige Gönner. Ihre Perlen, ihre Rivalitäten mit Caroline Otero, ihre Freundschaft mit Jean Lorrain[1], ihre Launen, ihre Zerwürfnisse, ihre Eleganz, ihre bemerkenswerte Schlankheit – zu einer Zeit, da die meisten Schönheiten füllig waren – ihre besondere Schönheit, wegen der man sie die »Export-Tanagrafigur« nannte, sind sowohl in Paris als in Berlin, London, Rom oder Lissabon berühmt. In ihrer Person allein stellt Liane de Pougy die Vereinigten Staaten des galanten Europa dar. Außerdem ist sie intelligent, geistreich und empfindsam. Sie

[1] Journalist und Schriftsteller. Eine der Berühmtheiten der *Belle Epoque.*

hat von allem gekostet und an allem gelitten, was ihre großartigen Allüren einer stets verwundeten Lilie rechtfertigte. Sie ist etwa um 1870 geboren[1] und stammte, soweit man weiß, aus einer Gutsbesitzersfamilie der Bretagne. Anne-Marie de Chassaigne oder vielleicht ganz einfach Anne-Marie Chassaigne wurde in der Herz-Jesu-Schule in Rennes erzogen. »Ich habe tatsächlich einen Aberglauben an die heilige Anne d'Auray, die Mutter der heiligen Jungfrau, deren Namen ich trage. Sie ist die Schutzherrin der Bretonen, und ich habe sechs Jahre meiner Kindheit im Schutze ihrer großen, an einem Glockenturm errichteten Statue zugebracht. Siehst du, ich wage es nicht, von Religion zu sprechen, deshalb sage ich Aberglauben«, erzählt sie später Natalie.

Liane verläßt das Kloster, um einen Marineoffizier zu heiraten, dem sie einen Sohn gebiert. Ihr Sohn fällt im Ersten Weltkrieg an der Ostfront.

Der Marineoffizier ist eifersüchtig, und in einem Wutanfall schießt er mit seiner Pistole auf die junge Gattin. Sie hat davon nur eine leichte Narbe auf der Brust abbekommen – und einen tiefen Abscheu vor den Männern, der sich im Laufe ihrer Kurtisanenkarriere nur verstärkt.

»Du weißt sehr wohl, daß kein Mann mich je berührt hätte, wenn mein Lebensunterhalt ausreichend und für immer sichergestellt wäre«, schreibt sie später Natalie.

Natalie erscheint also »im richtigen Augenblick« im Leben Lianes, denn Liane langweilt sich: »Ach, wie ich mich langweile! Welche Öde in meinem Leben! Immer das gleiche Programm: der Bois, der Rennplatz, Einkaufen, Anproben; und schließlich als Ende eines eintönigen Tages: das Diner! Und was für ein Diner! Man sitzt eingeengt in irgendeinem modischen Restaurant, in dem man erstickt und wo es im allgemeinen nach Küche und Tabaksqualm stinkt... und dann die

---

[1] Die meisten in diesem Buch erwähnten Personen haben aus verschiedenen Gründen ihr Geburtsdatum verschwiegen. Nach Alexandre Ghika ist Liane de Pougy 1869 geboren und 1950 gestorben, hatte sich 1910 mit George Ghika (1884–1945) verheiratet.

Freunde, ach, welch Freunde! Kann man denn wirklich die tausend mehr oder weniger interessanten Bekanntschaften so nennen, die der Zufall einem ins Leben weht? Und warum das alles? Um weiterzumachen – um immer wieder das gleiche zu tun, bis zum Ende.«

Mit Natalie wird es allerdings nicht »das gleiche« sein, und die Langeweile verfliegt. Zuerst einmal will Liane ihren Spaß haben und sich ein wenig über diese allzu kühne Ausländerin mit ihren Briefchen und Blumensträußen lustig machen. Schließlich muß man auf das Schlimmste gefaßt sein. Ist sie eine großfüßige Deutsche oder eine sentimentale Schweizerin?

Liane ist argwöhnisch. Mit Valtesse de la Bigne, ihrer besten Freundin, Vertrauten, Ratgeberin und Seniorin im Galanteriebetrieb, hat sie sich eine Komödie ausgedacht. Valtesse wird die Unbekannte an Lianes Stelle empfangen. Und sie wird hinter einem Vorhang die Szene beobachten und einschreiten, wenn sie es für nötig hält.

Valtesse spielt ihre Rolle perfekt. Hat Albert Wolff sie im *Figaro* anläßlich des Erscheinens ihres sehr autobiographischen Romans *Isola* nicht die Madame de Sévigné der Chambres Séparés genannt? Trägt sie nicht wegen ihrer Vorliebe für die Maler den Spitznamen »die Künstlervereinigung«? Man nennt sie auch »Hoheit«, weil sie eine der letzten Mätressen Napoleons des Dritten gewesen ist – ein Glasgemälde in ihrem Boudoir erinnert an diese Episode. Nein, Mademoiselle de Bigne ist nicht irgendwer.

Alles spielt sich ab, wie die beiden Kurtisanen es vorgesehen haben. Die Unbekannte erscheint, setzt ein Knie auf den Boden, senkt den Kopf und bietet ihrem vermeintlichen Idol einen Blumenstrauß. Als Natalie sich aufrichtet, erkennt sie die Dame »mit der majestätischen Haltung« vom Bal Bullier.

»Und was geschah dann, meine liebe Amazone?«

»Ich glaube, ich bin dann aus Enttäuschung in Tränen ausgebrochen, vor Wut errötet, und ich fürchte, ich habe auch etwas mit den Füßen gestampft. Schließlich war ich trotz meines Pagenkostüms noch ein rechtes Kind.«

Liane erscheint. Sie bemüht sich, Natalie zu trösten, die ihr ihrerseits eine Moralpredigt über Engel hält, die einen der Engel unwürdigen Lebenswandel führen und ihre Flügel im Schmutz besudeln. Valtesse de Bigne macht sarkastische Bemerkungen, und um einen mit Sicherheit aufkommenden Streit zu vermeiden, geleitet Liane Natalie bis zur Tür und flüstert ihr ins Ohr: »Komm morgen früh zurück. Valtesse möchte mich als große Kurtisane sehen, und du willst, daß ich ein Engel sei. Mit euch beiden wird's nun einmal nichts. Geh, und versprich mir, morgen früh wiederzukommen.«[1]
Natalie verspricht ohne weiteres. Sie ist gerührt, von Liane mit ihrer »schleppenden Stimme« geduzt worden zu sein, betört von der unmittelbaren Ausstrahlung ihrer Schönheit und stolz, auf eine der Königinnen von Paris verführerisch gewirkt zu haben.
»Und dann, liebe Amazone?«
»Dann war es eine Badewannengeschichte.«
Die Amazone erklärte mir fröhlich, wie sie sich am nächsten Morgen mit Liane in deren Badewanne wiederfand, wo jene »wie eine Rose« sich im Wasser erfrischte, und wie sie am folgenden Abend in einer anderen Badewanne, oder genauer gesagt, einer Proszeniumloge im Theater saßen, um Sarah Bernhardt in *»Hamlet«* zu bewundern.
Um weiteren »und dann?« und anderen Fragen vorzugreifen, schenkte mir die Amazone ihr Widmungsexemplar der *Sapphischen Idylle* und sagte: »Meine ganze Geschichte mit Liane ist darin, Augenblick für Augenblick, wenigstens fast.«
Natalie hatte nicht nur diese *Sapphischen Idylle* inspiriert, sie hatte sie auch mitverfaßt[2]. Das Kapitel, in dem der Theaterabend erzählt wird, wurde von Natalie auf Wunsch Lianes geschrieben:
»Willst du mir einen Dienst erweisen? Schreibe mir einen

[1] Die Version dieser ersten Begegnung, wie sie mir Natalie erzählte, weicht etwas von der in ihren *Indiskreten Erinnerungen* ab.
[2] Und dabei gibt Natalie in ihren *Indiskreten Erinnerungen* vor, über das Erscheinen der *Sapphischen Idylle* erstaunt zu sein.

kleinen Bericht über deine Eindrücke von *Hamlet*. Ich beschreibe uns da, wie wir in der Loge versteckt saßen, und es wäre mir notwendig und interessant, den genauen Eindruck zu wissen, den dieses Meisterwerk auf dich gemacht hat, lies es, und lies es wieder, und gib mir im einzelnen deine Gedanken von Akt zu Akt wieder. Das ist zwar ziemlich seriös für dich kleinen Blondschopf – aber es wird dich von Deinen Bällen und den rosa oder weißen Kleidern ablenken ...«

Ich besitze den Entwurf zu diesem Kapitel. Er ist von Natalie geschrieben. In dieser Fassung hat die Amazone die wahren Vornamen Natty und Liane beibehalten. In der *Sapphischen Idylle* heißen sie Flossie[1] und Annhine. (Liane hat praktisch bis auf einige Verbesserungen den Text Natalies nachgeschrieben.) So kann man also leicht jenen Theaterabend, das erste Erscheinen der beiden in der Öffentlichkeit rekonstruieren:

Der Wagen hielt vor dem Théatre Sarah-Bernhardt; Natty erhob sich aus ihrer Ecke, in die sie sich wie ein kleiner Page zu Füßen seiner Gebieterin niedergekauert hatte, stieg aus, wies mit einer Hand einen Platzverkäufer von sich und reichte die andere ihrer Freundin. O ja! Ihr herumlaufenden Leute hattet ganz recht, stehenzubleiben und mit Eurem etwas groben Beifallsgeklatsche auf Eure Art der Schönheit Lianes zu huldigen. Natty tat es auf ihre feinere Art: Angesichts wahrer Schönheit (und nichts schien ihr schöner, erhabener, perverser und anziehender als Liane) hätte sie am liebsten den Staub von ihren Füßen geküßt. Sie hätte es auch dort auf der Stelle getan, wäre sie nicht gezwungen gewesen, dem Kutscher Anweisungen zu geben, sich um die Eintrittskarten zu kümmern und sich mit banalen Dingen abzugeben. Es hatte etwas süß-geheimnisvolles an sich, dem Pariser Treiben zu entrinnen und sich in ein an-

1 Natalie erscheint noch einmal mit dem Vornamen Flossie in einem anderen Roman Liane de Pougys, *Yvée Jourdan*, in dem überschwengliche Passagen ihrem Geist, ihrem Auftreten, ihrer Stimme und besonders ihrem Lächeln gewidmet sind. »Ihr Lächeln verspricht und entschuldigt sich, es urteilt und vergibt, es erfreut stets. Ihr Lächeln hat alle Nuancen.«

deres Jahrhundert versetzen zu lassen. Man öffnete ihnen die Proszeniumsloge, und Natty hatte ohne Umschweife ihren Platz eingenommen, sie hatte eine Theorie über die Nutzlosigkeit aller lästig-hinderlichen Kleidung entwickelt und war fast nackt. (Hier endet Natalies Text, und Liane fährt fort.) Und so verschwand Flossie vor den inquisitorischen Blicken des hochseriösen und in Neugier versetzten Publikums, das wie gebannt auf jene im Schatten liegende Ecke des Saales starrte, wo hinter den geheimnisvoll halbgeöffneten Vorhängen die provozierende blondrosige Schönheit Annhines auftauchte.
»Setz' deine Füße in meine Hände, ich werde deine Fußbank sein ...«, und schon schob sie die kleine Holzbank beiseite, die eben eine lächelnde und beflissene Platzanweiserin hereingetragen hatte.
»Aber Moonbeam, so wirst du doch nichts sehen.«
»Ich werde dich anschauen, und dabei werde ich der goldenen Stimme der großen Sarah lauschen, wie sie der bitter-ironischen Philosophie, die man Hamlet zuschreibt, Ausdruck verleiht. Weißt du, Ninon, laß uns noch für einige Zeit auf meinen Jungmädchenruf achtgeben, so werde ich dir besser in all der Heuchelei meiner Welt dienen, denn ich will dir in allem und zu allem dienen.

Es ist wirklich höchste Zeit, einige Vorsichtsmaßregeln zu treffen, denn von nun ab zeigen sich die beiden Verliebten ganz unverhohlen in der Öffentlichkeit. Der Schauspieler de Max, ein Freund der Liane de Pougy, nähert sich der Proszeniumsloge und sagt: »Liane, bitte ein wenig Haltung und ein wenig Zurückhaltung.«
Schon wird über eine Idylle Lianes mit einer jungen Amerikanerin namens Florence Temple-Bradford gemunkelt. Welt und Halbwelt wissen noch nicht, daß Miß Temple-Bradford und Miß Clifford-Barney, daß Flossie und Natty ein und dieselbe Person sind!
Die Verliebten erfinden sich ihre eigene Sprache und geben sich neue Vornamen. Liane nennt Natalie Flachsblume, Flossie,

Natty und Moonbeam. Natty und Moonbeam werden Natalie ihr ganzes Liebesleben, also ihr Leben lang anhaften. Liane ist Lilly, Lianon, Lianou und »Mein Engel«, und später werden auch Renée Vivien und Romaine Brooks »Mein Engel« heißen. Liane muß weiterhin ihren Beruf ausüben, und Natalie muß auf ihre Familie Rücksicht nehmen. Das bringt zeitweilige Trennungen mit sich, während derer die beiden Freundinnen sich Rohrpostbriefe schreiben. Es entsteht eine wahre Flut jener »blauen Briefchen«, die von einer anderen Flut – einem wahren Blumenregen – begleitet wird.
»Ich gab mein ganzes Taschengeld für Blumen aus, die ich Liane schickte«, erzählte mir die Amazone.
Aber Liane hat eine so charmante Art sich zu bedanken:

Zwei Bewegungen der Wagenräder, ein kurzes Knirschen auf dem Sand, und schon ist meine Natty fort, davon, weg; verschwunden ist mein hübsches blondes Traumbild... Und da kommt schon jemand an und überreicht mir Deine Blumen. Rote und weiße Rosen, Stiefmütterchen, viele blaue Kornblumen, Narzissen und Vergißmeinnicht.
Ach meine Liebste, wie traurig Du bist, aber Du wirst morgen schon wiederkommen, und dann werden wir zusammen verschleiert in irgendeiner Ecke von Paris spazierengehen. Ich fühle mich so fern von allem und von allen, Natty, liebst Du mich auch? Du mußt immer am Freitag traurig sein, und wenn es regnet. Meine kleine Natty, welchen Zweck hat das, was ich tue? Gib mir Mut, besänftige zärtlich meine wunde Seele, schläfere mich ein, Natty, für lange, lange Zeit und erwecke mich im Mai, wenn die Sonne scheint. Adieu. Du siehst, ich spotte über das Wort ›Adieu‹, ich sage es, wiederhole es immer wieder, ewig, endlos, ich fürchte es, sehne es herbei, verleugne es und bediene mich seiner, allein um meiner Launen willen und wie's mir gefällt, Natty, mein Blumenschwesterchen. Bis morgen früh.

Endlich liebt Liane, sie langweilt sich nicht mehr. Mit Natalie gibt sie sich »köstlichen Frivolitäten« hin. Natalie führt Liane

zu ihren Lieblingsschneiderinnen, den Schwestern Callot. Diese unterziehen Mademoiselle de Pougy einer langen Betrachtung, und dann fällen sie ihr Urteil:
»Es ist nicht schwer, Sie zu begreifen. Vermeiden Sie grüne und weiße Stoffe. Außerdem muß Ihr Hals stets aus einem eckig geschnittenen Decolleté hervorragen, das ihn frei läßt und Ihre Figur in leichten wallenden Stoffen unaufhaltsam verlängert. Sie haben einen besonderen Typ. Wir werden Ihnen auserlesene Sachen machen.«
Als sie die Schwestern Callot verlassen, ist Natalie von ihrer Begeisterung hingerissen und überbietet sie noch:
»Es ist wahr, Du hast einen besonderen Typ. Du hast das Glück, Deine persönliche Note zu haben, während die meisten Leute sich wahnsinnig Mühe geben, sich eine zu schaffen. Du, Du bist der Typ einer Fee, einer Najade, einer fernen Prinzessin. Die Schwestern Callot haben recht: Lange Kleider, kostbaren Schmuck, Du bist für Halsbänder, Ketten und Ringe geschaffen.«
Sie bestellen Ringe bei Lalique. Sie gehen zusammen im Bois spazieren. Eines Nachmittags gehen sie aufs Land, besuchen eine Kirche und trinken ein Glas Pfefferminzlikör mit Wasser in einem Bistro.
Liane ist nicht müde, Natalie zu bewundern:

»Deine so weißen und so schönen Zähne ... Dein Mund ist der eines lasterhaften Kindes, Moonbeam. Dein schlanker Wuchs ... eine ganz kleine Brust, wie meine, ein wenig knabenhaft. War ich gut beraten, mir einen solchen Pagen auszuwählen?«

Ja, sie war es, und Liane beglückwünscht sich täglich dafür. Liane und Natalie schweben ganz im siebenten Himmel, als ein Telegramm aus Italien das Paar wieder zur Erde bringt: Die Kurtisane muß sich mit einem ihrer Gönner treffen, der ein Schloß in der Umgebung Roms besitzt. Erste Trennung. Erste Tränen. Erster Brief Natalies, die ein wenig zu sehr jammert, was ihr folgende Antwort Lianes einbringt:

Hier bin ich mit Byron, den ich verehre, Dumas, der mich amüsiert, J. J. Rousseau, der mich anödet und ein wenig Baudelaire. Diese Freunde lehren mich hübsche Dinge, vor allem Byron. Ich habe mir sein Bild verschafft, und wenn wir uns nicht unterhalten, schaue ich ihn mir an. Seine Gesichtszüge gefallen mir außerordentlich. Er ist so jugendlich und seine Zwitterhaftigkeit ist voller Grazie. Meine Lippen strecken und füllen sich, wenn ich seinen etwas schwülstigen und herrlich geformten Mund betrachte; sein Blick hat etwas Wildes und Starres mit seinen erweiterten Pupillen, und er verrät mir große Kraft der Phantasie, die er widerspiegelt, wie auch seine Stirn und sein Haar. Natty, ich bin in Byron ganz vernarrt.
Und Du? Du machst mir den Eindruck einer jener armen, blassen, offenen, traurigen und abblätternden Blumen, die sich über alles zu beklagen scheinen. Sie klagen über Kälte, Sonne, Staub und Regen, Dunkelheit und Tageslicht ... kleine schwache Blume, die nur in der Erinnerung an das lebt, was sie zum Seufzen gebracht, oder in der Hoffnung auf das, was sie brechen wird ... Aber Du bist von auserlesener Anmut, Du bist biegsam, zart, empfindsam und verletzt. Ich bedaure Dich. Du würdest den Halt, der Dich stützte, biegen, denn mein Name, der ja auch der des geschmeidigen Zweiges ist, paßt gut zur Katzenhaftigkeit Deiner Hülle.
Ich werde wieder gesund. Ich ertrage mit Freuden den Schnee und die Sonne, ich trotze dem Regen und der nächtlichen Kühle, ich laufe, esse, trinke, schlafe und träume ein wenig, was all das nur angenehmer macht. Meine Lippen und Wangen nehmen Farbe an. Ich setze Rundungen an (aber nur dort, wo es nötig ist, also sorge Dich nicht), und ich mache mir ein Vergnügen am guten Leben. Kleine kränkliche, schmachtende Blume, komm hierher zu mir.[1]

Die kleine kränkliche und schmachtende Blume zögert keine Minute. Sie wird sich zu Liane begeben, die sich doch sicher

[1] In diesem Brief, sowie in allen anderen in diesem Buch zitierten Briefen, hat der Autor nichts am Stil und Vokabular ihrer Verfasser geändert.

lange genug von ihrem italienischen Gönner befreien kann, um sie jeden Tag für einen Augenblick zu sehen ...

Wie aber soll sie Alice Pike Barney überreden, die Osterferien in Rom zu verbringen? Natalie kann ja nun wirklich keine religiösen Gründe anführen. So beruft sie sich auf erklärliche gesellschaftliche Verpflichtungen. Die Frau des amerikanischen Gesandten in Rom ist eine gute Freundin ihrer Mutter. Da wäre doch die amerikanische Gesandtschaft in Rom ein wenig wie ein Zuhause für die drei Damen Barney ... Alice Pike Barney läßt sich überzeugen und fährt mit ihren beiden Töchtern nach Rom.

Gleich bei ihrer Ankunft sind sie von der Schönheit der römischen Landschaft bezaubert; Natalie schreitet mit ihrer Schwester Laura barfuß durch den morgendlichen Tau und stellt sich vor, eine Vestalin des alten Rom zu sein. Davon holt Natalie sich eine Erkältung und Laura einen Hexenschuß.

Alice Pike Barney weiß wirklich nicht mehr, was sie mit ihren unvernünftigen Kindern anfangen soll! Barfuß im Morgentau herumzulaufen! Wie die Vestalinnen des alten Rom! Letzteres Argument findet immerhin bei der Ästhetin Alice Verständnis, und sie verzeiht die Eskapade.

Natalie pflegt ihren Schnupfen und zieht derweil Erkundigungen über den Gönner Lianes ein. Sie erfährt die Wahrheit, die schreckliche Wahrheit aus dem Munde eines ebenso römischen wie locker-lebemännischen Marquis. Der Marquis erklärt ihr, daß der Gönner mit einer völlig vorurteilslosen Gattin gesegnet sei: »Sie gehen in ihrer ehelichen Treue so weit, daß sie beide nur Liane lieben«, berichtet er ihr. Natalie streift sofort den Ring ab, den Liane bei Lalique für sie hat anfertigen lassen. Es ist ein nachtblauer Emailring mit feinziselierten Fledermäusen, die um einen Mondstein kreisen. Im Inneren steht die Inschrift: »So mag ich, daß Du leidest, um mich zu verstehen und zu lieben.«

Und Natalie leidet. Daß Liane ihr mit dem italienischen Gönner untreu war, hat sie hingenommen, wie man eben berufliche Pflichten hinnimmt. Aber daß eine Frau dabei im Spiele ist,

duldet Natalie nicht. Liane hatte ihr doch versprochen: »Männer ja, aber niemals Frauen, solange ich dich liebe.«
Nun hält Natalie es plötzlich nicht mehr in Rom aus, und sie bittet ihre verdutzte Mutter, nach Paris zurückzukehren. Alice Pike Barney, die eigentlich froh ist, ihr Atelier, ihre Pinsel und den Unterricht bei Whistler wiederzufinden, ist einverstanden. Man verabschiedet sich von der Frau des Gesandten, die die Kürze des Besuches lebhaft bedauert, und man kehrt nach Paris zurück, wie Natalie es gewünscht hat. Einmal mehr hat sie ihren Willen durchgesetzt. »Der heilige Wille Natalies geschehe«; das haben ihre Eltern, ihre Freunde, ihre Anbeter und vor allem ihre Anbeterinnen gelernt. Nur eine entzieht sich der Macht ihres Willens: Liane. Um diese Niederlage und ihren Kummer zu vergessen, stürzt sich Natalie tapfer ins gesellschaftliche Leben mit seinen Festen.
Ihr Verlobter, Will, taucht in Paris auf »mit seinem guten, offenen und treuen Gesicht«, das Natalie mit einer Inbrunst küßt, die durch den Verrat Lianes nur gesteigert wird. Es bereitet ihr Vergnügen, Wills Herz unter seinem weißen Seidenhemd pochen zu hören.
»Ein Herz für sich schlagen zu hören, ist etwas Gutes, selbst wenn es das Herz eines Mannes ist«, erklärte mir die Amazone, als sie von dem »guten« Will sprach, dem es dennoch nicht gelang, sie Liane vergessen zu lassen ...
Da kehrt Liane zurück. Liane ist wieder da, nachdem sie ihre römischen Pflichten absolviert hat. Sie erscheint, und Natalie fällt ihr glückselig in die Arme, ohne einen Augenblick mit unnötigen Vorhaltungen zu verlieren. »Ich bin Amerikanerin und daher praktisch veranlagt.« Und wie hat sie recht, praktisch zu sein, denn wieder ist das Glück des Beisammenseins nur von kurzer Dauer. Liane muß bald nach Monte Carlo fahren, wo ein anderer Gönner sie erwartet. Aus dem Grand Hotel de Monte Carlo schreibt die reisende Kurtisane an ihren »Mondstrahl«.

Welch ein Leben! Welch eine Welt! Selbst das Wasser, der Strand, die Sonne, alles scheint hier künstlich, zweideutig und zwielichtig.
Mein Gott! Und ich ärgere mich so, my Moonbeam, über die, die mich hierher geschleppt haben. Ich bin wie gelähmt und starr, meine Augen blicken auf entsetzliche Dinge, meine Seele ist voller Mißtrauen, meine Gedanken stellen mir schmerzliche Fragen, und ich fühle mich ganz und gar wie jene kleine, bleiche Prinzessin, die von der Hexe zum Sabbath geführt wird! Mein Herz stößt sich an den Rauheiten des Hasses und der Eifersucht wund. Dieses Blau, dieses Gold, diese fröhlichen Frauen und wahnsinnigen Männer nehmen die Formen bewaffneter Ungeheuer mit Piken und vergifteten Pfeilen an, und selbst die Blumen, die zerbrechlichen Blumen erscheinen mir wie Fallen . . .
Ich will umkehren, mich verstecken, fliehen! Und doch bleibe ich, festgenagelt und erstorben, und ich sehne mich nach der Nacht, dem Dunkel, dem Vergessen, der Ruhe und dem Frieden, aber ich bin von grausamer Helle umgeben, in der ich alles wahrnehmen und fürchten muß. Und ich frage mich: Warum bin ich hier? Warum bin ich? Ach! Die Halbschatten von Paris im kalten Februar mit ihren traurigen, grauen, blassen und trübseligen Tönungen, das modrige Wasser der geknechteten Seine, der beizende Rauch der großen Stadt, der Lärm der Straßen, die hastigen Menschen, das alles ist viel weniger falsch und verdorben, denn zuweilen findet man dort wenigstens die Ruhe eines Lächelns, die Zärtlichkeit eines aufrichtigen Blicks. Komm, Moonbeam, nimm mich hier fort und laß mich mit Dir gehen. Ich bin für diese Dinge nicht mehr geschaffen, seit ich gelernt habe, zu glauben, weil ich zweifelte um zu zweifeln, weil ich glaubte. Komm zu mir, Moonbeam, komm nimm mich und führe mich einen Monat lang weit von allem fort, was es gibt . . . Führe mich, wohin Du willst. Komm mich holen und nimm mich. Ich bin bereit, so wie Du mich willst, so wie Du mich träumst.
Komm, ich weine, komm, ich sterbe, komm, man tötet mich,

man mordet mich, komm und laß mich wieder leben, mein Kleines.
Und wir werden zusammen nach Paris in unsere Träume zurückkehren, komm. Komm, Du wirst zwei Kleider weniger bestellen und ich auch, und wir werden uns beide ein wenig Glückseligkeit kaufen, ein wenig Freiheit für unsere Träume. Komm schnell und erwecke die Blüte meiner Seele. Deine Stimme wird mich einwiegen und Du wirst mir von hübschen Dingen singen, die nie geschehen, aber die man sich wünscht und die man immer erwartet, und ich werde sie mir wünschen und warten. Weißt Du, daß ich meine Arbeit und meine neuen Pflichten vergesse? Und das stimmt mich traurig! Ich bin hier die Frau eines Klubmenschen, der dicke Zigarren raucht und seine Nächte und Tage beim Spiel verbringt ... Ich erwarte ihn in meinem Bett, finde keinen Schlaf, fiebere, träume nicht und bin traurig ... in einem schmerzlich materiellen Sinn. Doch eigentlich sollte die Kurtisane in mir zufrieden sein, denn eben hat er mir eine Perlenkette im Werte von hunderttausend Franken um den Hals gehängt – weiße Perlen, die ich liebe. Aber siehst Du, mein Kleines, ich leide trotzdem an allem und an mir selbst. Ich leide so, daß ich mir den Tod wünsche.
Warum nur habe ich ein doppeltes Ich?
Warum bin ich nicht ganz und gar wie die Anderen?
Woher kommt mir diese Traurigkeit, das Auflehnen, die Pein und der Schmerz? Ich leide. Komm, nimm mich, errette mich. Und dann gehe ich mit Dir fort von allen diesen Leuten. Ich bin nicht an meinem Platz und »wer sich fliehende Schatten zur Beute erkoren, hat zur Strafe auch seinen Platz verloren«. So ist es! Mein Platz ist in Dir, Moonbeam, in Deinem Geist, in der Wonne Deiner Goldfäden, in Deinen zarten Strahlen.
Komm, nimm mich. Und nachdem wir uns in der Sonne belebt haben, werden wir in Paris die ersten Knospen im Bois sprießen sehen, und auf dem See wirst Du mich in einem leichten, beschwingten Schiffchen hinausfahren, weit, weit, an andere Ufer, und dabei werden wir uns uns selbst nähern.
Ach! Wir sollen das Gefängnis unserer selbst sein? Wer hat uns

so etwas sagen können? Nur in mir selber finde ich den Raum, die Unendlichkeit. Das Gefängnis, das sind die anderen, *die Welt, die Gesellschaft, das Leben. Die Rosen von Jericho. Die Asche zerstäubt beim leisesten Hauch. Komm, Natty, komm, Moonbeam.*
Siehst Du, man hat mir Perlen geschenkt, und ich weine.

Man bemerke die Verwandtschaft jenes »*das Gefängnis, das sind die anderen*«, mit »*die Hölle, das sind die anderen*«, das Jean Paul Sartre ein halbes Jahrhundert später schrieb. Die großen Geister begegnen sich eben immer irgendwo. So ein Höhenflug der Gedanken, der eigenwillige Stil und eine gewisse Natürlichkeit, die zwar ein wenig von der für die Jahrhundertwende typisch fieberhaft ausschweifenden Gefühlsdichtung beeinflußt ist, sind bewunderswert. Dieser Brief bezeugt klar und deutlich, daß Liane de Pougy ihrer Legende weit überlegen ist und daß sie bei weitem die Otero und ihre bedeutendsten Rivalinnen an Geist überragt. Dieser Brief und einige andere, in denen Liane über die Knechtschaft des Kurtisanenberufs schreibt, festigten Natalie in ihrem Entschluß, Liane aus der Prostitution zu befreien. Sie hat sich dafür ein einfaches, einer zielbewußten jungen Amerikanerin würdiges Mittel ausgesucht: Da ihr Verlobter sich schon zu einer Scheinehe bereit erklärt hat, wird er wohl auch einwilligen, daß Liane als ihr einziges, geliebtes Kind in die Ehe mit einbezogen wird. Will ist mit allem einverstanden, solange er seine unvergleichliche Natalie nicht verliert, und stimmt auch diesem Handel zu. Natalie jubelt und schreibt an Liane, die inzwischen Monte Carlo verlassen hat und nach Florenz abgereist ist:

»Will sagte mir, Du seist so bekannt und so berühmt, daß ich mich mit meiner Vernarrtheit in Dich bestimmt kompromittieren würde, und daß er mich dann nicht mehr heiraten könne. Ich habe darüber lange nachgedacht, und es ist mir gelungen, Will von der süßen Anmut unserer Liebe zu überzeugen, ich beschrieb ihm die Schönheit unserer Beziehung und vor allem

die beiden göttlichen Funktionen, die Pierre Louys so herrlich darzustellen wußte: Die Liebkosung und den Kuß. Er hat mir jetzt versprochen, mich nie zu berühren und sein Vergnügen mit mir nur auf keusche, geistige Art zu genießen. Ich habe ihn auf die Probe gestellt, und er mußte zuweilen wahre Folterqualen erleiden, aber er hat sein Wort gehalten und entspannt sich danach bei schönen Sklavinnen.«

Diese schönen Sklavinnen sind die Damen vom *Maxim*, das er in Gesellschaft Natalies besucht. Sie hat sich eine schwarze Perücke aufgesetzt, um unerkannt zu bleiben, und stimmt wie ein guter Kamerad Wills Auswahl zu. Will ist hingerissen von ihrem Verständnis, das zwar heute gang und gäbe ist, damals aber höchst selten war. Natalie ist wahrlich in jeder Beziehung eine Wegbahnerin!

Sie erträgt immer weniger selbst den leisesten Zwang, den ihr ihre Eltern auferlegen. Sie überredet Will, ihre Ehe als »die erlösende Bindung« zu betrachten, »die uns von unseren Familien befreien wird«. So können sie beide den Anstandsregeln ihrer Welt gehorchen und trotzdem tun und lassen, was sie wollen. Diese herrliche Vorurteilslosigkeit bei zwei Menschen des neunzehnten Jahrhunderts, das im Zwangskorsett des puritanischen Konformismus endete, ist schon recht erstaunlich.

Will und Natalie gehen noch weiter in ihren gegenseitigen Freiheitszugeständnissen. Eines Abends laden sie Carmen in einem Séparé bei *Larue* zum Nachtessen ein. Carmen hatte sich ohne Groll gegen Liane, »unser aller Königin von Paris-Lesbos«, zurückgezogen; aber sie ist ein gutmütiges Mädchen und nimmt die Einladung an. Sie trinkt zuviel Champagner, und bald zögert sie nicht, Natalie auf den Mund zu küssen.

Will verzieht sich diskret. Natalie und Carmen stürzen sich auf das Kanapee, dessen Farbe – die Amazone erinnert sich und weist ironisch auf die Übereinstimmung hin – »ein leicht errötendes Nymphenschenkelgrün« war. Die beiden Nymphen treiben ihr Liebesspiel, als plötzlich ein lautes Schluchzen ihre Seufzer unterbricht. Der unbesonnene Will hatte die ganze

Szene von einem Versteck aus beobachtet, in das ihn ein hilfsbereiter Maître d'Hôtel geführt hatte. Will bricht in Tränen aus. Er hatte sich überschätzt. Aber bald ist er wieder beherrscht, entschuldigt sich und verkündet einmal mehr, daß er zu allem bereit ist, um Natalie nicht zu verlieren. Jetzt verschwindet Carmen diskret durch die kleine Tür. Natalie verzeiht Will sein Eindringen, und die Verlobten verabschieden sich zärtlich voneinander.

Will kehrt zu seinen Hochöfen in Pittsburg zurück und Natalie zu ihrer nicht minder heißen persönlichen Flamme, Liane.

Liane ist von Florenz nach London gereist, wo ihre Anwesenheit bis in die Pariser Presse mit Kommentaren versehen wird, die Natalie sogleich liest: »Das Erscheinen unserer schönen Liane de Pougy hat die Nebel der grauen Inselstadt gelichtet. Ihr schneeweißer Hermelinumhang, eine Flut von Perlen, dazu ihre entzückenden, mit Zobel besetzten irischen Kappen, pastellfarbene, mit Rosen umrankte Filzhüte, wahre Meisterwerke unseres großen genialen Putzmachers Lewis, um den ganz London sich reißt . . .«

Lianes Londoner Saison geht ihrem Ende zu. Eine erquickliche Saison, die neue Hoffnungen mit sich bringt. Denn Liane hat aus ihren Bedenken an Natalies unbefangenen Heiratsplänen kein Hehl gemacht. Liane kennt sich genügend in Männern aus, um zu bezweifeln, daß Will sein Wort halten und derart harte Bedingungen wirklich annehmen wird.

Sie zieht es vor und hofft, daß ihre eigenen Opfer ihr und Natalie ein neues Leben ohne Trennung und ohne jeden Zwang ermöglichen werden:

Ach! Mein Kleines, mein Kleines, ich brauche noch achttausend Pfund, bevor ich Schluß machen kann. Dann telegraphiere ich Dir, komm, und nimm mich. Liebling, ich könnte noch so viel mehr erreichen. Ich fühle es, und Du weißt es. Danach werden wir wirklich leben. Dann wollen wir träumen, denken und uns lieben. Ich werde hübsche Dinge schreiben, und auch Du, Du vor allem. Aber ich fürchte, es wird lange dauern, bis wir das erreichen, und ich habe Angst, daß so viel Schmutz unserem erträumten Glück ein unüberwindlicher Wall sein wird. Ach, komm zu mir und nimm mich, komm schnell und entführe mich weit fort von hier. Reinige mich mit einem großen, göttlichen Liebesfeuer, das nichts Bestialisches an sich hat. Du bist ganz Seele, wenn Du willst, wenn Du es fühlst, bring mich von meinem Körper fort.

Liebling, gib mir Mut, ich bin Lianes überdrüssig, dieses Lebens überdrüssig, ich bin zum Sterben überdrüssig. Entführe mich.

Für Natalie ist diese Abscheu vor dem Mann und seiner Bestialität, diese Reinigung der Frau durch die Frau das Evangelium der heiligen Liane, der Kurtisane und Märtyrerin. Natalie empfindet mitleidvolles Verständnis. Aber sie ist wütend. Sie ist finanziell von ihren Eltern abhängig, und Liane zu »entführen« setzt ein Vermögen voraus, das sie noch nicht besitzt. O Will, Will. Hat sie ihn erst einmal geheiratet, so wird sie eine ansehnliche Mitgift bekommen, und dann ... dann kann sie endlich Lianes Wünsche erfüllen und mit ihr leben. Aber Will ist in Pittsburg beschäftigt und zeigt immer weniger Eile, diese ungewöhnliche Ehe einzugehen. Und Natalie ist nicht gewillt, noch lange zu warten. Unter dem Vorwand, eine Freundin, die in London einige Hauskonzerte geben soll, als Anstandsdame zu begleiten, wird Natalie sich mit Liane treffen.

Sie verbringt unvergeßliche Nächte und Tage in London, die sie einstweilen mit England versöhnen. Eine Bootsfahrt auf der Themse, ein Gasthaus in Maiden Head, das Palais *Star and Garden,* das Hotel *Cecil* sind die Stationen des verliebten Beisammenseins Natalies und Lianes. Wie alle Verliebten vergessen sie die Welt, aber die Welt vergißt sie leider nicht. Herr Barney ist von den plötzlichen Reisen Natalies nach Rom und London beunruhigt und erscheint im Hotel *Cecil,* um seine Tochter abzuholen. Sie hat gerade noch Zeit, von Liane Abschied zu nehmen und ein Hohelied zu ihrem Ruhm zu schreiben. Liane antwortet ihr darauf:

Dein Hohelied an Liane ist ideal, schön, pervers und betörend, meine Geliebte. Ich denke und ich träume von einem September voller Köstlichkeiten und Seelenfreuden mit Dir. Liebste Natty, was hältst Du davon? Haben wir Aussicht darauf?

Die ganze Familie Barney verbringt ihre Ferien in der Umgebung von Dinard, was in jener Zeit der Treffpunkt der feinen Leute war. Natalie ist eine unermüdliche Schwimmerin und begeisterte Tänzerin. Sie verbringt ihre Zeit im Wasser und auf dem Tanzboden. Aber zwischen Bad und Walzer macht sie sich auf die Suche nach einem Unterschlupf, wo sie und Liane sich nach Herzenslust lieben können. Sie findet eine Villa in Saint-Enogat. Die Chancen stehen also gut. Aber schon beginnen die Zweifel. Wäre ein Hotel nicht besser?
»Ein Hotel für zehn Franken dürfte kaum zusagen«, warnt Liane. »Ich habe es gern bequem.«
Man muß auch eine gute Köchin besorgen. Das ist absolut notwendig. Inmitten solcher praktischer Erwägungen gibt sich Liane bereits Zukunftsfreuden hin:

Unser kleines Seelenhaus wird süß und berauschend sein. Ich fühle Dich schon so in mir, Natty. Eine Traumwolke umfängt mich, und ich gerate in Ekstase, da sagt plötzlich eine laute Stimme mit belgischem Akzent zu mir: »Lilli, willst Du Deinen Goldbarsch gebacken oder in Butter gebraten?« Diese Spießbürger um mich herum sind entsetzlich.

Liane rät Natalie:

Fahr' im Oktober nicht nach Amerika. Huste, und sage, Du müßtest in den Süden. Ich gedenke im Oktober in mein Nest in Mentone zu fahren. Dort wären wir glücklich. Und im nächsten Sommer will ich die Weltausstellung mit Dir besuchen, danach nach Beirut und dann in Dein Land reisen.

Schließlich verkündet Liane, sie habe »die ersten zwölf Seiten der *Sapphischen Idylle* skizziert: »Es läuft gut an. Du wirst es nach und nach lesen, und ich glaube, es wird Dir gefallen.« Natalie befürchtet, daß ihre Briefe in diesem Roman erscheinen werden und verlangt sie zurück. Liane antwortet ihr:

Schreibst Du für mich oder für die Nachwelt? ... liebste Natty, Du hast unrecht, wenn Du meinst, daß ich mich Deiner Briefe bediene. Nein, mein Kleines, Du wirst meine Erstfassung der Sapphischen Idylle *lesen, es ist kein Brief darin und auch keine Abschrift eines Briefes. Deine Briefe bedeuten mir viel. Du schickst sie mir, und nun willst Du, daß ich sie Dir zurückgebe, das ist böse. Schreibe sie doch ab und behalte die Kopie.*

All diese Empfehlungen hindern sie nicht daran, in Erwartung des Septembers sich täglich Briefchen zu schreiben. Es sind kurze, hastig in der Begeisterung des Augenblicks geschriebene Herzensergüsse. Die freudetrunkene Verliebtheit braucht nicht viel Worte. Da genügen Ausrufungszeichen, die ganze Welten einzuschließen scheinen. Und zwischen zwei Schmachtseufzern stellt Liane die brennende große Frage: »Hast Du eine Köchin gefunden?«
Der Sommer 1899 ist der Sommer ihrer Leidenschaft. Liane und Natalie zählen die Tage, übertreffen sich gegenseitig in Schwüren und Kindereien:

Du wirst mir einige Deiner Blusenbänder opfern, meine Natty, und anderes auch ... das ist so lieb, so lieb, so lieb, und wenn ich die Flügel der treuen Schwalbe hätte, so flöge ich sogleich ins warme Nest Deiner Blondheit zurück, und Du kannst sicher sein, daß ich's am Monatsende tun werde.
Mein Liebling, denk daran, wenn es Dir Freude macht und bereite das gesegnete Plätzchen vor, wo wir uns lieben werden. Worte, Liebkosungen, Berührungen, alles das, das sind wir beide.

Je näher der gesegnete Augenblick rückt, desto mehr vervielfachen sich die Ausrufungs- und Gedankenstriche. Man verzehrt sich, man stirbt und man erwacht wieder zum Leben, um sich aufs neue zu verzehren. Um diese Glut zu stillen, gibt es nur ein einer Amazone würdiges Mittel: das Reiten. Natalie erschöpft sich oder versucht wenigstens, sich in langen Ritten zu erschöpfen:

Meine Liane,
da Du geistig glücklich und körperlich keusch bist, muß ich es auch sein ... Um mich so recht zu ermüden, mache ich lange Reitausflüge (ich kenne zwar angenehmere Mittel, aber sie sind weniger tugendhaft). Gestern bin ich achtundzwanzig Kilometer weit geritten, weil ich irgend etwas Schönes suchte, das meinen Augen Freude machen könnte. Ich bin der Eintönigkeit meiner Umgebung so müde. Und was sehe ich? Metallrohre, Steinhaufen, alte Weiber und Kühe. Ich sah auch Schafe. Eins davon wollte nicht wie die anderen und mit den andern laufen, und so schlug man auf es ein. Das war eine Morallektion, die mir durchaus keine Freude machte. Bin ich wie jenes Schaf? Die Stimme der Vernunft antwortet streng: ja. Dann kam ich in Dörfer, wo ich mich verpflichtet fühlte, abzusteigen, um etwas vom Apfelmost und der Mundart des Landes zu kosten. Vor zwei Jahren noch hätte ich diese Gasthäuser malerisch gefunden, aber jetzt scheinen sie mir nur ganz einfach schmutzig zu sein. Es ist ein sicheres Zeichen des Alters, wenn die Unsauberkeit ihren künstlerischen Reiz verliert. Allerdings muß ich zugeben, daß ich niemals die jugendliche Begeisterung dessen besaß, der da sang: »Wie schön hat man's im Dachkämmerlein, wenn man zwanzig ist ...« Ich bin zwar erst dreiundzwanzig, aber ich finde, daß man's »anderswo« schöner hat. In Deinem Bett zum Beispiel.
Als ich hierher kam, hoffte ich, bei den Bretonen irgendeine Ähnlichkeit mit Dir zu entdecken. Auch das war eine Enttäuschung. (...) Aber in den Blumen Deines Landes finde ich Dich wieder, meine Geliebte. Die Dinge, die ich ehre, gehören keiner Zeit an und sind überall. Sie wachsen sowohl im grenzenlosen Garten der Unendlichkeit als im geheimsten Schlupfwinkel

Deiner Seele. Wenn ich diese hier küsse, benage und ihren Duft einatme – weißt Du, an was ich dann denke?
Es ist Zeit, daß ich wieder reiten gehe. Adieu, Deine ... und für ewig *Natty.*

Doch plötzlich hört für Natalie das Reiten auf, Liane ist da. Natalie erhält die Nachricht ihrer Ankunft kurz vor dem Mittagessen am Familientisch, an dem sie teilnehmen muß. Sie verrät sich fast durch ihr ungewöhnlich zerstreutes Benehmen und durch die merkwürdige Weigerung, ihre Nachspeise zu essen. Daß diese erklärte Genießerin auf ihren Nachtisch verzichtet, bringt die Familie Barney in einige Bestürzung.
Sie entschließt sich mit Bedauern, ihr Pagenkostüm von Landolf im Kleiderschrank hängen zu lassen und zieht, um Liane – oh – meine Liane zu treffen, einen bretonischen Matrosenanzug an, den sie passender findet.
Die beiden Evas finden sich sogleich in ihrem Paradies ein, und zur Feier des Ereignisses läßt Natalie Blumen senden, die von einem in ihrer Autobiographie wiedergegebenen Brief begleitet sind:

Ach! Könnte man doch ewig in aller Freiheit die Geliebte lieben! Könnte ich mein Leben zu Deinen Füßen verbringen, wie in den letzten Tagen! Könnte ich Dich vor allen erdenklichen Lüstlingen beschützen und als einzige Dich auf diesem Moosbett umfangen. Laß uns dahin zurückkehren – und oft, nicht wahr? Wir werden uns in Lesbos wiederfinden, und wenn der Tag zur Neige geht, wollen wir uns im Wald verlaufen, um von den Wegen abzukommen, die in dieses Jahrhundert führen. Du und ich in dieser verzauberten Insel der Unsterblichen, das will ich mir vorstellen. Ich sehe sie so herrlich schön vor mir. Komm, ich werde Dir jene zarten Paare sich liebender Mädchen beschreiben, und dann vergessen wir, fern der lärmenden Städte alles, was nicht zur Moral der Schönheit gehört.

Die Reise nach Lesbos wird Natalie allerdings mit einer anderen, mit Renée Vivien, unternehmen. Und mit all den anderen wird sie die Lehre ihres geliebten Oscar Wilde in die Tat umsetzen: Die Schönheit rechtfertigt alles. Denn diese Verführerin zählt unter ihren Eroberungen nur ausgewählte Schönheiten. Und wie schön ist ihre Liane: »Sie strahlt in ihrer zierlichen Nacktheit, in ihrer vollkommenen Zweigeschlechtlichkeit, ihre Beine sind schlank und zart, der Rumpf gewölbt, die Brüste sind klein und hart. Sie ist schön wie die Statue eines jungen Gottes. Sie ist weiß wie unmerklich rosig getönter Schnee, ihr runder Hals stützt die Anmut ihres feingeschnittenen, lockenumspielten Gesichts.«
Diese Ekstasen werden durch einen Brief von Valtesse gestört. In ihrem vorgeschrittenen Alter geniert Valtesse sich nicht, die Kupplerin zu spielen. Sie »offeriert« einen charmanten jungen Mann aus bestem Hause, der bereit ist, fünfhunderttausend Franken für Liane auszugeben. Bei einer so großen Summe ist natürlich auch die Konkurrenz hellhörig geworden, und besonders die Rivalin Caroline Otero ist sehr begierig darauf. Die Angelegenheit eilt also. Liane zögert jedoch, denn Natalies Verführungskünste haben sie in eine Falle gelockt. Valtesse ist entrüstet und ruft der von ihr als ihre geistige Tochter betrachteten Liane ihre unmittelbaren Pflichten in Erinnerung:

Eine Kurtisane darf niemals weinen und niemals leiden. Eine Kurtisane hat nicht das Recht, wie irgendeine andere Frau zu sein oder sich als eine solche zu fühlen! Sie muß jede Art von Gefühlsregung ersticken und eine heroische Komödie spielen. Also sei nicht empfindsam, Liane. Im Augenblick, als ich mich entschlossen hatte, eine Kurtisane zu sein, habe ich all das Zeug über Bord geworfen, das man Seelenempfindung nennt. Für mich gibt es keine anderen Pflichten und Verantwortungen als die mir selbst und meinen Wünschen gegenüber! Das ist wahre Unabhängigkeit, das ist wahre, berauschende Freiheit! Denk doch ein wenig nach, Liane. Da gibt es keine Prinzipien mehr, keine Moral und keine Religion. Eine Kurtisane kann alles tun, ohne Schleier, ohne Grimasse, ohne Heuchelei. Sie hat nicht den geringsten Vorwurf oder Tadel zu fürchten, denn nichts berührt sie. Sie lebt außerhalb der Gesellschaft und ihrer kleinlichen Regeln. Eine Ausgestoßene, auf die man mit den Finger zeigt? Früher vielleicht, aber heute nicht mehr. Nun komm schon, Du kleine weichmütige Kurtisane, erwache aus Deinen Träumereien, die Dich nur auf Abwege bringen und komm zur Erde zurück.

Liane fügt sich den Argumenten ihrer Freundin Valtesse. Einen Sohn aus bestem Hause, der bereit ist, fünfhunderttausend Franken auszugeben, kann man sich nicht entgehen lassen. Liane kehrt nach Paris zurück, um ihre Beute zu verspeisen. Natalie macht ihr heftige Vorwürfe und fordert sie auf, ihren Beruf aufzugeben. Aber Liane weigert sich ganz entschieden und wiederholt ihr, was sie Valtesse eben gelehrt hat:

Was ich tue, meine liebe Natty, das tue ich ganz offen, und ich bin mir der Risiken und Gefahren dessen, was ich tue, voll bewußt. Ich stehle niemandem seine Anerkennung. Geh in Dich und denke einmal darüber nach. Gewiß lastet dieses Leben jetzt auf mir, denn ich strebe nach anderen Dingen, aber da Du mich nun einmal da nicht herausholen kannst, hat es doch keinen Sinn, mir Vorwürfe zu machen, nicht wahr?

Diese Frage stößt bei Natalie auf einen wunden Punkt, denn es ist nur allzu wahr, daß sie jede Hoffnung verloren hat, Liane der Prostitution zu entreißen. Will, der gute Will, der in Pittsburg in den Schoß des Konformismus zurückgekehrt ist, hat seinen Entschluß gefaßt. Er teilt Natalie mit, daß er auf diese Ehe, deren Kind Liane sein sollte, verzichtet. Ein einziger Trost ist dabei. Natalie freut sich, dieser Ehe zu entgehen, und wenn es auch nur eine Scheinehe gewesen wäre.

Sie bemüht sich vergeblich, sich auch ohne Heirat ihre Mitgift auszahlen zu lassen. Es gelingt ihr zwar, ihre Schwester, die keusche Laura, von der Dringlichkeit einer Seelenrettung der

Kurtisane zu überzeugen, aber Lauras moralische Hilfsbereitschaft kann nichts ausrichten. Man bietet Liane ein Schloß in Ägypten an. Natalie hat nur Luftschlösser zu offerieren. Und dann muß sie endlich einsehen, daß diese Idylle Liane schadet, weil sie eben zu gefühlsbetont und sentimental ist. Valtesse de la Bigne hat ganz recht, wenn sie behauptet, daß jede Gefühlsschwelgerei einer großen Kurtisane unwürdig ist. In der Halbwelt wird schon gemunkelt, Liane habe sich »ganze Vermögen entgehen lassen« – nur um Natalies schöner Augen und ihres Goldschopfs wegen. Solches Gold füllt nun einmal nicht die Kasse. Und die Kasse ist leer. Die fünfhunderttausend Franken des charmanten jungen Herren aus bestem Hause sind längst ausgegeben, und Liane kehrt mißmutig zu ihrem Hauptgönner zurück, der allerdings eine Bedingung stellt: Natalie ist aus ihrem großen Louis-Quinze-Bett ausgeschlossen. Der Not gehorchend fügt sich Liane – wenn es sie auch schmerzt:

Die Leute sagen mir, ich soll Dich verlassen.
Die Leute sind stets so vernünftig und verzichtbereit, wenn es um den Schmerz der anderen geht.
Deshalb ist meine Auflehnung gegen die Gesellschaft, ihre Prinzipien und Gesetze, ihre Falschheit und kleinliche Heuchelei an sich gar nicht so schändlich. Nur das Mittel *ist abscheulich. Lache über alles – und Du wirst nicht mehr weinen.*
Ich weiß nicht, was ich Dir sagen soll.
Immer bin ich bei Dir in meinen Gedanken, die Du nachfühlen und verstehen mußt.
Ich habe in dieser Nacht von Dir geträumt, und als ich erwachte, war ich so froh, allein zu sein, um Dir schreiben zu können. Warum das alles?
Ach, gäbe es nur das Tier in mir.
Adieu, Natty, ich liebe Dich.

Dieser Abschiedsbrief genügt jedoch nicht, um Natalie fernzuhalten. So wird Valtesse de la Bigne beauftragt, dem jungen Mädchen »die Leviten zu lesen«. Valtesse ist zu allem bereit,

um Natalie und Liane auseinander zu bringen. Sie hat schon einmal versucht, Natalie zu verführen – es war am Anfang der Idylle – und Natalie hatte ablehnend reagiert. Damals hatte sie Natalie eingeladen, um ihr die berühmte Glasmalerei, die allegorische Darstellung ihrer Liebesspiele mit Napoleon dem Dritten, zu zeigen, aber Natalie, die sich wenig für Glasmalerei interessierte, hatte sich geweigert, diese Einladung, die ihr allein galt, anzunehmen.
Mademoiselle de la Bigne gibt sich jedoch nicht geschlagen. Sie bietet sich jetzt an, Liane zu ersetzen, und da Natalie auch dafür wenig Interesse zeigt, preist sie ihr ihre langjährige und reiche Erfahrung, ihre vielseitigen Begabungen und ihre Triumphe im Liebesgeschäft an und bestätigt ihren Ruf damit, daß selbst Emile Zola sie besucht habe. Zola suchte sich gewöhnlich »aus dem Leben gegriffenes« Material für seine Romane, und als er *Nana* schrieb, hatte ihm Valtesse de la Bigne wertvollste Informationen verschafft. Aber Natalie mag Zola nicht. Valtesse redet weiter auf sie ein und beendet die Aufzählung ihrer Vorteile mit einer Blasphemie (»ich kann es besser als Liane«), die ihre Niederlage besiegelt.
Es ist jedoch ein trauriger Sieg für Natalie, die sich über Lianes erneute Sklaverei nicht hinwegtrösten kann. Dazu kommt noch eine böse Nachricht. Ein »Freund der Familie« teilt dem jungen Mädchen »nur das Beste wollend« mit, daß die übelsten Gerüchte bereits über sie umgehen und daß ihre Eltern benachrichtigt worden sind. Über dieses Ärgernis schreibt die Amazone in ihrer Autobiographie:

Der Freund der Familie ist gekommen, um mir zu erzählen, was die Leute über mich sagen. Es sind so abscheuliche Dinge, daß man nur Mitleid mit den Geistern haben kann, die so etwas ausgebrütet haben. Unsere Gefühle und Taten werden zu Gemeinheiten, sowie die Öffentlichkeit ihrer habhaft wird, und die Reinheit unserer Absichten ist kaum noch zu erkennen, nachdem sie von gewissen Gehirnen betrachtet worden ist. Wenn man die Dinge beim Namen nennt, scheint man sie

namenlos zu machen. Die Welt ist ein Zerrspiegel, in dem wir uns selbst nicht mehr erkennen.
Als der Freund der Familie seine »peinliche Pflicht« erfüllt hatte, fortgegangen und ich wieder allein war, betrachtete ich mich ohne Scham. Wem würde es einfallen, einen Albino zu verurteilen, weil er rosige Augen und farblos-weißes Haar hat? Warum sollte man mir einen Vorwurf machen, weil ich lesbisch bin? Es ist doch eine Sache der Natur, meine Abartigkeit ist kein Laster, sie ist nicht »gewollt« und sie schadet niemandem. Was kann es mir da schließlich ausmachen, wenn die Leute schlecht über mich reden oder mich nach ihren Vorurteilen abschätzen? Die sogenannten Tugendhaften begehen das Unrecht, sich über die Andersartigen und das Schicksal derer, die sie ablehnen, aufzuhalten. Wenn jemand selbstlos genug ist, sich aller gesellschaftlichen Anstandsregeln zum Trotz einem anderen Wesen hinzugeben, was kann es ihm da schon ausmachen, wenn eine Madame Soundso sie nicht mehr auf der Straße grüßt? In der wahren Liebe ist für solche Dinge kein Platz. In ihr schaffen die Freuden und Leiden eine Einsamkeit, in der die Seele allein schwebt. (...) Solange ich lebe, wird die Liebe des Schönen mich leiten. (...) Haben meine Eltern mich denn dazu so erschaffen, wie ich bin, daß ich verzichten muß, ich selbst zu sein? Allerdings schmerzt es mich, daß meine Eltern sich Kummer machen.
Ich kann dem Freund der Familie also nur versichern, daß ich letzten Endes die Welt der Halbwelt vorzuziehen scheine, daß mir aber weder die eine noch die andere behagt. Ich muß mir also ein Milieu schaffen, das meinen Bestrebungen entspricht, eine Welt, in der sich alle die zusammenfinden, die ihrem Leben einen höheren Sinn geben wollen, sei es durch die Ausübung einer Kunst oder durch eine Liebe, die sie zu reinen Wesenheiten zu läutern vermag. Bei ihnen allein werde ich Verständnis und Zugehörigkeitsgefühl empfinden, und dann werde ich mich endlich unter freien Geistern in aller Freiheit ausdrücken können (...) Seien wir Snobs, aber Snobs mit umgekehrten Vorzeichen, in dieser unserer Welt, die nur landläufige Werte an-

erkennt. Laßt uns die wahren Werte entdecken, in denen allein wir unsere Eingebung und unsere Bestimmung finden. Ihren viel strengeren Gesetzen will ich mich eher beugen als unseren gesellschaftlichen Verpflichtungen, die in kalter Philanthropie ihre Elfenbeintürme des Egoismus beschützen, womit diese Leute nur beweisen, daß sie niemals jemandem begegnet sind.

»Nach dem Freund der Familie kam die Familie, und das war ja vorauszusehen«, seufzte die Amazone. »Mein Vater überraschte mich, als ich gerade einen langen, sehr langen Brief Lianes las...«
Die väterliche Duldsamkeit hat ihre Grenzen. Natalie wird nach Amerika geschickt, wo sie mit »diskreteren Freundinnen« verkehrt. Die Welt, die Halbwelt, das Geld und die Anstandsregeln haben über die überschwengliche Liebe gesiegt. Die Trennung ist vollzogen, aber das ist noch nicht das Ende der sapphischen Idylle. Wie bei ihrer ersten Rückkehr nach Amerika kann sie dank einer List nach Belieben das Bild Lianes betrachten. Sie hat ein bei Reutlinger erschienenes modernes Photoalbum aus Paris mitgebracht, *Unsere Schönen Schauspielerinnen.* Dort steht das Beste neben dem Schlechtesten, man findet Sarah Bernhardt und Felicia Mallet, Segond-Weber und Mlle Derville. Liane de Pougy ist auf einer orangefarbenen Seite in Begleitung der Cecile Sorel abgebildet, »die zur Zeit im Vaudeville Theater unter dem Befehl der Marschallin Réjane mit viel Anmut und Geist die koketten Jungfern spielt«. Man hat auch Liane einige Zeilen gewidmet, in denen Phantasie und Wahrheit eine Mischung ergeben, die Natalie in Freude versetzt:
»Ihre Geschichte ist ein Roman... Liane de Pougy ist die Tochter eines Ulanenhauptmanns, Witwe eines Marineoffiziers, Spanierin durch ihre Mutter und Bretonin von Geburt. Sie trat als Meisterin der schwarzen Kunst in den Folies Bergère auf, betätigt sich auch sonst als Zauberin und hat, wie man sagt, viele Kunden.«
Natalie sammelt in Amerika alle Zeitungsartikel, die von den

Erfolgen Lianes in den Folies Bergère und im Olympia berichten. Da liest sie, nicht ohne eine gewisse Wehmut:

»Wenige Frauen haben so zahlreiche Bewunderer wie Liane de Pougy. Kaum betritt sie die Bühne, so füllen sich die Logen, denn wieder einmal ist sie in der Tat besser als je. Wir haben sie verklärt, ideal und mystisch gesehen, wir haben sie als liebreizende Marquise bewundert. Dieses Mal ist sie ganz einfach Frau, aber die Frau mit all ihren verführerischen Reizen.«

»Die Frau mit all ihren verführerischen Reizen«, wiederholte die Amazone, während sie den sehr vergilbten Zeitungsausschnitt wieder beiseite legt. »Das war sie genau. Ach! Liane – meine – Liane.«

Nach einer kurzen Verbannung nach Amerika kehrt Natalie nach Frankreich zu ihrer Liane zurück. Aber die Idylle erstirbt an den beruflichen Verpflichtungen Lianes und an Natalies Abenteuern. Der »Mondstrahl« hat sich in das »Aschenhäufchen« verwandelt. Liane zitiert oft diese drei Verse von Emile Verhaeren, die sie als Motto über ihre *Sapphischen Idylle* setzt, und die recht gut das Klima der endenden Leidenschaft wiedergeben:

Man erschlafft, belebt sich wieder und dann
Verschlingt man und tötet einander und klagt
Und man mag sich – immer noch zieht man sich an.

Diese »Anziehung« endet erst wirklich, als Liane sich mit dem Prinzen George Ghika verheiratet. Liane, die an ihrem Lebensende der Frömmigkeit verfallen ist, beichtet später: »Natalie war meine größte Sünde.« Und die Amazone gesteht an ihrem Lebensende: »Liane war meine größte Wollust.« Es kommt eben auf den Standpunkt an.

Im Paris-Lesbos des Jahres 1900 gilt Natalie als eine sehr in Mode geratene junge Amerikanerin, und die Zahl ihrer Eroberungen ist dementsprechend. Liane ist darüber verärgert und schreibt an Natalie:

Komm nicht mehr. Deine Gegenwart tut mir weh. Siehst Du,

ich liebe die Einsamkeit um mich herum und in den Herzen, die mich lieben. Du hast andere, die Dich beschäftigen, und das ist zuviel für mich. Oder Du tust nur so, als beschäftigten sie Dich, und auch das ist zuviel. Ich will alles oder nichts. Während Du diese anderen liebst oder zu lieben glaubst (was auf's selbe herauskommt), bilde Dir doch einfach ein, ich sei auf Reisen. Idealisiere mich durch Abwesenheit und erfreue meine Seele mit Deinen köstlichen Gedankenberührungen. Entrücke mich in andere Regionen, wo es keine Teilungen und keine Eifersucht gibt.

Jetzt lernt auch Liane die Qualen der Eifersucht kennen und muß sich damit abfinden, Natalie nicht ausschließlich zu besitzen. So erhält Natalie diesen stürmischen Brief:

Ich bekomme so viel über Dich zu hören. Pfui. Man kennt Dich überall unter dem Namen Flossie. Pfui. Du hast nicht einmal den Mut, Deinen wahren Namen zu tragen und Dich ohne Maske zu zeigen. Wenn Du Dich Deines Tuns schämst, warum tust Du es?
Und ich hielt Dich für so schön und glaubte an Dich. Und Du dachtest, Du würdest zu mir kommen.
Ich bin mehr wert als Du, Flossie-Natty. Ich bin hübscher, und Du, Du bist häßlich mit Deiner gelben Haut und Deinen roten Augen. Dein Haar, ja Dein Haar schämt sich für Dich. Dein Herz ... das gibt es gar nicht. Du bist voller Phrasen, und man glaubt Dir, und man hört Dir zu. Ich will Dich für sehr lange Zeit nicht mehr sehen. Du bist überall und durch und durch schmutzig. Es ist nichts Wahres an Dir. Was ich liebte, existiert nicht, und ich bin Dir böse, daß Du es mich hast entdecken lassen ...
Richte es so ein, daß ich Dir nie begegne, denn sonst würde ich Dir vor aller Welt die Maske vom Gesicht reißen. Adieu.
Ich glaube nicht mehr.
Ich hoffe nicht mehr.
Ich liebe nicht mehr.

Und heute abend werde ich mich an einen sehr reichen und sehr häßlichen Juden verkaufen.

»Was habe ich ihr nur antun können?« fragte sich die Amazone. Sie konnte sich beim besten Willen nicht daran erinnern. Dann schwieg sie. Endlich unterbrach sie die Stille und sagte: »Es ist wahr, ich muß damals schrecklich gewesen sein.«
Mit gespielter Strenge erwiderte ich:
»Das ›muß‹ ist zuviel. Sie waren schrecklich.«
»Wirklich schrecklich?« fragte sie verwundert, und über ihr Gesicht glitt etwas von dem Glanz all der schönen vergangenen Leidenschaften. Leuchtende Amazone! Schreckliche Natalie, die im Lande der Verliebten solche Verheerungen angerichtet hatte. Gefährliche Natalie, die auch von den Ehemännern gefürchtet ist, weil nichts ihrer Verführerkunst widersteht. Manche Frauen haben Mann, Heim und Kinder aufgegeben, um dieser Circe aus Lesbos zu folgen.
Die Circe des Altertums braute Liebestränke. Natalie zieht es vor, Gedichte zu schreiben. Sie versteht es immer wieder, die Freuden des Körpers mit denen des Geistes zu vermischen und zu verbinden. Im Frühling 1900 erscheint ihr erster Gedichtband *Einige Frauenporträts in Sonetten*[1] mit einer Titelblattzeichnung von Carolus Duran und Illustrationen von Alice Pike Barney.
»Meine Mutter machte gerne die Porträts meiner Freundinnen, sie waren ja so schön«, erklärte mir die Amazone, als ich mein Erstaunen über die Mitarbeit Madame Barneys an einem Buch ausdrückte, in dem selbst unter den Zügen der Salammbo oder der Diana in kaum verhüllter Form rein weibliche Liebesspiele besungen werden. Eine amerikanische Zeitung hat es erfaßt

---

[1] Natalie erklärt in ihrem Vorwort, sie habe für ihr Buch die französische Sprache gewählt, weil dies die einzige Sprache sei, in der sie »dichterisch denken« könne. Sie versteigert sich sogar in den Glauben, ihre Seele sei »das Grab einiger französischer Dichter«, schließt aber dann mit der Feststellung: »Eigentlich sollte Sie nichts von mir erstaunen: ich bin Amerikanerin.«

und ihre Rezension der *Frauenporträts in Sonetten* unter dem Titel *Sappho singt in Washington* erscheinen lassen. Über derlei Dinge regt sich die Sappho aus Washington nicht weiter auf. Ihre Schwester Laura, die bei Paul Mounet Deklamationsunterricht genommen hat, rezitiert den *Gesang des Endymion* auf den poetischen Abenden, die Alice Pike Barney veranstaltet. Die amerikanischen Damen sind von den Liebesspielen Dianas und Endymions genauso hingerissen, wie sie über die Lianes und Natalies entrüstet waren. Denn Diana ist hier ganz augenscheinlich Liane:

Diana, meine Königin, flieh alle Bitternis.

Auf dieses, 1900 erschienene Gedicht antwortet Liane 1901 mit dem Erscheinen der *Sapphischen Idylle.* Es ist ein literarisches Ereignis, das vom Gil Blas so gefeiert wird:

»Als Liane de Pougy nacheinander *Die Unantastbare Mirhilla* und *Versinken* veröffentlichen ließ, haben manche sich befleißigt, in ihren Zeilen Stil und Schreibart bekannter Schriftsteller zu entdecken, die mit ihr befreundet waren, und gewiß wird man es auch heute mit ihrer *Sapphischen Idylle* tun. Die Eingeweihten jedoch, die der ebenso hübschen wie geistreichen jungen Frau nahestehen, wissen aus ihren so zartfühlend geschriebenen Briefen und selbst aus ihren hastig verfaßten Mitteilungen, die oft nur aus ein paar Zeilen bestehen, und die ein unleugbares Briefschreibertalent offenbaren, daß Madame de Pougy Stil hat, und zwar den Stil einer künstlerischen Blondine. So werden sie auch in diesem neuen Buch, neben all jenen Lieblingsausdrücken, die immer wieder so originellen Satz- und Gedankenwendungen derer finden, von der man so viel spricht, und die man so wenig kennt.

»In dieser *Sapphischen Idylle* stammt wirklich alles von ihr: die Träumereien im rötlich goldenen Dämmerlicht Venedigs oder in den trauervollen, mondlosen Nächten am Tajo, jene Träumereien, die zwischen schmerzlicher Reue und zärtlicher Hoffnung schweben, sie sind von ihr, von ihr sind die Empörungen einer verletzten Seele, die das ganze Werk hindurch in ergreifenden, in Bitternis verzweifelten Sätzen immer wiederkehren,

von ihr sind auch jene etwas kindlich schmollenden Launen eines verwöhnten kleinen Mädchens, die dem Ganzen noch eine weiblich-neckisch-frivole Note gibt, deren Verspieltheit man aber gerade recht häufig bei Frauen findet, die am Leben gelitten haben, und die sich ein wenig in die Vergangenheit, in eine Kindheit voller Hoffnungen und Illusionen verflüchten zu wollen scheinen. (...) In einer Zeit, die sich entschieden zum Feminismus hin entwickelt und angesichts des Erfolges, der dem Buch Liane de Pougys beschieden ist, werden wohl endlich auch die Zweifler dieser Frau ihre schriftstellerische Begabung zugestehen müssen, denn mit ihren prompten Gefühlsregungen, ihrer überaus kultivierten Bildung, ihrer Belesenheit und ihrem engen Kontakt zu künstlerischen und literarischen Kreisen bietet sie dazu alle Voraussetzungen. Madame de Pougy ist nämlich mit allen Neuerscheinungen vertraut – nicht nur mit den Romanen, sondern auch mit den philosophischen Werken – sie spricht perfekt Englisch, zitiert gern Nietzsche, Baudelaire und Swinburne, sammelt seltene Rokokonippes und liebt es vor allem, das beste zu genießen.«
Es ist ein Erfolg, und folgender Brief Lianes an Natalie bestätigt es:

Die Idylle *ist erschienen, und das Publikum reißt sich darum, jawohl, es reißt sich um jene letzten Fetzen unseres vergangenen Strebens. Man schreibt mir, Männer und Frauen, alles, was eine Seele hat und unsere Süße und Bitternis nachempfinden kann. Die liebste und teuerste Erinnerung, die mir davon geblieben ist, ist der Abend, an dem ich das Wort »Ende« schrieb. (»Das Ende aller Dinge ist gut«, sprach Zarathustra.) Und unser Ende, Natty, läutert alles, was in* Uns *zu menschlich war. Wir waren am Strand von Saint ..., aber ich will diese Traumlandschaft, in der wir so nahe, so nahe aneinander liefen nicht mit einem Namen besudeln ... Du sagtest mir dieses und das voraus, und ich wollte an diesem und jenem immer weiter arbeiten, das auch.*
Das Meer lag still, die Nacht dämpfte allen äußeren Lärm, als

wollte sie unsere trügerische Inbrunst beschützen, und der Himmel verfinsterte sich. Dein Haar berührte mich, ach, Dein schönes Haar, Natty, Dein Haar löste das Rätsel der Parallelen, die eine Unordnung zusammenführte ... Ich trank Deine Worte und berauschte mich an unseren Ideen.
Das Licht Deines Haares, der Duft des Seewindes, alles das sehe ich heute abend vor mir. Wie schön ist's in Erinnerungen zu schwelgen. Du siehst sicher ganz andere Dinge. Aber ich bin dort stehengeblieben. Ach! Wie weich war der Sand ... Hätte ich in ihn versinken können, um ganz in mir selbst zu verschwinden[1].
Ich werde heiraten. Ich zögere es hinaus, so lange ich kann, aber ich werde es tun. *Schreib mir leserlich Deine Adresse. Wenn ich verheiratet bin, werde ich es Dir mitteilen, Natty, ich möchte weiterarbeiten. Hilf mir, und laß ein kleines geistiges Licht durch den endlosen Raum und das Vergessen scheinen. Sag mir, was ich lesen soll, schreib mir jede Woche, gib mir einen Stoß.*
Meine kleine Geliebte. Meine süße blonde Freundin. Ich habe Dein Bild vor mir stehen. Du hast mir in meinem Leben einen großen Schritt weiter geholfen. Aber wir sind so klein unter dem Sternenzelt.
Ich reite täglich zwei Stunden, und wenn Du kommst, wird das eine neue Freude für unser »Zusammensein« geben. Ich habe es gelernt, um meinen Verlobten zu begleiten, und vor allem für meinen Sohn. Natty, was treibst Du? Wann kommst Du zu mir? Auf Wiedersehen, meine Natty, meine süße blonde Anmut, meine kleine Flachsblume, Moonbeam. Du Wolkenzauber, erleuchte mich ein wenig, aus der Ferne ist es so lieblich und aus der Nähe wird es noch lieblicher sein, nicht wahr, meine Schwester? Wenn unsere Schatten sich so zart berühren ... Schreib mir an das Hotel Cecil *in London, mein Verlobter hat mir Deinen Brief überbracht. Er ist sehr gütig*

---

1 Liane hat das »mir selbst« ausgestrichen und ein großes »Dir« an seine Stelle gesetzt.

und wünscht nichts anderes, als mich mein Leben lang zu begleiten.

Endlich scheint die Ruhe zwischen den beiden Freundinnen eingekehrt zu sein. Weder die Verlobung Lianes, noch das Erscheinen der *Sapphischen Idylle* bedrücken Natalie ernsthaft. Sie ist nämlich inzwischen von einer neuen Liebe in Anspruch genommen!
Während Liane wieder einmal abwesend war – sie hatte ja in jeder Hauptstadt ihre Gönner und mußte ständig ihrem Ruf folgen – hat Natalie die Bekanntschaft einer jungen Dichterin namens Pauline Tarn gemacht.
Pauline ist so schüchtern, daß sie sich nicht traut, Natalie zu gestehen, wie sehr ihr ihre *Frauenporträts in Sonetten* gefallen haben. Sie hat Violette und Mary, zwei Jugendfreundinnen Natalies beauftragt, es ihr zu sagen. Zwischen Natalie Barney und Pauline Tarn ist bald eine Liebe entflammt, die Pauline in Renée Vivien verwandeln wird. Denn unter diesem Namen veröffentlicht sie 1901 ihren ersten Gedichtband *Studien und Präludien.* Auf dem Vorsatzblatt steht ein großes »N«, was für die Eingeweihten der Stunde keinen Zweifel offen läßt. Natalie erhält ihr Exemplar, in das die Autorin mit ihrer schwarzen blumigen Schrift folgende Widmung eingetragen hat:

Der einzigen Geliebten /
Der göttlichen Blonden /
– Natalie – /
Dieses Buch für sie /
ist voll von ihr /
und ist ihr zärtlich gewidmet

So hat Natalie im Jahre 1901 die beiden Bücher inspiriert, die die internationale lesbische Welt begeistern und noch lange begeistern werden: *Die Sapphische Idylle* und *Studien und Präludien.* Sie hat sich ohne jede Eitelkeit in diese Musenrolle geschickt, die sie ihr ganzes langes Leben hindurch ausüben sollte. Denn sie ist auch die Flossie der *Claudine* von Colette, die Evangéline Musset des *Ladies Almanach*, der Djuna Barnes zugeschrieben wird, die Laurette in *Der Engel und die Perversen* von Delarue-Mardrus, Valerie Seymour in *Der Quell der Einsamkeit* von Radcliffe Hall, um nur einige zu nennen.

1901 ist Natalie gerade fünfundzwanzig Jahre alt. Ein Vierteljahrhundert hat genügt, um »das wilde Kind aus Ohio«, die Ballkönigin von Baltimore in die Sappho von Washington und Paris zu verwandeln. Und das ist nur eine erste Verwandlung...

6
Renée

> Welcher Gott, Lesbos, wagt es über dich zu richten,
> Über dein Werk, das deine bleiche Stirn umschließt?
> In seine goldne Waag' müßt' er die Fluten schichten
> Von deiner Tränen Strom, der sich ins Meer ergießt.
> Welcher Gott, Lesbos, wagt es über dich zu richten?
>
> Charles Baudelaire
> *(Les Fleurs du mal)*

Um den Olymp der Amazone voll auszukosten, mußte ich mir zunächst eine gewisse Kenntnis der dort herrschenden Göttinnen aneignen. Ich gestehe, daß ich mich zu Beginn nur schwer unter all den Eva, Jenny, Olive, Mimie, Henriette, Liane, Romaine, Emma und Dolly zurechtfand, und wenn ich auch bald lernte, Armande, Isabelle, Valentine, Schewan, Nadine, Ilse, Odette, Micheline, Rachel, Sonia, Geneviève, Armen, Eliane auseinanderzuhalten, denn sie alle verwirrten und bereicherten zugleich unsere Zwiegespräche, so brauchte ich einige Zeit, um zu begreifen, daß Pauline (Tarn) und Renée (Vivien) ein und dieselbe Person waren. Die stets auf Genauigkeit bedachte Amazone nannte sie nämlich je nachdem »Pauline«, wenn sie von ihrer Geliebten sprach, und »Renée«, wenn sie die Dichterin erwähnte. Ich habe genügend unter dieser Wortgymnastik gelitten, um sie dem Leser nicht aufzwingen zu wollen. Deshalb muß ich zu meinem Bedauern den

Vornamen »Pauline« zugunsten des bekannteren »Renée« aufgeben. Ich tue es ungern, da die zahlreichen, beispielhaft leidenschaftlichen Briefe an Natalie mit »Pauline«, »Paula« oder »Paul« unterschrieben sind.

Nur noch ein letztes Mal sei Pauline »Pauline« genannt: Die Amazone stellte mir häufig folgende Frage, die ich verständlicherweise nicht beantworten konnte:

»Wie konnte die unerfahrene Pauline, die noch alles zu lernen hatte, ausgerechnet auf Liane eifersüchtig sein, von der ich alles gelernt hatte?«

Dieses in all jenen Dingen unerfahrene Mädchen, in denen Liane sich so gut auskannte, liebt vor allem die Bücher, und sie verfügt über eine Bildung und Kenntnisse, die sie nicht müde wird, zu vervollständigen. Sie ist die ewige Studentin. Sie zitiert Keats, Swinburne, Catull, Baudelaire und vor allem Sappho, deren Werke sie übersetzt. Renée Vivien ist eine wahre Tochter Sapphos und Baudelaires, sie ist eine jener Blumen des Bösen von 1900 mit all ihrem Fieber, Flatterhaftigkeit und melancholischer Wollust. Eine Intellektuelle, die sich nichts aus der Mode macht, und der äußere Eleganz nichts bedeutet. Sie gibt ihr Geld lieber für seltene Bücher aus oder zum Beispiel für die Veröffentlichung des ersten Werks von Charles Cros, dessen Talent sie erkannt hat.

Als sie in Paris ankommt, ist sie – nach der Beschreibung von Marcelle Tinayre – »ein hochgewachsenes, schmächtiges junges Mädchen mit hellem kastanienbraunen Haar, auf dem noch ein schwacher Schimmer kindlicher Blondheit liegt, mit dunklen Augen, einem kleinen bleichen Mund, feingeschnittenem Kinn, einer zart musikalischen Stimme ... Sie trug ein dämmergraues, geblümtes Kleid, auf dessen Gürtel Rosen steckten, deren Weiß im Lichte silbern und im Schatten grünlich leuchtete. Dazu einen breitkrempigen, goldgeflammten, großen Hut mit schwarzen Federn ...«

Ihre Vorliebe für Poesie und Reisen setzt ihre englisch-amerikanische Familie ebenso in Erstaunen wie ihr Hang, in Tränen auszubrechen:

»Ich erinnere mich, wie Renée beim Anblick der untergehenden Sonne über dem Meer geweint hat«, erzählte mir die Amazone. »Tränen in irgendeiner Form sind eine Quelle des Ausdrucks. Sie stellen eine gewisse krankhafte, romantische Art dar, Schönheit zu empfinden. Und die, die sich ihnen am kunstvollsten bis zum Exzeß hingeben, sind Poeten wie Renée.«
Eine Amazone aber liebt die Tränen nicht. Und genauso, wie sie Liane von ihrem lasterhaften Lebenswandel befreien wollte, will sie nun Renée vor ihrem übertriebenen Pessimismus und ihrem zu starken Hang, den Tod herbeizusehnen, retten.
Im Jahre 1900 ist Renée einundzwanzig Jahre alt[1] und Natalie vierundzwanzig. Der Schauplatz ihrer ersten Begegnung ist eine Theaterloge, in die ihre gemeinsamen Freundinnen Violette und Mary sie eingeladen haben. Renée, Violette und Mary sitzen in der ersten Reihe, und ganz hinten sitzt Natalie, die nichts hört und nichts sieht: Sie ist – wieder einmal – damit beschäftigt, einen Brief Liane de Pougys zu lesen, der vollständig in der *Sapphischen Idylle* und teilweise in den *Indiskreten Erinnerungen* wiedergegeben ist. Dieser Brief beginnt mit den Worten »Für Dich, die Du meine blonde Anmut warst, meine Flossie, für Dich, die Du da warst, weil es Dich geben mußte« und endet mit »Für Dich, für Mich, für das, was einst Wir waren«. Natalie ist dermaßen überwältigt, daß sie die Loge ohne Abschied verläßt.
Zweite Begegnung im Bois de Boulogne. Von Violette und Mary ermutigt, rezitiert Renée für Natalie ihr Gedicht *Überdruß*, das später in den *Studien und Präludien* veröffentlicht wurde:

Und dann sag' ich ganz leis': »Ich bin ganz vergangen ...
Die Seel' hat ihre Ruh ... So erbarmt Euch doch mein ...
Laßt ewig sie ruhen, den Schlaf sie umfangen.«
So schlaf' ich heut' nacht, und der Tod wiegt mich ein.

1 oder dreiundzwanzig, denn Paul Lorenz gibt 1877 als ihr Geburtsjahr an.

Es welke die Blüte, mein Händeringen
Vor verschlossenen Türen, wo einst ich gewacht,
Vergessen, vorüber, die Seufzer verklingen.
Oh, Unendlichkeit! Rosentrunkene Nacht!

Als Natalie später ihr Exemplar der *Studien und Präludien* erhält, schreibt sie an den Rand dieser Verse:
»Da ist es endlich, dieses Gedicht, das ich schon so lange kenne, und das mir jenen Abend im Bois in Erinnerung ruft. Da hast Du es mir zum ersten Mal aufgesagt, und ich höre noch Deine zarte, süße Stimme, die ich nie vergessen werde. Und ich habe es nicht zugelassen, daß ›der Tod Dich einwiegt‹.«
Natalie bewundert *Überdruß*, und die dadurch ermutigte Renée zitiert nun ein Gedicht Natalies, das die *Frauenporträts in Sonetten* beschließt:

Mein Lied ist gesungen, uns're Blumen gepflückt.
Meine Seele wacht einsam und unbeglückt,
Und ihr Schluchzen verhallt im unfaßbaren Ort,
Meine Liebe, sie mußte im Kot verenden,
Verwesen und sterben, oh, Tod, nimm mich fort,
Und berühre mich mit Deinen Erzengelhänden.

Renée schließt aus diesen Versen, daß Natalie den Tod liebt. Aber da begeht sie bereits einen schweren Irrtum. Natalie liebt nur das Leben. Renée Vivien begnügt sich nicht damit, ihre Leidenschaft für Natalie in Verse zu fassen. Wie Liane de Pougy mit ihrer *Sapphischen Idylle* wird auch sie einen Roman daraus machen. *Mir erschien eine Frau*[1] wird 1904 veröffentlicht, und Natalie heißt darin Lorely:
»Lorely ist die heidnische Priesterin eines wiederauferstandenen Kults. Sie ist die Priesterin der gatten- und buhlenlosen Liebe, so wie Psappha, auch von den Nichteingeweihten

[1] Auf dem Vorsatzblatt des für Natalie bestimmten Exemplars hat Renée mit lila Tinte folgende Widmung eingetragen: »Dieses Buch voller Erinnerungen ist Dir gewidmet. Du warst mir Inspiration.«

Sappho genannt, es war. Sie lehrt Dich die unsterbliche Liebe der Freundinnen ... Lorelys Augen sind Eiswasser, und ihr Haar ist das Mondlicht. Diese Liebe wird Dir höchstes Glück und tiefstes Leid bescheren. Aber niemals wirst Du bereuen, sie geliebt zu haben.«

Natalie hat in *Indiskrete Erinnerungen* und in ihrer *Autobiographie* von ihrem Liebesverhältnis mit Renée erzählt. Aus allen drei Fassungen geht eine Gewißheit hervor: Renée liebt zum ersten Mal in ihrem Leben. Ihre Briefe und folgende Stelle aus *Mir erschien eine Frau* bestätigen es:

»Ich liebte Lorely mit all der unbedachten Leidenschaft einer ersten Liebe. Ich liebte sie mit solcher Blindheit, daß ich mich nicht einmal fragte, ob meine Liebe erwidert wurde. Ich liebte Lorely, und ich glaubte damals noch, daß die Liebe Gegenliebe hervorruft.«

Aus dieser feierlichen Erklärung schließe man jedoch nicht, daß diese Idylle schon zu Beginn von solchem Ernst gezeichnet war. In ihren ersten Bemühungen, einander zu bezaubern, zeigen sich Natalie und Renée von ihrer sonnigsten Seite, sie lachen, sind fröhlich und ausgelassen. Renée führt Natalie in den Eispalast, um sie die Kunststücke der Schlittschuhläufer bewundern zu lassen. Natalie klatscht Beifall und gibt vor, die anwesenden Kokotten, die Freundinnen Lianes nicht zu kennen. Sie hat beschlossen, der Halbwelt endgültig den Rücken zu kehren und in die Welt der Dichter einzutreten.

Als die beiden Mädchen den Eispalast verlassen, plaudern sie angeregt und ausgiebig wie zwei, die sich eben kennengelernt haben. Den Freuden des Schlittschuhlaufens folgt das Entzücken, gemeinsame Interessen zu entdecken, man macht Pläne und vertraut sich einander an. Natalie billigt das Verhalten Renées, die gleich nach ihrem Anstandsbesuch am englischen Königshof allen gesellschaftlichen Vergnügen entsagt hat, um sich ganz der Poesie und dem Studium zu widmen. Renée wohnt jetzt in einer »bescheidenen Pension« in der Rue Clairvaux. Seit dem Tod ihres Vaters bezieht sie »ein kleines Einkommen«. (Ich habe diese beiden Ausdrücke in Anführungs-

zeichen gesetzt, da es die Worte der Amazone waren. Es ist ziemlich schwer, zu wissen, was sich die schwerreiche Amazone unter einer »bescheidenen Pension« und einem »kleinen Einkommen« vorstellte.)
Renée wird der Familie Barney vorgestellt. Alice Pike hat gerade ein Porträt Natalies beendet, unter das sie die Worte schrieb: »Ernst ohne Kummer und traurig ohne Not«. Jetzt schlägt sie vor, Renée zu malen, und macht ein herrliches Pastellbild von ihr. Ein wonnig-wollüstiger Ausdruck liegt über ihrem Gesicht, die Augen sind halb geschlossen und die Lippen leicht geöffnet. Ihr ins Silbergrau gehendes kastanienbraunes Haar wird von einem grünlich-blauen Hintergrund zur Geltung gebracht. »Renées Haar war nicht blond, wie oft behauptet wurde[1]. Es war kastanienbraun mit einem Silberschimmer«, stellte die Amazone richtig.
Wie zwei ausgelassene Schulmädchen begeben sich Renée und Natalie zum Photographen Otto, Place de la Madeleine. Auf die Posensitzungen folgen Spaziergänge im Bois, zärtliche Geständnisse und Blumengeschenke, was schließlich alles zum Unvermeidlichen führt. Renée lädt Natalie in ihr Zimmer ein, das sie in eine Art von Totenkapelle mit Kerzen und Liliendekoration umgebaut hat. Im Nebenzimmer spielt man Chopin. Nichts gibt besser diese Augenblicke wieder, als das Gedicht *An die Geliebte Frau,* das Renée kurz danach geschrieben hat:

Madonnenlilien, unschuldsvoll und blaß, erstarrten
in deiner Hand zu kaltem Wachs, und in der Luft
verwehte lau ihr schon dem Tod geweihter Duft,
ein Hauch süßester Qual, erhab'ner Todesarten.
Du schenktest mir, verhüllt in deinem weißen Kleid
Liebe und Herzeleid.

---

[1] Colette z. B. schrieb: »Sie (Renée) trug ihr schönes, silberblondes Haar lang.«

Süße und Bitternis auf meinen stummen Lippen,
so nahm ich deinen Kuß, den allerersten hin,
Der Schrei dringt himmelwärts, des Dichters
trüber Sinn
zerbrach mit seiner Leier an des Stolzes Klippen.
In sehnsuchtsvoller Flut, im blaß vergeh'nden Blau
Erschienst Du, blonde Frau.

Wie dürstete mein Geist nach Ewigkeit, ich wollte
all die Unendlichkeit, den Zauber, das Entzücken
mit hymnisch klangvollen, jubelnden Versen schmücken.
Doch ach, ich stammelte, wo hehr ich singen sollte.
Kindlichen Abglanz nur, naiven Überschwang
nimm, Göttin, im Empfang.

Die Göttin ist zu der vor ihr knienden Sterblichen hinabgestiegen, und Renée wird bis zu ihrem Tode in dieser knienden Stellung verharren. Sie verbringt die neun Jahre, die ihrem kurzen Leben noch beschieden sind, in verhehrender Anbetung Natalies, die sie allerdings manchmal auch verwünscht. Natalie ist in den Anblick der herunterbrennenden Kerzen und der welkenden Lilien vertieft ...

»So vereinten sich die beiden jungen Dichterinnen und begannen, sich zu lieben«, schrieb die Amazone in ihrer *Autobiographie.* Sie stellt jedoch sogleich darauf fest:

»Aber mit all' meiner Erfahrung gelang es mir nie, ihre physische Befangenheit zu überwinden. Nur ihre Seele schwang im Gleichton mit.«

Renée ist sich überhaupt nicht bewußt, daß Natalie von diesem Mangel an sinnlicher Befriedigung grausam enttäuscht ist. Nach einer durchwachten Nacht will sie sogar ihre Gefährtin zum Bleiben bewegen, aber sie bittet umsonst. Die Familie Barney weiß offenbar nicht, daß Natalie ihre Nächte außer Haus verbringt. Draußen fällt der Schnee: weiße Nacht, schlaflose Nacht.

Am gleichen Tag läßt Natalie Renée eine Flöte überbringen,

die sie in einem Antiquitätengeschäft erstanden hat. Renée dankt ihr mit einem Brief:

Wie liebe ich die stumme Musik dieser alten Flöte. Und ich danke Dir für den hübschen Gedanken, der Dich zu diesem harmonischen Geschenk bewegt hat. Ich werde den Erinnerungen lauschen, die in dieser Schalmei schlummern. Und ich werde sehr zärtlich von Dir träumen. Bis Dienstag Abend.

Diesem Brief folgt eine Blumensendung mit einer Karte:

Diese Blumenzierde soll Dich nicht verschönern, mein liebes Kleines, denn wie könnte sie das noch? Du sollst aber schon heute etwas von mir auf Deinem Kleide tragen. Ich kann nicht bis zum Dienstag warten, um Dir zu sagen, daß all meine Gedanken ständig bei Dir sind. Ich lebe in einer Verzauberung. Du bist mein geliebtes Mondlicht.

Wie es bei Dichterinnen nun einmal ist, gibt es mit Renée kein leichtes Auskommen. Jede Trennung ist ein Drama, und Natalie fragt sich: »Wie soll ich sie verlassen? Sie sieht, daß ich gehen will, und dann geht sie. Wenn ich fortgehe, dreht sie mir den Rücken zu, und ich kann sie so nicht gehen lassen. Sie irritiert mich, und dann weint sie: Sie allein muß jede Wollust haben. Sie weint auch, weil es nicht recht ist, daß ich sie nicht wenigstens ein bißchen ärgere. Wie ihr Gesicht mir auf die Nerven geht, wie ihr Rücken mich rührt und mich in Wut bringt, bis ich beides gleichzeitig empfinde! Ach, ihre Schultern hängen wie entmutigt, habe ich sie gebeugt? Jetzt geht sie, ja, sie hat sich entschlossen... Soll ich sie einfach gehen lassen? das wäre ein Dolchstoß in ihren schmächtigen Rücken: In der Liebe zählen auch die passiven Verbrechen... Aber wenn ich sie zurückhole, und ihre Krise vorübergeht, wird sie mir glauben, und dann muß das Ende von neuem begonnen werden.«
Auf jede Trennung folgt unmittelbar ein Rohrpostbrief von Renée, die um ein neues Stelldichein fleht oder ihren sofortigen Besuch ankündigt:

In einer Stunde komme ich zu Dir, dann weiß ich, wie es Dir geht, selbst wenn Du mich nicht sehen willst. Auch ich habe heute früh Halsschmerzen. So bin ich froh, daß Du nicht allein leiden mußt. Ich bin gerade aufgewacht. Vor dem Einschlafen habe ich so wahnsinnig, so leidenschaftlich an Dich gedacht, daß etwas davon in meinen Träumen bleiben mußte, aber ich habe sie vergessen. Ich liebe Dich, mein geliebter Mondstrahl.

Einen Mondstrahl hält man nicht zurück. Das hätte eine Dichterin eigentlich wissen müssen. Natalie kann nicht ihre Zeit mit Renée verbringen, die ewige Anbetung verlangt. Natalie hat Familienpflichten. Sie muß ihre Mutter ins Theater begleiten, um diese Isadora Duncan zu sehen, deren Tanzkunst ganz Paris bewundert. Als Isadora hört, daß zwei hochangesehene Damen ihres Landes in der ersten Reihe sitzen, läßt sie die amerikanische Nationalhymne spielen und interpretiert sie auf ihre Art. Sie beendet den improvisierten Tanz, indem sie ihr Gewand in die Höhe hebt und sich in völliger Nacktheit zeigt.

Alice Pike Barney ist so verblüfft, daß sie fast ihr Augenglas fallen läßt. Sie fragt ihre Tochter:

»Darling, do you see what I see?«

Dieses »Liebling, siehst du, was ich sehe?« amüsiert die Amazone. Renée amüsierte es nicht.

Außer den Familienpflichten verbringt Natalie ihre Zeit auch mit allerlei Kleinkram und kurzlebigen Begegnungen. Selbst Liane hatte geklagt:

»Man hat Dich schon wieder im Bois und im Jardin des Plantes herumstreichen gesehen!«

Renée ahnt bereits ihr Unglück. Es gibt Tränen, Szenen, Krachs und rasche Versöhnungen, denen eilig geschriebene Briefchen Renées folgen:

Eben komme ich nach Haus. Verzeih mir, mein Kleines, daß ich Dich, ohne es zu wollen, betrübt habe. Ich war wieder einmal so blöd und trübselig. Was bin ich noch? Es tut mir so leid,

Dich in so verdrießlicher Stimmung verlassen zu haben. Verzeih mir. Ich liebe Dich anders.

Anders geliebt zu sein, das ist das Drama. Für Natalie wie für jeden andern. Renée glaubt, daß eine Reise etwas Zerstreuung bringen würde. Kurz nachdem *Studien und Präludien* erschienen ist, lädt sie Natalie ein, *ihr* England kennenzulernen, und zeigt ihr ein ganz anderes London als das, das sie mit Liane erlebte. Das London Renées gehört den resolut präraphaelitischen Jungfrauen und besteht ausschließlich aus Museen und alten Buchläden. In einem dieser Buchläden stöbert Natalie die von Wharton übersetzten Texte der Sappho auf. Sie schenkt das Buch Renée, die es zu ihrer Lieblingsnachtlektüre »mit mir als Illustration« macht. Natalie entdeckt auch einen Gedichtband *Opale,* den eine junge Dichterin aus Norfolk, Olive Custance, verfaßt hat.
Darauf schickt Natalie Olive ein Exemplar ihrer *Frauenporträts in Sonetten,* und Renée sendet ihr ihre *Studien und Präludien.*
Die drei treffen sich, finden Gefallen aneinander und beschließen, sich wie weiland Sappho und ihre Jüngerinnen in Lesbos zu einem Dichterinnenkreis zusammenzuschließen. In jenen ersten Jahren unseres Jahrhunderts herrscht eine Vorliebe für das klassische Altertum, und die Ästheten finden sich gern zu griechisch-römischen Festen und Gelagen ein, bei denen auch andere, kaum verhüllte Absichten zutage treten.
Natalie gibt Olive den Namen ihres Gedichtbandes Opale, und Opale verspricht, Natalie und Renée im nächsten Winter in Paris zu besuchen. Als die beiden Freundinnen nach Frankreich zurückgekehrt sind, erachten sie es als ihre Pflicht, dem Mann zu begegnen, der als der beste Kenner Lesbos' gilt: Es ist Pierre Louys, der mit seiner 1896 veröffentlichten *Aphrodite* zu Ruhm gelangt ist. (Die Amazone erzählt in ihren *Abenteuern des Geistes,* sie habe *Aphrodite* »als Kind am Rande eines Schwimmbeckens gelesen. Dieses sogar illustrierte Buch wurde uns von unserer Gastgeberin in die Hände gegeben.« Damit

setzt sie ihrer »Kindheit« allerdings recht weite Grenzen, denn 1896 war Natalie zwanzig Jahre alt. An sich sind mir Streitereien über Daten und solche fast polizeilichen Untersuchungsmethoden zuwider. Also bitte ich um Verzeihung, liebe Amazone.)

Natalie und Renée teilen miteinander ihre Bewunderung für Pierre Louys und seine *Lieder der Bilitis*, jenes kleine, »ehrfurchtsvoll den jungen Mädchen der zukünftigen Gesellschaft« gewidmete klassische antike Liebesbuch. Der Dichter bereitet den beiden modernen Vertreterinnen der klassischen Erotik einen herzlichen und freundschaftlichen Empfang. Sie haben jede ein Exemplar der Luxusausgabe seines Werkes mitgebracht. In Renées Exemplar schreibt er diesen Vers von Keats: »So wirst Du sie immer lieben, so bleibt sie ewig schön.« Natalie erhält die Widmung: »Für Natalie Clifford Barney, das junge Mädchen der zukünftigen Gesellschaft.«

Das junge Mädchen der zukünftigen Gesellschaft und ihre Gefährtin lieben es zwar auch gelegentlich, der Vergangenheit entliehene Kostüme anzulegen. Als sie sich zum zweitenmal beim Photographen Otto zu einer Aufnahme einfinden, hat Renée sich als Camille Desmoulins und Natalie als Dame der Revolution verkleidet. Natalies Kleid ist schon fast im Stil des Direktoriums.

Sehr aufschlußreich sind diese Photographien, auf denen Renée in einem Kniefall Natalie andächtig ergeben die Hand küßt. Natalie blickt träumerisch drein – vielleicht ist sie aber auch verärgert, zu dieser Damenrolle verurteilt zu sein? Die Amazone erklärt es in ihrer *Autobiographie:*

»... denn war ich nicht eher ein Liebhaber als eine Mätresse? Dieses Verzichtenmüssen auf meine wahre Rolle reizte mich oft bis zur Grausamkeit. Da blieb mir nur noch die traurige Wahl, entweder Renée untreu zu werden oder auf einen wichtigen Teil meiner Persönlichkeit zu verzichten. Ich sah die Gefahren, die unserem Zusammensein drohten, voraus und bemühte mich, ihrem allzu kompromißlosen Wesen beizubringen, daß ein rein physischer und vorübergehender Seitensprung kein

Drama ist, da er ja nichts Wesentliches in uns zerstört, und daß außerdem unsere zärtlichen Rivalitäten nichts mit Ehen und Scheidungen gemein haben.«
Natalies Doppelnatur, »sie ist tiefernst wie Hamlet und bleich wie Ophelia« inspiriert Renée:

Wie sie erscheinst Du mir, von süßem Wahn umfangen,
Blumengeschmückt, ein Lied auf Deinem bleichen Munde,
Wie er verbirgst Du stolz die Schmerzen und die Wunde,
Und nur Dein starrer Blick verrät mir Dein Verlangen.

Oh, läch'le, blonde Frau, oh, träume, finstrer Mann,
Dein Doppelwesen zieht mich doppelt in den Bann,
Dein Leib ist kühl wie Wachs und heiß wie Flammenglut.

Unschlüssig schlägt mein Herz, verwirrt ist mir der Sinn.
Prinzenstirn, Mädchenblick, Felsstarre, weiche Flut:
Zu einer wie zum and'ren, zu beiden zieht's mich hin.

Die Musenrolle ist durchaus nicht immer bequem. Natalie schreckt vor dieser Flut von Gedichten zurück. Außerdem zieht sie diesen rein intellektuellen Freuden andere vor. Renée jedoch bleibt bei ihren Alexandrinern, die ihr lieber zu sein scheinen als Zärtlichkeiten.
»Ich war ihr Modell, und Renée verlangte einzig und allein von mir, sie zu ihren Gedichten zu inspirieren«, erzählte mir die Amazone. »Sie liebte mich in ihrer Phantasie, sie begehrte mich, wie sie Sappho begehrte.«
Dieses recht strenge Urteil sprach die Amazone aus, als sie neunzig Jahre alt war. Die fünfundzwanzigjährige Natalie hatte gewiß mehr Nachsicht mit der braunäugigen Renée mit dem Grübchenlächeln und jener »kindlichen Spaßhaftigkeit, die die Zwanzigjährige immer in ein zehnjähriges Kind verwandelte«. Renée und Natalie. Kind-Frau und Blumen-Frau. Ein gefährdetes Verhältnis. Einstweilen vergessen sie ihre Sorgen und wenden sich einer unmittelbaren Gefahr zu: den

Sommerferien, die Natalie gewohnheitsgemäß mit ihrer Familie in Bar Harbour verbringt. Renée ist eingeladen. Damit hat Natalie vorläufig ihre Pläne, mit Liane nach Amerika zu fahren, aufgegeben. Allerdings treffen sich die beiden immer noch. Diese kurzen, der Wollust geweihten Eskapaden sind eine Folter für Renée. Aber ihre Leidenschaft für Natalie ist so groß, daß sie ihr Idol auf keinen Fall mit irgendeiner Schuld belasten will. Renée zieht es vor, sich selbst anzuklagen und für alles die Schuld auf sich zu nehmen. Ihre Briefe und Gedichte zeugen davon:

Versteh' mich wohl: ich bin ein unbedeutend's Wesen,
Weder sehr schlecht noch gut, duckmäuserisch und still.

Dieses Selbstporträt ist entschieden Schwarzmalerei. Aber Renée neigt nun einmal zu Kummer und Sorge. Leicht ist sie verletzt, leicht quält sie sich. Vor der Abreise nach Amerika begeht Natalie die Unvorsichtigkeit – vielleicht tat sie es absichtlich? – ihr zu erzählen, daß es im Staate Maine, in Bar Harbour noch einige Indianer gäbe. Die darob verängstigte Renée kauft sich einen kleinen Revolver, und dieser Kauf hat sie so beschäftigt, daß sie vergißt, ihre Abendkleider einzupacken. Natalie nimmt allerdings an, daß sie es mit Absicht tat, denn sie haßt Bälle. Und während Natalie auf dem Schiff während der Überfahrt fröhlich tanzt, sitzt Renée in ihrer Kabine eingeschlossen, schreibt, trinkt etwas Gin, wenn die Inspiration auf sich warten läßt, und nimmt Chloral ein, wenn sie nicht schlafen kann.

Dieser Konsum an Gin und Chloraltabletten beunruhigt Natalie, aber bald wird sie noch mehr Grund zur Sorge haben, denn in Bar Harbour ist Eva eingetroffen. Eva »die mich immer noch und trotz meiner anderen Liebe liebt«. Jetzt muß sie Renée schonend auf Eva vorbereiten.

Natalie ist das leuchtende Beispiel eines weiblichen Don Juans, aber während der männliche Don Juan nur von Beute zu Beute jagt, möchte Natalie nicht nur erobern, sondern auch ihre Eroberungen behalten. Sie richtet sich einen auserwählten Harem ein, der sich stets durch Neuerwerbungen vergrößert. Die schwerste Aufgabe dieser Verführerin wird jedoch die des Friedenstifters unter ihren Favoritinnen sein.

Die Amazone berichtet in ihrer *Autobiographie* von einem idyllischen Sommer mit seinen üblichen Vergnügen, wie Tanzabende, Spaziergänge und Schwimmen. Sie tanzt unermüdlich bis zum Morgengrauen, und dann weckt sie Renée und Eva zum morgendlichen Bade. Renée und Eva verbringen den restlichen Tag damit, brav Griechisch zu lernen. Renée hat Eva die *Sunset Goddess*, die Göttin der Abendsonne, getauft, denn ihr herrliches rotes Haar ist das einzige, das sich mit Natalies blonder Mähne vergleichen läßt. Aber in Gegenwart der Sonnen- und der Mondgöttin kommt Renée sich überflüssig vor. Ihre diesbezüglichen Leiden hat die Amazone in ihrer *Autobiographie* schweigend übergangen, aber Renées Briefe sprechen eine deutliche Sprache:

... Du hast kein Recht, von mir zu verlangen, daß ich wie letztes Jahr zu Dir komme, um Zeuge Deiner anderen Liebschaften zu sein, um völlig verlassen abseits zu sitzen und geduldig zu warten, bis Du mir eine Stunde Deiner stets abgelenkten Gegenwart schenkst, und um Dir in jedem Augenblick als Vorwand und Tarnung zu dienen.

Immerhin entsteht eine Freundschaft zwischen Eva und Renée, die später an ihre »liebe Sonnengöttin« schreibt:

Sei gut zu unserer schönen und unsteten Undine, zu deren Herz ich nie gelangt bin, und deren Seele ein Geheimnis bleibt. Du verstehst sie, und Dich liebt sie.

Renées Selbstaufgabe und Entsagung genügen nicht, um Natalie zu halten. Im ewigen Kampf zwischen Gefühl und Begierde ist die sentimentale Renée einer Natalie unterlegen, die alles mit rastlosem Ungestüm begehrt. René schreibt, und Natalie erlebt. In *Ich erinnere mich* macht ihr die Amazone den Prozeß und wirft ihr vor, dem Leben gegenüber passiv zu sein:

Solltest Du Deinen ganzen Mut und Deine ganze Poesie in Deine Verse gesetzt haben, so daß Dir so wenig für's Leben bleibt? Hast Du all die kühnen und schönen Worte geschrieben, und sollte ich allein den Mut haben, zu leben, was Du singst?

Über dieser ungelösten Frage geht der Sommer zu Ende. Im Herbst begleiten Natalie und Renée Eva auf ihre Universität. Natalie belegt einen Kurs in Literatur, und Renée schreibt auf einem verlassenen Friedhof wehmutsvolle Gedichte.

Als sie nach Paris zurückkehren, ziehen Natalie und Renée in ein kleines Haus, das sie in der Rue Alphonse-de-Neuville 33 gemietet haben. Die Familien scheinen ihre Zustimmung zu diesem gemeinsamen Haushalt gegeben zu haben, aber unter einer Bedingung: Eine Anstandsdame muß engagiert werden, denn Schicklichkeit muß sein. Natalie und Renée finden eine Miß Grouse aus Cambridge. Ist es ihrem Einfluß zuzuschreiben, daß die beiden Mädchen plötzlich von unbezähmbarem Lerneifer ergriffen sind? Natalie setzt ihr Studium in Prosodie und englischer Literatur fort. Renée arbeitet fleißig an ihren griechischen Autoren, deren Werke sie übersetzt. Zwischendurch setzt sie sich an ein altes Klavier und spielt Chopin. Natalie begnügt sich dann, die schönen Augenlider der Pianistin zu bewundern:

»Wenn sie die Augen senkt, scheint die ganze Schönheit der Welt in ihren Lidern gefangen, und wenn sie aufschaut, sehe ich nur mich selbst in ihrem Blick.«

Natalie und Renée ersetzen die gelehrte Miß Grouse durch eine Gouvernante, eine Frau oder Fräulein L..., die zwar weder Shakespeare noch Byron kennt, dafür aber die beiden Dichterinnen von den Sorgen des alltäglichen Lebens zu befreien weiß. Außer ihrer Geschicklichkeit im Haushalt und im Einkaufen hat L... eine Warze auf der Nase, was sie Natalie sofort unsympathisch macht.

Die in ihre Gedichte vertiefte Renée merkt von alledem nichts. Sie ist zufrieden, solange L... täglich ihr Lieblingsgericht auf den Tisch stellt: Kalbsmilchsalat mit Mayonnaise. Die naschhafte Natalie, die über alles die Abwechslung liebt, leidet unter solcher Diät! Sollte ein wenig zuviel Mayonnaise bereits genügen, um die Leidenschaften aus der Bahn zu bringen? Ach, die Liebe hängt an einem dünnen Faden, dessen Zerbrechlichkeit durch die Ankunft der Dichterin Opale gefährdet ist.

Denn Opale hält ihr Versprechen. Sie kommt, um den lesbischen Kreis der Dichterinnen zu gründen. Natalie bereitet ihr einen begeisterten, Renée einen kühlen Empfang. Natalie beschreibt sie als »prächtig«, Renée findet sie »fade wie alle englischen Mädchen«.

Opale lädt die beiden Freundinnen zum Tee ein. Renée weigert sich, die Einladung anzunehmen, und es kommt fast zu einer Szene, als plötzlich ein Telegramm abgegeben wird: Violette liegt im Sterben, sie ist in Südfrankreich. Da nur Renée ans Sterbebett der Freundin gerufen wird – sie nimmt den ersten Zug nach Nizza –, begibt sich Natalie allein zu Opale.

Natalie und Opale trinken Tee, flirten und sagen sich gegenseitig Gedichte auf, bei denen es um Küssen im Mondschein geht. Den aufgesagten Küssen folgen schließlich richtige, und die beiden verbringen die Nacht im Haus der Rue Alphonse-de-Neuville 33. Beim Erwachen trifft ein neues Telegramm ein: Violette ist gestorben. Renée ist untröstlich. Tag für Tag bemüht sich Natalie vergebens, ihre Freundin zu besänftigen, aber Renée will weder schlafen noch essen. Sie klagt sich an, am Tode Violettes schuldig zu sein. Sie schwelgt geradezu im Todeskult und schreibt Gedicht nach Gedicht über die Verstorbene, wobei sie ständig den Namen Violette mit der gleichnamigen Blume (Violette = Veilchen) verbindet. Das hat ihr später den Spitznamen »die Veilchenmuse« eingebracht. Die robuste Natalie ist ratlos: Wie kann sie gegen den Geist einer Toten ankämpfen? Sie schreibt in ihrer *Autobiographie:*

»Die Vergangenheit ist der sicherste Besitz.« Violette war Renées liebste »Jugendfreundin« ...

Renée verschließt sich, will niemanden empfangen, und am allerwenigsten Opale, von deren kurzer Liebelei mit Natalie sie erfahren hat. Vielleicht könnte der Revolver, den sie gekauft hatte, um die Indianer fernzuhalten, jetzt dazu dienen, Opale zu töten? Es kommt zu einem wahren Haremsdrama. Selbst die verräterische Gouvernante fehlt nicht, deren »verhängnisvolle« Rolle Natalie etwas spät erkennt. Denn dieses Warzenungeheuer hatte Renée über ihr »Mißgeschick« aufgeklärt. Zum Schmerz über den Verlust ihrer geliebten Jugendfreundin Violette kommt nun noch die Qual der Eifersucht hinzu. Renée fürchtet, wahnsinnig zu werden. Natalie ebenfalls, und sie empfindet es als eine Erleichterung, nach London reisen zu müssen, wo ihr Vater an einem Herzanfall erkrankt ist.
Renée sucht unterdessen Zuflucht bei ihrer Familie in Schottland. Sie arbeitet an einem neuen Gedichtband, während Natalie ihre *Fünf kleinen Griechischen Dialoge* beendet und sich von einem englischen Lord den Hof machen läßt. Renée erfährt es, wird ohnmächtig, fällt mit dem Gesicht auf eine Möbelkante und glaubt sich entstellt. Glücklicherweise heilen die Beulen und Kratzer schnell. Und nun bemüht sich Renée »wie die Pflanzen und Tiere« zu leben, »und die kleinen Leiden wie die großen Schmerzen zu vergessen. Ich sehe nur die Familie, die wirklich lieb und gut zu mir ist, was mich sehr rührt. (...) Wirst Du ewig für mich die Unbekannte, die Fremde und die Abwesende sein? Ach! Du weißt es ja so wenig wie ich. (...) Ich liebe Dich in unwandelbarer Hingabe, ich liebe Dich mit all den unvergeßlichen Schmerzen der Vergangenheit und auch mit allen Schmerzen, die noch kommen werden. Meine Küsse verweilen im Schatten Deiner Schritte.«
Inzwischen hat Mr. Barney seine Behandlung beendet. Es geht ihm besser, und er kann in Begleitung Natalies nach Washington zurückkehren. Sie nimmt ihre Krankenpflegerinnenrolle ernst. Sowie sie in Bar Harbour angekommen sind, telegraphiert und schreibt sie an Renée, die ihr folgendermaßen antwortet:

Welch zärtliche Freude hat mir Dein liebes Telegramm gemacht, und dann kam noch Dein köstliches Briefchen an, mein kleines Liebchen. Wie soll ich Dir nur sagen, welch frischer Tau das für meine fiebernden Ängste war, welch süße Linderung, welch schöne Hoffnung ... Es war mir, als fände ich ein wenig Zärtlichkeit, die wahre Zärtlichkeit Deines Herzens in Deinen hübschen Worten, und ich war glücklich inmitten meines Leidens. Du bist ein so liebes kleines Wesen, und ich denke mit soviel Zärtlichkeit an all die schönen Dinge in Dir, in Deiner geheimnisvollen kleinen Seele, mein geliebtes Kleines, und jetzt ängstige ich mich, Dich dort so allein zu wissen. Es scheint mir fast, als brauchtest Du meine unnütze Liebe. In diesem Falle wirst Du mir doch ein Telegramm schicken, nicht wahr, mein geliebtes Seelchen? Du sollst Dich nicht einsam fühlen, denn ich liebe Dich, ich liebe Dich, ich liebe Dich von ganzem Herzen, und ich werde kommen, sowie Du mich brauchst, ich werde schnell, schnell kommen. Ich liebe Dich zu sehr, um Dich jemals zu verlassen. Ich werde immer zu Dir zurückkommen.

Zum ersten Male fühle ich, wie sehr mein Leben an Deins gebunden ist. Du fehlst mir furchtbar in jeder Minute. Wie töricht waren wir, uns zu trennen ... und doch war es vielleicht doch nicht töricht, denn jetzt weiß ich endlich, wie unersetzbar teuer Du mir bist. Ach, meine blonde Anmut, ich kann ohne Dich nicht leben.

Was geschieht bei Euch? Was machst Du? Ich habe solches Verlangen nach Nachrichten von Dir! Ist Eva immer noch so leidenschaftlich schön? Ich habe solche Angst, daß Du traurig sein könntest. Wenn das nicht wieder einer meiner Alpträume einer Verliebten in der Verbannung ist, so teile es mir schnellstens mit. Ich habe Dich nur fortgehen lassen, weil ich Dich ohne mich glücklich glaubte, und weil ich annahm, es sei Dir lieber, nicht mit meiner ständigen Gegenwart belastet zu sein. Aber ich werde Deinem ersten Ruf folgen, vergiß das nicht.

Was machst Du, Du blonde Traumgestalt? Ich bin so unruhig, wenn Du nicht bei mir bist.

Die Tage sind lang und schwer. Es scheint mir, daß bereits Jahre vergangen sind, seit Du abgereist bist. Wie süß und lieb warst Du an jenem letzten Morgen. Immer noch erstrahlt Deine ganze Schönheit in meinem geblendeten Blick. Die Erinnerung an Dich habe ich tief in mein Herz geschlossen. Wo Du auch bist, was Du auch tust, immer werden meine Arme Dich umfangen und meine Küsse Dein Haar bedecken. Stets denke ich an das herrliche Mysterium, das Du mir bist. Warum nur habe ich Dich nicht verstanden, als ich Dich so inbrünstig geliebt habe?
Meine Seele ist in Deinen Händen, behalte sie und habe Mitleid mit mir.
Ich liebe Dich, mein Lieb, unwandelbar bin ich Dir zugetan. Ich wollte Dir unendliche Dinge sagen, und schon finde ich keine Worte mehr. Ich wollte meiner Liebe nie endenden Ausdruck geben, und schon geht ihr der Atem aus. Kleines leidvolles Lieb, ich bete Dich an.

Kaum hat Natalie dieses zärtliche Geständnis gelesen, so lädt sie Renée in einem Telegramm und einem Brief nach Bar Barbour ein. Das Telegramm geht verloren, aber der Brief kommt an, und Renée beschließt – nicht zu kommen:

Mein Kleines, ich war sehr überrascht, zu hören, daß Du mir ein Telegramm geschickt und mich eingeladen hast. Ich habe das Telegramm nie erhalten. Sicher hast Du Dich in der Adresse geirrt, und in diesem Fall wirst Du es zurückbekommen. Vielleicht kam es auch, als ich in Paris war, wurde von meiner Familie geöffnet und während meiner Abwesenheit vernichtet ... aber ich möchte sie nicht beschuldigen, ohne einen Beweis zu haben. Frag doch bitte auf dem Postamt nach, und erkundige Dich, ob es in der Hyde Park Street wirklich angekommen ist. Hätte ich es erhalten, ohne zu wissen, worum es ging, so wäre ich sofort gekommen, mein geliebtes Kind. Aber Dein Brief hat mir die Erklärung gegeben, und ich sehe daraus, daß es nur wieder einmal eine Deiner Launen ist. Wie schade!

Es betrübt mich, daß Du Dich nicht an Dein Versprechen gehalten hast. Bevor Du fortgingst, hattest Du mir versprochen, daß Du mich nicht kommen lassen würdest, um Dich meiner als Lückenbüßer für ein paar langweilige Stunden zu bedienen, und daß Du mich nur rufen würdest, wenn Du mich wirklich brauchtest, um bei mir Trost und Hilfe in schweren Augenblicken zu finden. Hier ist jedoch keinerlei Notwendigkeit vorhanden, mich kommen zu lassen. Nichts Arges ist in Deinem Leben geschehen. Du brauchst weder Hilfe noch Trost, und Du rufst mich nur zu Deinem Vergnügen, um wieder einmal Deine Macht über mich bestätigt zu sehen, oder um einen Prügelknaben, einen leicht zu betörenden Narren um Dich zu haben, dessen Du Dich bei all Deinen kleinen überspannten Eroberungsplänen bedienen kannst.

Ich bin im Grunde meiner Seele betrübt, Dir das sagen zu müssen, denn ich liebe Dich immer noch und trotz allem. Aber Du vergißt, in welchem Maße Du mich gequält hast. Du vergißt die Ängste, die Demütigungen und die Wunden, die Du mir zugefügt hast. Du vergißt, daß ich noch krank und seelenwund bin von dem Leid, das ich um Deinetwillen ertragen mußte, und daß ich nicht die Kraft habe, jetzt gleich wieder die neuen Schmerzen zu ertragen, denen Du mich vielleicht unbewußt aber gewiß nach Deinem Belieben aussetzen willst. Fern von Dir muß ich wenigstens nicht so furchtbar an Kummer, Eifersucht und Unruhe leiden, wenn ich mitansehe, wie Du mit Deinem Lächeln und Deinen herausfordernden Blicken um Dich wirfst wie eine Kußhändlerin. Mein Herz ist so voll Bitternis, daß es selbst in diesem Brief überfließt, obgleich ich Dir eigentlich sehr lieb und zärtlich schreiben wollte, fast wie eine Freundin.

Nein, mein angebeteter Liebling, ich werde noch nicht kommen, weil der Augenblick nicht günstig ist. Später, ja, wenn Du mich mit Deiner ganzen Seele rufst. Aber nicht jetzt, nicht für eine Laune, nicht für Deine bloße Zerstreuung.

Das sind der Reihe nach die Gründe, die mich am Kommen hindern. (...)

Dann gibt es noch geringfügigere Gründe: Ich habe beschlossen, diesen Monat meiner Familie zu widmen. Gott weiß, daß ich mich noch nie im Leben so gelangweilt habe, daß die Tage sich trübe und endlos hinziehen, daß ich dieses Land hasse, und daß ich meine Abfahrt von hier wie eine Befreiung erwarte. Aber ich habe mein Versprechen gegeben, und ich habe beschlossen, ihnen dieses Opfer zu bringen, und so werde ich es mit aller möglichen Geduld tun.

Und dann – bitte verzeih mir, daß ich Dir mit solchen Kleinigkeiten komme – dann ist da nämlich noch, mein liebes Kind, die vulgäre materielle Frage. Ich bin leider nicht reich, wie Du weißt, und in Deinem Millionärsland ist alles so teuer, daß mir kein Geld für meine Wohnung bliebe, wenn ich diese kostspielige Reise unternehmen müßte. Und Du weißt, wie ich immer davon geträumt habe, mein kleines Heim, meinen Schlupfwinkel, meinen Zufluchts- und Ruheort zu besitzen, ein kleines Plätzchen auf der Erde, das ganz mir gehört, wo ich die Herrscherin und Königin, wo ich ganz frei sein kann. Übrigens habe ich diese Wohnung schon genommen, und da ich sie ohnehin eines Tages einrichten muß, täte ich besser daran, es jetzt zu tun. Aber das würde ja alles nicht zählen, wenn Du mir in einem Anflug von Kummer oder Pein gesagt hättest: »Komm, Du meine beste Freundin, komm mich trösten und steh mir bei, denn ich brauche Deine Zärtlichkeit.« Aber Du hast diese Worte nicht gesagt, weil der Augenblick, in dem sie Deinem Herzen entspringen werden, noch nicht gekommen ist.

Das Wort, das Du nicht lesen konntest ist »unwandelbar«, und das bedeutet in der Sprache der Liebenden soviel wie »unabänderlich«. Jawohl, mein Süßes, so liebe ich Dich, und meine Liebe bleibt unverändert, durch Schmerzen, Kummer und Enttäuschungen hindurch, ich werde Dich immer lieben, aber nicht mehr mit der Blindheit der ersten Tage. Die Liebe, die ich heute für Dich empfinde, ist bitterer, trauriger und skeptischer (um dieses häßliche Wort zu gebrauchen), mein Glaube ist nicht mehr so unüberlegt, ich zweifle und versuche herauszufinden, welche Wahrheit den Lügen, und welche Falschheiten der Wahrheit zugrunde liegen, denn Du bist ein so kompliziertes Wesen, daß Du weder ganz wahrhaftig noch ganz falsch bist. Aber ich liebe Dich trotzdem, und ich werde Dich bis zum Tage meines Todes lieben.

Sei mir nicht böse, wenn ich Dir zum ersten Mal etwas ernsthaft verweigere und Dir »später« sagen muß, obgleich Du mich sofort bei Dir haben willst. Aber ich bitte Dich, laß mir ein wenig Seelenruhe, laß mich für eine Zeit in Einsamkeit und Stille verweilen, um ein wenig neue Kraft zu schöpfen, und rufe mich nicht zu Dir wie ein launisches, verwöhntes Kind, das immer nur das haben will, was es nicht hat, und das dann von dem schließlich Erreichten nichts mehr wissen will. Sei doch so lieb und laß mich auf Dich warten, zwing mich doch bitte nicht so rasch zu neuen Qualen.

Verstehst Du denn nicht, wirst Du denn nie verstehen, welche Qual es ist, zu lieben ohne wiedergeliebt zu werden, und daß die Freundschaft nur ein ärmlicher Ersatz für die Liebe ist? Schreibe mir:

»Meine Freundin, ich bin Dir nicht gram, ich verstehe, daß diese Trennung für die Zukunft unserer Liebe und in ihrem Interesse notwendig ist, ruhe Deine Seele aus, vergiß mit der Zeit all die Leiden, die ich Dir – vielleicht ohne es zu wollen – zugefügt habe, und komm dann vertrauensvoller, abgeklärter und wohler zu mir zurück.«

Verstehst Du das, mein Kleines?

Aber so, auf ein Weilchen zu Dir zu kommen, um darauf wieder fortzumüssen, das wäre fürwahr eine Torheit! Ich könnte es einfach nicht, denn ich hätte nicht den Mut zu einer zweiten Trennung. Es gibt Opfer, die man nicht zweimal bringen kann. Einmal habe ich den Mut gehabt – und ich muß mir doch wenigstens sagen können. daß er zu etwas gut war, und daß es nicht umsonst gewesen ist. Kannst Du denn nicht begreifen, daß es mir unmöglich ist, noch einmal von Dir zu scheiden, daß der Schmerz, Dich nicht wiederzusehen, nur noch grausamer sein würde?

Ich kann Dir gar nicht in Worten sagen, wie mich das alles quält, denn dieser Brief verrät eigentlich nichts von meiner angsterfüllten Unruhe. Sähest Du mich leiden, wie ich Dir schreibe, so wäre das unmöglich. Du würdest Dir sagen, daß ich zu bemitleiden bin, und daß man mich leben lassen müßte, nachdem ich so viele Qualen durchgestanden habe. Ich bin nun einmal ein feiges, schwaches, verächtliches Wesen, aber das ist schließlich kein Grund, daß ich mich selbst beseitige, – denn die Schwachen müßten doch wie die Starken ein Recht auf Leben haben.
Ich leide, mein Kleines, und deshalb bin ich so böse, aber glaube mir, wenn ich Dir immer noch sage, ich sei Dir in »unwandelbarer« Liebe ergeben. Wenn ich nicht komme, so ist es aus Gründen der Vernunft und der Pflicht und nicht etwa aus Mangel an Zärtlichkeit und Leidenschaft. Ich liebe Dich, ja, ich liebe Dich, so wie ich Dich immer lieben werde.

Und dann herrscht plötzlich Schweigen. Renée schreibt nicht mehr. Die Gouvernante hat sich als eine Intrigantin entpuppt. Ihr Machiavellismus ist dem der bösen Haushälterin aus einem Groschenroman würdig. Es ist ihr gelungen, Renée zu überzeugen, daß Natalie sich mit einem französischen Adligen verheiraten will, und in der Tat ist der Vicomte de la Palisse eigens dazu nach Amerika gereist.
Dem Vicomte de la Palisse wird eine energische Abfuhr erteilt, aber Verlobungen sind gerade an der Tagesordnung. Opale hat sich soeben verlobt, und Albert Clifford Barney fordert seine älteste Tochter auf, sich an solchem vernünftigen Betragen ein Beispiel zu nehmen. Natalie nimmt die Herausforderung an und stellt der Familie Lord Alfred Douglas als möglichen Anwärter auf ihre Hand vor. Aber der ehemalige Liebhaber Oscar Wildes ist so skandalumwittert, daß Albert Clifford Barney nur zu gern darauf verzichtet, ihn zu seinem Schwiegersohn zu machen. Lord Alfred gefällt jedoch Opale. Sie löst ihre Verlobung auf und heiratet den englischen Edelmann mit dem

Segen Natalies, die später die Patenschaft für ihr erstes Kind übernimmt.
Jetzt ist Natalie ihrer Ehesorgen einstweilen enthoben und eilt nach Paris zurück, wo sie erfährt, daß Renée sich in einem sehr kostspieligen Haus im Bois niederläßt. Die Gouvernante erntet endlich die Früchte ihres beharrlichen Verrats und begleicht mit ansehnlichem Gewinn für sich selbst die Rechnungen der Lieferanten. Renée ist nämlich »das Verhältnis« einer steinreichen Baronin, die im Paris-Lesbos unter dem bezeichnenden Spitznamen »die Nudel« bekannt ist. Diesen Spitznamen wird sie in diesem Buch beibehalten. Die »Nudel« steht im Ruf, den Mangel ihrer körperlichen Reize durch einen Überfluß an Gütern und Geschenken auszugleichen. In der Pariser Welt und Halbwelt munkelt man, ihr Vermögen entspreche an Größe etwa dem der Rothschilds.
Natalie verliert die letzten Zweifel an ihrer Ungnade als sie folgenden Brief von Liane erhält, der an sich ein kleines Meisterwerk an zärtlicher Perfidie ist:

Eines Abends kam eine häßliche Blondine im Moulin Rouge auf mich zu, um mir Grüße von Dir zu bestellen. Sie sah aus wie ein aufgeschrecktes Kaninchen. Ich sagte ihr, das müsse ein Irrtum sein, denn es ärgerte mich, dieses Scheusal zwischen uns zu sehen. Ich habe doch Dich und Dein schönes Haar in so süßer Erinnerung.
Meine neue Freundin ist nett. Das Leben ist angenehm mit ihr. Sie ist genauso schwarz, wie Du blond warst. Sie ist wirklich reizend, wenn man sie besser kennt, und sie hat Tiefe *und* Beständigkeit. *Was mich natürlich nicht daran hindert, oft an Dich zu denken, Natty, meine liebe kleine Freundin, denn Du bist ein so leichtfüßiges, wendiges und anmutiges Schmeichelkätzchen. Du warst ein schöner Frühlingsmorgen, und das konnte einfach nicht von Dauer sein mit all dem flüchtigen Hin und Her.*
Es wäre mir eine süße Freude, Dich wiederzusehen. Wenn ich mich verändert habe, so nur, um besser zu werden. Das Leben

läutert uns. Komm gelegentlich, aber ich weiß in meinem Innersten, daß Du nie weit fort von mir bist.

Deine Liane.

Post scriptum: Renée ist mit der »Nudel« (Du weißt, es ist die geborene ...). Die »Nudel« hat soeben einen Gedichtband unter dem Titel Fallendes Laub *herausgebracht. Kein Kommentar.*

Natalie antwortet Liane auf ihrem mit einem Wappen gezierten Briefpapier. Auf dem Wappen ist eine einen Pfeil haltende Hand abgebildet, und das ganze ist von ihrem Wahlspruch *Spes anchora vitae* umgeben:

Du hattest Recht, der »häßlichen Blondine«, die Dir so banale Grüße von mir bestellen wollte, zu sagen, es müsse ein Irrtum sein. Erstens kenne ich keine häßliche Blondine, und dann müßten die Lippen und der Geist derer, die ich mit einer Nachricht für Dich beauftragen würde, schon sehr hübsch sein.
Du hast auch Recht, das Andenken an mich zu verteidigen. Die Vergangenheit ist ein so eigenes Ding. Im Grunde genommen gibt es ja nur sie. Alles ist Vergangenheit, auch die Stunden der Zukunft, und wenn ich noch lebe und glücklich oder unglücklich bin, so ist es, weil ich es war.
Ich bin zufrieden, daß Du eine Freundin mit Tiefe und Beständigkeit hast. Sei gut zu ihr, Liane, denn die Liebe ist eine schreckliche Gabe. Wenn es wahr ist, daß Du ihr ganzer Horizont bist, so sei unbeschränkt und immer schön. Es ist merkwürdig, daß Du mir von Pauline und der »Nudel« erzählst. Ach, Liane, ich bin so traurig. Man muß so viel vergessen, um sich ein kleines Andenken zu bewahren.
Du, meine zärtliche Freundin, meine ferne Geliebte, »es konnte nicht von Dauer sein«, aber trotzdem und immer bin ich Deine

Natalie.

Um diese Zeit erscheint der vierte Gedichtband von Renée Vivien unter dem Titel *Evocations.* Natalie liest diese Gedichte mit unverhohlener Traurigkeit. Sie vertraut sich Liane an, die ihr endlich Mitgefühl und Trost entgegenbringt. Renée spricht von Natalie in der Vergangenheit. Das Gedicht *Atthis*, dem als Motto der Vers der Sappho »Ich liebte Dich einst, Atthis« vorangeht, scheint das Ende ihrer Liebe anzudeuten:

Ich gehe meinen Weg, Atthis, Verblassende,
Wie ein Verbannter, der nicht mehr an Heimkehr denkt.
So seelenmüde ich, Du mich Verlassende,
Die mir kein Lächeln schenkt.
Und so verhaucht und steigt von Flammen hochgetragen
Der beschwingte Gesang, und die Lilie verblich
Und aus tiefster Seele entringt sich mein Klagen:
Atthis, ich liebte Dich.

Wer solche Erinnerungen bewahrt, liebt noch. Natalie ist davon überzeugt. Ein einziges Gespräch unter vier Augen, und alles wäre wieder wie vorher. Der unwiderstehlichen Natalie widersteht man nicht. Renée weigert sich jedoch, die Verführerin zu empfangen, die ob solchen Ausweichens außer sich gerät. Sie fleht in Versen und bittet die, die sie so oft für Eva, Liane und andere verlassen hat, um eine einzige Stunde:

Oh, höre mich doch an, still' meines Herzens Gier,
Nur eine Stunde gib, gib eine Stunde mir.
Ich fleh' umsonst: sei mein. Für eine Stunde nur
Gäb ich mein Leben gern ... für eine Nacht mit Dir.

Aber wie soll sie diese Verse an Renée gelangen lassen? Wie soll sie die doppelte Überwachung der »Nudel« und der Gouvernante täuschen? Natalie, die entschieden vor nichts halt macht, bittet eine ihrer Freundinnen, die Sängerin Emma Calvé, sich als Straßensängerin zu verkleiden und unter Renées Fenstern die große Arie des Orpheus von Gluck »Ach, ich habe sie verloren« zu singen. Die ebenfalls als Straßensängerin verkleidete Natalie liest die fallenden Geldstücke auf. Aber Renée – Eurydike zeigt sich nicht. Nun läßt Emma Calvé, die in den Vereinigten Staaten in der Rolle der Carmen Triumphe gefeiert hat, die berühmte Arie »Die Liebe vom Zigeuner stammt« ertönen. Die von Bizet sichtlich mehr als von Gluck angetane Renée öffnet ein Fenster, und Natalie wirft ihr das an einen Blumenstrauß angeheftete Gedicht zu. Jetzt ist es Zeit zur Flucht. Einige Passanten sind stehengeblieben, haben Emma Calvé erkannt und klatschen ihr Beifall. Die Sängerin verschwindet, gefolgt von ihrer Gefährtin.

Dieser Auftritt erregt im Paris-Lesbos größtes Aufsehen. Namhafte Damen bieten sich Natalie als Trösterin an. Natalie weist sie ab – bis auf zwei: eine Romanschriftstellerin und eine Dichterin, die beide jung und schön, sehr in Mode und zu Ruhm bestimmt sind und die beide über sehr verständnisvolle Ehemänner verfügen. So sagt die Romanschriftstellerin zu ihr: »Natalie, mein Mann küßt Dir die Hände, und ich alles übrige.« Sie fügt hinzu: »Meine Augen hatten vergessen, welch schönes Geschöpf Du bist.« Und sie ergeht sich immer wieder in Komplimenten wie: »Unvergleichliche Flossie (die ich übrigens durchaus nicht mit irgend jemand zu vergleichen beabsichtige), wo und wann kann ich Dich sehen? Antworte mir. Ich küsse Dich ohne jede Zurückhaltung.« Einmal mehr hat es Natalie verstanden, sich Bewunderung zu verschaffen.

Auch die Dichterin ist von Natalie so angetan, daß sie ihr aber und abermals Gedichte schreibt. Später, in den fünfziger Jahren, hat Natalie sie in einem Bande vereinigt, den sie ohne Autorennamen unter dem Titel *Unsere geheime Liebe* herausgab:

Wie ein klarer Strom, der salziges Meer durchfließt
Zieh'n wir heimlich uns liebend und zärtlich umschlungen
Durch die Zeit, die sich ruchlos zur Härte gezwungen,
Die die Seele der Lust ihres Fleisches verschließt.

Als ich weiter las und auf einige Verse stieß: »Ich nehme Dich, Du stöhnst, vergehst in meinen Armen«, zuckte die Amazone

mit den Schultern und sagte: »Sie rühmt sich! Sie hat mich nie genommen! Sie hat sich in ihren Gedichten die schöne Rolle gegeben. Glauben Sie kein Wort davon!«
Natalie hat die Romanschriftstellerin und die Dichterin beglückt, aber sie selbst war nicht glücklich. Die Abwesenheit Renées lastete noch zu schwer auf ihr. Die so unbeständige Natalie scheint endlich bezähmt zu sein. Sie will nur noch eine einzige Frau: Renée. Die lesbischen Damen der Pariser Gesellschaft sind vor Ergriffenheit stumm, was sie allerdings nicht daran hindert, die schlimmsten Vermutungen aufzustellen. Das Duett hat sich in ein Duell verwandelt. Man zählt die Schläge. Die ganze Schmach auf sich nehmend, schreibt Natalie an die Gouvernante und bittet sie, Fräulein Renée beiliegenden Brief vorzulesen. Doch welche Demütigung, welche Schande! Nicht Renée, sondern die Gouvernante antwortet ihr und benutzt dazu das gleiche Briefpapier, jene cremefarbigen, mit einem Veilchenstrauß gezierten Blätter, auf denen Renée einst ihre Liebesgesänge für Natalie schrieb:

Liebes Fräulein Natalie,
Ich habe Fräulein Renée Ihren Brief vorgelesen, aber schon bei den ersten Worten hat sie mich unterbrochen und mich gebeten, in ihrer Gegenwart nicht einmal Ihren Namen auszusprechen, falls ich ihr einige Freundschaft bezeuge. Ihr Verhalten war ihr gar nicht angenehm, und sie sagt, Sie hätten eine merkwürdige Art, ihr Ihre Zuneigung zu zeigen.
Ich bitte Sie daher, falls Sie Mademoiselle in Zukunft zu sehen wünschen, sich Fräulein Renées Wunsch nicht zu widersetzen und sie nicht weiter zu belästigen.

Renée belästigen? Natalie kann es nicht glauben, bis sie es nicht selbst aus Renées Mund vernommen hat. Natalie ist wütend und verzweifelt. Liane, die erhabene Liane vergißt alles alte Herzeleid und eilt ihrer Natty zu Hilfe. Sie sucht Renée auf und berichtet dann:

Renée ist so erzürnt auf Dich, Warum? Wozu? Ich habe ihr gesagt, sie habe unrecht und Du seist doch wundervoll. Wer geliebt hat, liebt sich zu erinnern. Sie hat Dich geliebt, und nun zerstört sie ihr Idol. Die so menschliche Renée glaubt, daß Du unmenschlich bist.

Liane hat mit ihrem Versöhnungsversuch nichts erreicht. Nun ruft Natalie Eva, die sofort herbeieilt. Ein neues Fiasko. Und um ihr zu beweisen, daß sie sich ganz von Natalie befreit hat, macht Renée Eva Avancen und lädt sie in ihre Loge zu einem Konzert ein. Die treue Eva überläßt Natalie ihren Platz. Und so lauschen Renée und Natalie, zärtlich umschlungen den Klängen der Musik von Schumann. Die »Kleine« schöpft wieder Hoffnung. Aber ihr Hoffen ist vergebens. Renée fürchtet, wieder leiden zu müssen, fürchtet, der »unmenschlichen« Natalie nicht genug zu bedeuten. Während sie so zaudert und zögert, erhält Natalie die Nachricht, daß ihr Vater plötzlich in Monte Carlo gestorben ist. Seine Leiche wird im Père Lachaise eingeäschert, und seine Asche wird von seiner ältesten Tochter in die Vereinigten Staaten überführt.

Nachdem die Bestattungszeremonie vorüber ist, hält Natalie sich nicht länger in Washington auf und kehrt nach Paris zurück. Sie zieht mit Eva in die Wohnung eines Freundes in der Rue Chalgrin 4, fast gegenüber dem Hause, in dem Renée wohnt. Aber Renée ist abwesend. Sie ist allein und ohne die unvermeidliche »Nudel« nach Bayreuth gefahren. Die Gelegenheit ist zu günstig. Natalie eilt mit der hilfreichen Eva zu den Bayreuther Festspielen: »Ach! Wagner!« seufzte die Amazone mit einer Dankbarkeit, die gewiß nicht den Klängen des Nibelungenrings galt.

Natalie weiß, wie man Dichter verführt: mit Gedichten. Nicht mit Musik. Sie gibt Renée das Manuskript eines langen *Ich erinnere mich* betitelten Prosagedichts, in dem sie ihre vergangenen, und vor allem auch ihre zukünftigen Lieben besingt:

Ich will nur Dich in meinem Leben, ich will nur Dich in meinem Tod ...
Es bleibt mir nur die Kraft, zu leben oder zu sterben ... komm ...

Diesem Ruf kann Renée nicht widerstehen. Sie ist Natalie wieder ganz ergeben und verspricht, im August heimlich nach Wien zu kommen, wo Natalie sie erwarten soll. Von dort werden die beiden mit dem Orient-Expreß nach Konstantinopel fahren, und von dort aus geht es per Schiff nach Lesbos. Ihr alter Traum soll Wirklichkeit werden.
Im Orient-Expreß sind die beiden Freundinnen in einem unbeschreiblichen Zustand der Begeisterung, der während ihrer ganzen Eskapade anhält. Nur ein Mißton. Als sie in Mytilene ankommen, tönt ihnen kein Harfenspiel entgegen, sondern *Komm' Karoline*, das laut aus einem Grammophon in einem Haus am Hafen plärrt.
In Lesbos lieben Natalie und Renée alles, das ländliche Gasthaus, die alte Dienerin, einen räudigen Hund. Sie gehen baden. Sie ruhen auf einem Lager aus getrockneten Algen. Sie ernähren sich von Pfirsichen und Feigen. Sie atmen den Duft der Rosen und der Sternennacht. Und endlich reagiert Renée bewegt auf die Zärtlichkeiten Natalies, die sich zurückhalten muß, um nicht in Hymnen zu jubeln.
Das Vergangene ist vergessen. Vergessen ist die »Nudel«, die irgendwo in der Welt herumreist, vergessen sind die Untreue Natalies und die Qualen Renées, vergessen ist alle Vergangenheit. Nur die Gegenwart zählt. Natalie und Renée beschließen, für immer in Lesbos zu bleiben. Dort wollen sie ihren Kreis der Dichterinnen gründen, wie zu Sapphos Zeiten. Sie mieten zwei in einem Obstgarten liegende Villen. Renée schreibt und liest in den *Fünf kleinen griechischen Dialogen* die Stelle wieder, in der das Verführerische an Sappho-Natalie beschrieben wird: »Sie war unwiderstehlich wie nur jene es sind, die ihrer Natur gefolgt sind. Sie ist unwiderstehlich, wie jene es sind, die den

Mut zum Leben haben. Sie ist unwiderstehlich wie das Schicksal selbst.«

Renée macht keinen Unterschied mehr zwischen der Sappho der Vergangenheit und der Sappho, die sie in ihren Armen hält. Dieses Identifikationsphänomen veranlaßt Renée, zu sagen:

»Ach! Du bist ja bereits unsterblich.«

Die unsterbliche Natalie schlägt ein Bad im Meer, einen Spaziergang, eine Lektüre, ein Ruhestündchen vor. Renée ist mit allem einverstanden. Ja, sie werden immer hier bleiben. Es wäre weiser gewesen, sich an diesen scheinbar wahnwitzigen Entschluß zu halten und Lesbos nicht mehr zu verlassen. Aber die Post wartet auf sie in Smyrna, wo sie abgeholt werden muß. In Smyrna liegt ein Brief der »Nudel«, die nun auch Lesbos besuchen will, und zwar sofort. Renée hat gerade noch Zeit, ein Telegramm zu schicken, um die »Nudel« davon abzuhalten, in den nächsten Orient-Expreß zu steigen. Aber man entrinnt nicht einer Frau, deren Willen, Macht und Reichtum praktisch grenzenlos sind.

So fährt Natalie nach Paris zurück, und Renée muß nach Holland reisen, wo die »Nudel« sie ungeduldig erwartet. Gleich nach ihrer Ankunft schreibt Renée an Natalie:

Nachdem der Zug abgefahren war – ach, so schnell, und so weit – habe ich unablässig geweint. Wußte ich doch, daß ich all mein Lebensfeuer und alle Schönheit hinter mir gelassen habe. So schluchzte ich in meiner Ecke. Ich war eine Vertriebene.

Und jetzt ist alles grau. Nein, es ist eher ein ewiges Sichwundreiben an unheilbarem Bedauern. Ich hasse dieses flache und eintönige Holland nach der herrlichen Reise mit Dir. Du fehlst mir viel mehr, als ich es zu sagen – zu glauben – oder mir selbst einzugestehen wage. Und Dein Bild ist unvergänglich wie die Erinnerung. Und ich rufe vergebens nach Dir. Und ich sage Dir: komm.

Natalie ist zum Kommen bereit, aber Renée ist abermals unter die Herrschaft der »Nudel« geraten. Renée und Natalie müssen sich im Geheimen treffen. Auch ihr Briefwechsel muß geheimgehalten werden. So schreibt Renée:

Meine blonde Sirene, ich will nicht, daß Du je den Erdbewohnerinnen gleichst... Ich will nicht, daß Du irgend etwas an Dir änderst. Ich will, daß Du immer Dir selber gleich bleibst, denn so hast Du mich bezaubert. Bleib immer Du selbst, bleib Dir immer gleich: Regenbogen, April und Opal, denn so liebe ich Dich.
...Ich werde unterbrochen, und beinahe wäre ich überrascht worden. Ich zittere noch darum.

Aber Renée wird doch einmal überrascht, und nun muß sie – auf Verlangen der »Nudel«, wie die Amazone behauptet – diesen Abschiedsbrief schreiben, der ihr Verhältnis mit Natalie endgültig auflöst:

Ich empfinde ein wenig Scham und Trauer, Dir diesen Brief zu schreiben, meine blonde Sirene, aber es muß sein. Und ich gehorche.
Zunächst merke Dir eins: Sie allein *ist die Herrin meines Schicksals. Sie ist meine Kraft und mein Wille. Von ihr bin ich abhängig, durch sie lebe ich, durch sie atme ich. Ich kann ohne sie nicht leben. Ich gehöre ihr, was immer geschehe. Sie hat von mir Besitz genommen, soweit ein menschliches Wesen von mir Besitz nehmen kann. (...) Wenn Du mich wiedersehen willst (was mir allerdings nach diesem, durchaus der Wahrheit entsprechenden Geständnis unmöglich scheint), so könnte ich Dich alle vierzehn Tage einmal mit der Bewilligung meiner Freundin treffen. (...) Überlasse mich meiner ungewissen Zukunft, und wisse, daß nur eine mein Herz und mein Fleisch besitzt. Sie allein.*
Ich schreibe schlecht, dumm und brutal, weil ich die Wahrheit sage, die nie angenehm zu hören ist.
Und noch eins... ich bedaure, Dir vielleicht etwas Kummer bereitet zu haben.

»Etwas Kummer? Großen Kummer hat sie mir bereitet«, erklärte mir die Amazone. »Ich war so unglücklich, daß ich mein Testament geschrieben habe.«

Ihrer Mutter, der zuerst Genannten, vermacht sie »meine Knabenfigur aus Gold und Elfenbein von Lalique.« Dann folgen der Reihe nach:

Reneée Vivien: »mein Haar, meine Saphirohrringe, meinen Ring mit den Lilien und einen großen Goldreif.«

Eva Palmer: »alle meine Papiere und das von meiner Mutter gemalte Porträt von mir mit einer Mandoline.«

Lily Anglesy: »das Armband, das sie mir geschenkt hat und das Diamantenamulett.«

Baby Hohenlohe: »den Opalring, den sie mir geschenkt hat und meine Halskette mit den Saphiren.«

Mrs. Campbell: »meinen Opaldrachen.«

Amélie Troubetzkoy: »den Opalreifen, den sie mir geschenkt hat.«

Mme. Mardrus: »meine Opalhalskette.«

Jullia Fuller: »tausend Dollar.«

Olive Custance: »tausend Dollar und meinen goldenen Skarabäus.«

Grace Train: »mein russisches Türkishalsband.«

Anita Hunt: »mein Smaragdblatt und eine alte Kette aus Smaragden, Perlen und Rubinen.«

Liane de Pougy: »meinen großen Smaragd.«

Mme. Meurlot: »einen Silberring mit einem russischen Türkis.«

Manners-Sutton: »meinen kleinen Smaragd und Papas Opalring.«

Sie hat niemanden vergessen, selbst Manners-Sutton nicht, der ein feuriger Verehrer Natalies war, und von dem Renée fand, er habe ein »Ohrfeigengesicht«.

Natalies Schwester, die ergebene Laura, erhält nur – den Auftrag, diese Verteilung ihres Schmuckes zu überwachen. Dank ihres unersättlichen Lebenshungers wird Natalie jedoch all ihre Opale, Saphire, Türkise, große und kleine Smaragde und ihre alte Kette aus Perlen und Rubinen behalten.

Nun sind Renée und Natalie unwiderbringlich getrennt, und jede von ihnen muß sich mit dieser Trennung und dem sie begleitenden Kummer und Herzeleid abfinden. Allerdings darf Renée ja, wie sie es in ihrem Absagebrief erwähnte, Natalie in Gegenwart der »Nudel« von Zeit zu Zeit empfangen. Natalie versäumt es nicht, von dieser Erlaubnis Gebrauch zu machen, und um ihre Besuche »angenehmer zu gestalten«, läßt sie sich von ihren jeweils schönsten Eroberungen begleiten. Man kann sich den Reiz dieser Begegnungen leicht vorstellen!
Seit Renée nun endgültig der »Nudel« untertan ist, wächst ihr dichterisches Renomee. Sie veranstaltet Abende, an denen Colette den Tanz der Sphinx vorführt und Marguerite Moreno Mallarmé, Baudelaire und Renée Vivien rezitiert.
Unterdessen fährt die ihren eigenen Verführungskünsten untertane Natalie fort, alle Welt zu verführen – inbegriffen die »Nudel«, die auch allzu gern von den blonden Reizen der Sirene kosten möchte. Diesem Abenteuer weicht die Sirene jedoch aus. So bleibt Renée die allerletzte Bitternis erspart: von der »Nudel« mit Natalie betrogen zu werden. »Pfui«, würde Liane dazu sagen!
Ist Natalie auf die Avancen der »Nudel« nicht eingegangen, so gehen andere dafür auf sie ein. Diese Seitensprünge stürzen Renée in solche Herzensnot, daß sie entflieht, um eine Weltreise zu machen und die Notwendigkeit zu leben zu vergessen, »denn es ist scheinbar notwendig, zu leben«, sagt sie. Sie geht »wie der Wind sie treibt«, so wie sie es in einem ihrer schönsten Gedichte *Der Schandpfahl* angedeutet hat:

Brennend wie Nesselpeitschen geißelt mich ihr Wort,
Als sie die Fesseln lösten, ging ich von ihnen fort,
Ging, wie der Wind mich trieb, verloren, starr und bleich,
Und mein Gesicht ist nun dem Totenantlitz gleich.

Renée spricht die Wahrheit. Sie hat tausend Tode gelitten, weil sie nicht wie die anderen war. Sie hat sich als eine Verworfene gefühlt und ihre Abartigkeit als eine Sünde empfunden. Denn ist es nicht gerade eine Sünde, sich anders zu fühlen, als Gott uns geschaffen hat? Ach! Warum hat Renée nicht nach Natalies Philosophie gelebt, für die der Schandpfahl ein nützlicher Schutzwall gegen die Dummen ist?

Während Renée die Welt bereist, durcheilt Natalie ganz Europa bis nach St. Petersburg, um ihre letzte Beute, die Künstlerin Henriette Roggers, in ihre Netze zu ziehen. Die Reise war umsonst, denn ein Verführer in Gestalt eines russischen Oberst ist der Verführerin zuvorgekommen. Auf der Rückfahrt liest sie zu ihrem Trost den *Candide* von Voltaire.

Am 18. November 1909 erfährt Natalie, daß Renée schwerkrank ist. Sie eilt zu ihrem Haus, um sich nach ihrem Zustand zu erkundigen. Im Ton des üblichen »Mademoiselle ist ausgegangen« teilt ihr der Butler mit: »Mademoiselle ist tot.«

Natalie verbringt eine ebenso schlaflose Nacht wie die erste, die sie mit Renée verbrachte, liest ihre Gedichte, Briefe und schreibt:

Deinen Namen hauch' leis ich in die Nacht hinein,
Und wie Flüstern weht leis' Deine Stimme herein,
Sie spricht: könnte die Zukunft Vergangenheit sein?

Liegt das Vergangne in der Zukunft?

Natalie übersetzt die Verse, die man auf Renées Grab auf dem Friedhof von Passy lesen kann, ins Englische:

Hier ist das Tor aus dem ich entschwunden ...
Oh Dornrosen die meine Tränen benetzt!
Endlich hab' ich den Schlaf gefunden
Von göttlichen Dingen träume ich jetzt ...

Hier ist meine Seele für immer beglückt.
In Ruhe und Schlaf die der Tod ihr verheißt.
Für ihn der sie allem Vergang'nem entrückt
Vergibt sie die Sünde, die Leben heißt.

Natalie sammelt die verschiedenen Berichte und Aussagen über Renées Tod. So behaupten einige, diese sich stets heidnisch gebende Mystikerin habe vor ihrem Tode die Hostie empfangen und dabei fromm geflüstert: »Das ist der schönste Augenblick meines Lebens.« Andere dagegen berichten, ihr letztes Wort sei der Name gewesen, den sie Natalie gegeben hatte: »Lorely«. Die Amazone, die sich unvergeßlich wußte, neigt stark zu letzterer Version. Hatte Renée nicht einst an ihre Lorely geschrieben:

Der Staub, zu dem ich in meinem Grabe werde, ist Dein. Dein ist auch die Seele, die vielleicht überleben wird – im Nichts oder in der Ewigkeit – immer ist sie Dein.

7
Natalie 1910

»Miß Barney ist allem gegenüber gleichgültig, außer dem freien Spiel ihres Lebens, frei bis zum Martyrium widmet sie sich ausschließlich der Menschenkultur.«
Elisabeth de Gramont
(Die Blühenden Kastanienbäume)

Im Jahre 1909 ist Natalie Barney dreiunddreißig Jahre alt. Sie erreicht einen glanzvollen Ruhm, der noch durch die Legende ihrer Liebesaffäre mit Renée Vivien verstärkt wird. Denn diese Episode ihres Lebens ist zu einer Legende geworden, deren Ausstrahlung bis zu ihrem Tode anhalten wird. Die Bewunderer und vor allem die Bewunderinnen der Dichterin betrachten ihre Muse mit jener Inbrunst, die man bei religiösen Pilgerfahrten beobachten kann. Denn sie war es, die all die Gedichte, Briefe, Eskapaden, jene zu häufigen Tränen, zu überschwenglichen Freudentaumel und zu kurzen Augenblicke fleischlicher Wonne inspiriert hatte. Für die Anbeter Renée Viviens stellt Natalie die Fortdauer einer von der Mode auf die Spitze getriebenen Romantik dar, die sich in Mondblässe, Feenküssen und all jenem Drum und Dran gefiel, in dem ein Jean Lorrain, die Dichter des Symbolismus und einige bildende Künstler gern schwelgten. Nur Natalies unveränderlich gesunde Natur – und ihr amerikanischer praktischer Verstand – hat sie vor diesen Exzessen bewahrt und sie unversehrt und nur verschönert daraus hervorgehen lassen. Ihre dramatische Liebesaffäre mit Renée hat ihr den Ruf einer *Femme Fatale* eingebracht. Und auch hier ist Natalie ihrer Zeit voraus, denn die *Femme Fatale* kannte ihre eigentliche Blütezeit erst in den Jahren zwischen 1925 und 1930.

Natalie hat seit dem Tode ihres Vaters großzügige finanzielle Unabhängigkeit erworben, die sie bis zu ihrem Lebensende genießt. Und sie ist sich voll des Privilegs bewußt, sich ihren Lebensunterhalt nicht verdienen zu müssen und von niemandem abhängig zu sein. Sie weiß, daß sie tun und lassen kann, was ihr gefällt, und sie weiß es auch zu nützen. Sie, die selbst keine Geldsorgen kennt, bemüht sich jedoch – in den Grenzen der Vernunft und soweit es ihr möglich ist – ihren Schützlingen in ihren oft auftauchenden Geldschwierigkeiten zu helfen. Allerdings haßt diese großzügige Frau jede Art von Verschwendung. Sie kennt den Wert der Dinge und scheut sich nicht, zuweilen mit ihren Schneiderinnen, wie Madeleine Vionnet und vor allem den Schwestern Callot, zu handeln. Das geht nicht ohne Seufzen: »Mademoiselle, es tut uns furchtbar leid, aber zu *Ihrem Preis* können wir Ihnen das Samtkleid nicht machen.« Sie schlagen einen Kompromiß vor: »Mit etwas weniger Stickerei am Rock und einer nicht so teuren Spitze lassen wir Ihnen dieses Modell, das dreizehnhundert Franken kostet, für neunhundertfünfzig.« Mademoiselle ist einverstanden.

Natalie hat ein Haus in Neuilly gemietet, was in jener Zeit noch ein Dorf war, in dem die Pariser im Sommer unter den Laubbäumen frische Luft schöpften. Dort verfügt sie über einen großen Garten, um darin Feste zu veranstalten. Die *Comoedia* vom 23. Mai 1909 berichtete darüber: »... nächtliche Gelage im Schatten ihres Gartens in Neuilly, bei denen es sehr sittsam zugeht. Miß Eva Palmer, deren herrliches Rothaar ein flammendes Licht auf die Gemälde Aman-Jeans wirft, und die vor kurzem einen Dichter, den Schwager Raymond Duncans, geheiratet hat, tritt in einigen Szenen mit Madame Colette Willy auf.«

Eva hat sich unter dem Banner der Duncansippe eingefunden, während Natalie sich zur legendären »Amerikanerin in Paris«

entwickelt hat. (Übrigens hatte dieses Fest, bei dem – wie bei allen anderen auch – jeder dabei sein wollte, Renées Mißfallen erregt: »Ich bin davongelaufen, als ich sie alle versammelt sah, Baby Hohenlohe, Madame Mardrus, ganz Schöngeist und Literatin, und all die Männer in griechischen Kostümen. Soviel Männerfleisch bei grellem Tageslicht ekelt mich an. Es waren einfach zu viel Leute da, und ich habe mich so gut an meine Einsamkeit gewöhnt, daß mir eine Gesellschaft von mehr als vier oder fünf Personen wahre Angst einjagt.«)

»Zu viele Leute« sind für Natalie gerade genug, denn sie liebt Gesellschaft. Sie findet in dem sonst so mißtrauischen Schiedsrichter der eleganten Welt, dem Autoren der *Blauen Hortensien* und anderen *Bunten Worten*, Robert de Montesquiou einen Gönner und ergreift zuweilen bei seinen Streitigkeiten Partei. So hat sie sich *für* Lucie Delarue Mardrus und *gegen* Anna de Noailles entschieden.

Lucie ist eine dunkelhaarige Schönheit und eine Verführerin wie Natalie. 1898 hat sie in Provins auch den Hauptmann Philippe Pétain zu ihren Eroberungen gezählt. Er hielt um ihre Hand an, aber Lucie und ihre Eltern hatten ihn abgelehnt. Als Abschiedstrost sandte sie dem Hauptmann ein Gedicht, das mit den Worten »Ich werde nicht weinen! Ich werde nicht weinen!« endet. Das hatte auch einen guten Grund, denn Mlle Delarue heiratete den Doktor Mardrus, der durch seine Übersetzung der *Tausendundeine Nacht* sehr in Mode gekommen war.

Lucie Delarue-Mardrus, auch Prinzessin Amanda genannt, »wegen ihres mandelweißen, völlig enthaarten Körpers«, hat in ihren Memoiren[1] ein Porträt jener Natalie von 1909 gezeichnet:

»Der pastellfarbene Teint, die sehr weiblichen Formen, das feenblonde Haar und die Pariser Eleganz dieser Amerikanerin ließen erst nach einer Weile den stählernen Blick ihrer Augen, die alles in Sekundenschnelle sehen und begreifen, erkennen. Und wie um diesen falschen ersten Eindruck noch zu verstär-

1 *Mes Mémoires* von Lucie Delarue-Mardrus (Gallimard, Seite 144).

ken, vermochte sie – und das ist bis heute so an ihr geblieben – zuweilen wie eine verschüchterte Novize zu erröten.«

Und Natalie muß in der Tat errötet sein, als der Doktor Mardrus, der sehr darauf bedacht war, die Schönheit seiner Prinzessin Amanda unversehrt zu erhalten, ihr diesen seltsamen Vorschlag machte:

»Ich will dir ein Kind machen, das uns allen dreien gehören wird.«

Natalie lehnte dieses Ansinnen energisch und entrüstet ab. Schwer vorzustellen, wie dieses Kind der Amazone, der Prinzessin Amanda und von *Tausendundeiner Nacht* wohl geworden wäre ...

Die Absage verärgerte den argwöhnischen und empfindlichen Doktor Mardrus so sehr, daß er ganze acht Tage lang schmollte. Dann wurde der Zwischenfall vergessen, als man sich bei einem Festmahl aus spanischer Melone, aromatisierten Fleischklößen und Zimtgebäck versöhnte. Hatten sie sich andere Sinnesfreuden versagt, so verstanden es die drei wenigstens, fröhlich die Tischfreuden zu genießen.

Zwischen Natalie und Lucie entsteht eine Gefühlsbeziehung, »die lange zwischen Liebe und Freundschaft schwankte, sich aber schließlich in eine bewährte Freundschaft wandelte.«[1]

Die dreiunddreißigjährige Natalie gibt sich den Freuden der Freundschaft, vor allem der mit Männern, hin. Einer ihrer besten Freunde ist Pierre Louys, ein häufiger Gast im Garten von Neuilly, wo er bei einem allem Anschein nach griechischen Fest folgenden Vierzeiler schrieb:

Ihr Augenpaar wollt' nicht, daß ich verharrt',
Raunt mir ein Schatten zu am laubumrankten Tor,
So reiner Flötenklang dringt in die Nacht empor,
Daß Orpheus heute nacht zur Eurydike ward.

Der Schöpfer der Bilitis ist Natalie ein literarischer Führer, der ihr Ratschläge und Ermutigungen erteilt:

---

[1] Natalie Clifford Barney, *Souvenirs Indiscrets,* Flammarion, Seite 175.

»Schreiben Sie nur weiter, und folgen Sie jedem Ehrgeiz. Sie werden berühmt, dessen bin ich gewiß.«
Manchmal bemüht er sich, den versuchenden Einladungen der Verführerin zu widerstehen:

Mein liebes Fräulein,
da es niemanden auf der Welt gäbe, dem gegenüber ich mehr Reue empfände, als Sie, glaubte ich, daß Ihr Brief mir den Gewissensfrieden, das Ende meiner schlaflosen Nächte beschere ... »der Himmel über dem Dach ... so blau, so still«.
Und ich, der Sie so gütig glaubte, entdecke nun, daß Sie der Teufel sind. Nun lebe ich seit drei Monaten in der Zurückgezogenheit! Ich habe den literarischen Glauben meiner Jugend wieder aufgenommen, nicht daß ich mich je von ihm abgewandt hätte, aber nun, ich »praktizierte« nicht mehr, wie die Katholiken sagen, und man begann mich der »Lauheit«, wenn nicht gar der Abtrünnigkeit zu bezichtigen ... (Monsieur France wird Ihnen gern diese in Boston unbekannten Worte erklären!)
Und mir, der ich um acht Uhr morgens ins Bett gehe, muten Sie ein Mittagessen – auf dem Berge zu – mit Ihnen! mit Anatole France! mit Philippe Berthelot! Bei aller Nachsicht, die Sie an mir geübt haben, werde ich Ihnen um dieser dämonischen Versuchung willen gram sein. Denn ich kann nicht, ich kann wirklich weder um zehn Uhr früh erwachen, noch bei Ihnen zu Mittag essen, ohne mir mein Eremitenhaar schneiden zu lassen, ohne – was soll ich Ihnen noch sagen? Verzeihen Sie mir, und verzeihen Sie sich selbst, mich so grausam in Versuchung geführt zu haben.

Pierre Louys lehnt zwar das Mittagessen mit Anatole France ab, nimmt aber die Einladung zum Abendessen an ihrem Geburtstag, dem 31. Oktober, dem »Hexentag« in den Vereinigten Staaten, an.
»Was wollen Sie, ich bin nun einmal am Hexentag geboren«,

pflegte die Amazone allen jenen zu sagen, die ihre Verführungskünste für das Werk schwarzer Magie hielten.
Sorgfältig geplante Diners, improvisierte Gelage, Rezitationsabende und Tanzvorführungen wechselten einander im Haus und Garten von Neuilly ab, wo sich auch Mata Hari eines Abends völlig nackt »mit persischen Türkisen geschmückt« auf einem weißen Pferd produzierte.
»Wie hätte ich damals ahnen können, daß diese Frau, die ich einige Male bei Lalique und bei Emma Calvé tanzen sah, im Verbrecherfriedhof von Vincennes enden sollte? Mich hatte vor allem ihre schlanke Figur und die Härte ihres Gesichts beeindruckt«, erklärte mir die Verführerin.
Mit dem Tode Renée Viviens nahmen die vergnügten Festlichkeiten von Neuilly ein plötzliches Ende. Das Haus in Neuilly bedeutete für sie, wie mir die Amazone anvertraute, »die alten Lieder meiner Jugend, Liebe und Abschied, Tränen und Erinnerungen – und die zarte, vergängliche Last meines wandernden Herzens: das Vergessen.«
In ihrem mutigen Streben nach Vergessen kehrt Natalie dem rechten Seineufer den Rücken zu und begibt sich an das linke Ufer, wo sie ihre wahlverwandten Brüder und Schwestern, die Künstler in großer Anzahl wiederfindet. Das Jahr 1909 beschert ihr eine der wichtigsten Begegnungen ihres Lebens, das Haus in der Rue Jacob 20, ein Lustschlößchen, das der Maréchal de Saxe einst für Adrienne Lecouvreur bauen ließ, und in dessen Gärtchen Racine und die Champmeslé sich zuweilen verirrten. Das in einem Hinterhof versteckte kleine Haus ist ein von drei Säulen getragener Tempel. Es war Hymen geweiht, als die Pariser dort das Ende der Schreckensherrschaft der Revolution feierten, ein Liebestempel für die Romantiker und ein Tempel der Freundschaft für Natalie, die dort lange Zeit hindurch als vielbesuchte Vestalin fungierte. Schlößchen, Tempel, Gärtchen, ein winziges Eckchen Ländlichkeit, das ist der Traum des Stadtbewohners. Man gelangt über eine dreistufige Vortreppe in dieses verlorene, am Ende eines Hofes liegende Paradies, dessen Mauern mit Efeu bis in das erste und

einzige Stockwerk überwachsen sind. Natalie entreißt dieses Paradies einem Antiquitätenhändler, der sich bereits mit dem Hausbesitzer geeinigt hatte:
»Lucie hat mich auf dieses Haus aufmerksam gemacht und mir gesagt, daß es zu kaufen oder vielleicht noch zu mieten sei. Ich habe dieses Haus gewollt, und ich habe es bekommen. Man muß sich die Dinge, die man liebt, erkämpfen. Das Mobiliar ist nach und nach wie mit einem Zauberschlage eingetroffen. Meine Schwester Laura gab mir, was sie zuviel hatte. Meine Mutter kaufte einiges auf den Auktionen im Hôtel Drouot. Sie war von dem Sofa, auf dem ich mich auszuruhen pflege, anfänglich begeistert, fand es aber dann zu grotesk und unbequem für sich selbst. Was die Musikinstrumente auf der Truhe meines Salons anbetrifft, so habe ich zu verschiedenen Zeiten alle gespielt, sowohl die Mandoline als die Viola d'Amore und die Geige. Die einzigen Möbel, die ich, soweit ich mich erinnern kann, selbst gekauft habe, sind der gotische Tisch im Salon und der Alabasterleuchter in meinem Zimmer. Das Buffet im Speisezimmer erscheint mir als eine häßliche Notwendigkeit, wie auch der unbequeme Teetisch. Als ich hier einzog, wurde mir gesagt: ›Die Fußböden sind nicht widerstandsfähig, tanzen Sie nicht zuviel.‹ So habe ich eben mehr literarische Gesellschaften gegeben. Ich mag keine Häuser, die Museen gleichen. Hier kann ich leben, ohne Einbrecher fürchten zu müssen. »Eine Atmosphäre läßt sich nicht stehlen«, erklärte mir die Amazone.
(Es war mehr als eine Atmosphäre. Es war ein Zaubertrunk, der zum Rausch führte. Als ich mit der Amazone dieses Rauschgefühl zu definieren suchte, beendete sie die Diskussion mit der Bemerkung: »Und doch ist ein Rausch viel schwerer zu teilen als eine Nüchternheit.«)
Als Natalie 1909 in die Rue Jacob einzieht, läßt sie das Speisezimmer und den Salon, die das Erdgeschoß bilden, mit einem rosa Damast auslegen, den die Jahre zwar verblassen ließen, der aber immer noch in seiner Farbe an die Wangen eines jungen Mädchen erinnert. Im Entree hat sie einen dreiteiligen

Spiegel und eine spanische Truhe aufgestellt, dessen Schlösser zwei kupferne Sirenen zieren. An den Wänden hängen ihr Porträt als grüne Nymphe von Lévy-Dhurmer, ihre beiden Porträts von Carolus Duran, *Der kleine Page*, das sie liebt und ein anderes, das sie nicht liebt und das sie mir verbietet, anzusehen, weil sie darauf »wie eine Flunder« aussieht. Eine Flunder mit langem blonden Haar, die aus Fluten silbrigen Samtes hervortaucht. Auch andere Gesichter, die ihrer Freundinnen, von der Mutter gemalt, zieren die Wände, und ein persischer Wandteppich, ein Geschenk ihres Freundes Robert de Montesquiou, vervollständigt den Wandschmuck.

Natalies Zimmer ist ganz in Blau gehalten, einschließlich der Decke und des Betts. Inmitten des Raumes ein schwarzer Marmortisch, der unter angehäuften raren Kunstgegenständen verschwindet. Da liegen Kristallschwerter, ein Jadefisch und Schmetterlinge. Ein riesiges Eisbärenfell deckt den Fußboden, auf dem man immerhin die feine Täfelung des Parketts erkennt. Zu beiden Seiten des Bärenfells steht je eine Empire-Chaiselongue, die wie zwei Schwestern dem berühmten Lotterbett gleichen, auf dem Juliette Récamier sich auszuruhen liebte, was Natalie zu ihrem Lob des Müßigganges veranlaßte. »Wenn so viele Leute von ihrer Muße schlechten Gebrauch machen, so ist es nur, weil sie sie nicht verdienen.« Zwischen zwei Fenstern, von denen das eine auf den Hof und das andere auf den Garten geht, ein Sekretär mit vielen Schubfächern, die sich schnell mit Briefen und Photographien füllten. In den Fenstern hängen weiße Leinentüllvorhänge, auf denen der Spruch eingestickt ist: »Die geschlossenen Gardinen trennen uns von schnöder Welt.«

Hinter Natalies Zimmer liegen eine Garderobe, ein Gästezimmer und zwei Wasch- und Toilettenräume.

»Meine Liaison mit der Rue Jacob 20 ist mit der Zeit zu einer dauerhaften Ehe geworden«, stellte die Amazone fest.

Im Volksmund heißt es, daß glückliche Ehen bei Regenwetter geschlossen werden. Diese hier begann bei einer wahren Sintflut. Die Seine war über ihre Ufer getreten, und das Wasser stieg bis zur dritten Stufe der Vortreppe, hielt aber an der bereits durch Natalies Gegenwart geheiligten Schwelle an. Warum sollte sie, die Männer und Frauen zu verführen vermag, nicht auch die Elemente bezähmen?

Sei es, daß sie der Überschwemmung kein weiteres Naß hinzufügen wollte, sei es, weil sie geschrieben hat: »Die Tränen sind eine Augenkrankheit«, es steht fest, daß die Verführerin nicht weint. Zu Beginn dieses Jahres 1910 lebt sie zurückgezogen in der Rue Jacob 20. Jetzt sind zwei Monate seit Renées Tod vergangen. Zwei Monate des Gedenkens und der Besinnung. Nur ihren beiden besten Freunden des Augenblicks, der Prinzessin Amanda und ihrem Mann, dem Kalifen, dem Ehepaar Mardrus öffnet sie ihre Tür.

Die Prinzessin und der Kalif vermögen nach und nach, Natalie in die literarische Welt einzuführen, in der sie glänzen und in der sie bald wie eine Sonne strahlt. Sie lernt Marcel Schwob, Paul Valéry und André Gide kennen. Die Bewunderer der Prinzessin Amanda werden zu ihren Anbetern, wie André Germain, »der Sohn des Crédit Lyonnais«. Er ist der Sohn des Mannes, der 1863 »eine ganz kleine Bank gründete, die Crédit Lyonnais hieß«. Die Bank hat sich entwickelt, und André Germain, eine der reichsten Partien von Paris, hat Edmée, die Schwester Luciens und Leon Daudets, geheiratet. Er hätte es gewiß vorgezogen, Lucien zu heiraten, und Lucien hätte sicher nicht nein gesagt. So endete das Ganze mit einer Scheidung, Streitereien und haßerfüllter Feindschaft. Als er Natalie vom Schiffbruch seiner Ehe erzählt, freut sie sich hemmungslos über ihre Freiheit.

André Germain schreibt. In zweien seiner Werke, *Das brennende Bürgertum* und *Die Narren von 1900*, nimmt Natalie eine Vorzugsstelle ein. Auch hier wird sie unvermeidlicherweise als Priesterin, Fee und Sirene beschrieben.

»Sie begnügte sich nicht damit, intensiv zu leben und die Saat der Begierde unter ihren Schritten aufgehen zu lassen. Ihre Fähigkeit lag eher in der Eingebung der Liebe – glaube ich – als im Empfinden derselben. Mehr als einmal neigte ich mich ihren

Opfern zu und vernahm bei ihnen jenes wehmütige Stöhnen derer, die einst so herrlich von ihr beglückt wurden, daß sie danach nur noch in einer Art von schmerzlich betrübtem Witwendasein lebten. (...)
Sie begnügte sich jedoch nicht damit, zu strahlen, zu begehren, zu bezaubern, zu erobern und ihre Opfer leiden zu lassen. Sie bestand auf ihren Glaubensgrundsätzen, sie betrachtete sich als Philosophin der Liebe.«[1]
Dieser Philosophie der Liebe, des Lebens und der Künste – die drei sind für Natalie eng miteinander verbunden – hat sie in den sechzig Seiten ihrer *Verzettelungen*[2] Ausdruck gegeben. Dieses neue Büchlein erscheint Anfang 1910. Man entdeckt darin, daß Natalie alle Feinheiten der französischen Sprache beherrscht und daß sie sich in einem typisch französischen Genre, den Gedanken und Aphorismen, auszuzeichnen versteht. Diese Gedanken könnten ebensogut heute geschrieben worden sein. Daher ist es verständlich, daß das große Publikum von 1910 nicht viel damit anzufangen wußte. Nur einige Erwählte wie Pierre Louys und Philippe Berthelot bewunderten dieses Werk und verkündeten, man solle endlich aufhören, Natalie als die exzentrische, kleine reiche Amerikanerin, die skandalumwitterte Freundin einer Liane de Pougy und Renée Vivien zu betrachten, und man solle ihr in den Kreisen der Intellektuellen endlich ihren Platz als Philosophin der Liebe, des Lebens und der Künste einräumen.
Natalie plaudert in den *Verzettelungen* einige ihrer Geheimnisse aus:
»Das schönste Leben ist das, das man mit der Erzeugung seiner selbst und nicht mit der Erzeugung schlechthin verbringt.« Oder: »Ich allein vermag, mich zum Erröten zu bringen.« Einige dieser Gedanken sind später von anderen entliehen und wieder von anderen einfach abgeschrieben worden, und viele sind unmerklich zum Gemeingut geworden. Zum Beispiel: »Das Schlimmste an den Emporkömmlingen ist, daß sie em-

[1] *Les Fous de 1900*, André Germain, Ed. La Palatine, Seiten 162–163.
[2] *Eparpillements.*

porkommen.« Auch Cocteau hat gewiß von einigen Sätzen viel gelernt: »Nur keiner Mode angehören, denn nur die Mode kommt aus der Mode.« Man findet auch unter anderem einige Lebensweisheiten: »Nur wer sich zeigt, wird alt«, »Frei sein, auch wenn es nichts weiter ist, als ständig die Sklaverei zu wechseln«. Ratschäge für das Verhalten in der Liebe: »Ich beschränke die Liebe nicht auf ein Geschlecht«, »In Liebe liebt man die, die man nicht anders lieben kann«, »Lieben, was man hat: eine entsagende Art niemals zu haben, was man liebt«, und Bekräftigungen eines unbeugsamen Individualismus: »Werde ich je sein, was ich suche?«

Diese *Verzettelungen* waren das erste Buch, das Natalie mir schenkte. Sie hat eine Widmung eingetragen, die mit dem Rat endet, den ich mich seitdem zu befolgen bemühe: »Damit Sie sich nicht mehr verzetteln.« Einige ihrer Aphorismen habe ich auswendig gelernt: »Das Zartgefühl: Es ist der Adel der Kraft..., wie kraftlos müssen jene sein, die es Schwächlichkeit nennen!«, und sie wappneten mich mit dem mir notwendigen Mut. »All die Niedrigkeit um emporzukommen« oder »Wie soll ich Ihnen Böses wünschen? Sind Sie nicht schon das Schlimmste, das ich Ihnen wünschen könnte?« sind Redewendungen, die ich immer noch häufig benutze.

Seit seinem Erscheinen hat dieses kurze, aber nicht minder bedeutungsvolle Buch seinen unterirdischen Weg genommen, auf Anhieb seine dreihundert priviligierten Leser – wie Stendhal sie sich wünschte – gefunden, und unter diesen Lesern war auch Elisabeth de Gramont.

Eine spontane und gegenseitige Bewunderung führt zu einer Freundschaft, die ein halbes Jahrhundert lang dauert und erst mit dem Tode jener endet, die die Amazone »meine liebe Lily« nannte.

Saint Simon hat in einem literarisch beispielhaften Satz, in etwa ein Dutzend Worten, die Begegnung Fénelons mit Madame Guyon beschrieben – eine Begegnung, aus der der Quietismus hervorging: »Er sah sie, ihre Geister fanden aneinander Gefallen, und das Erhabenste in ihnen verquickte sich.« So war es auch für Natalie Clifford Barney und Elisabeth de Gramont, Herzogin von Clermont-Tonnerre. Sie sahen sich, ihre Geister fanden aneinander Gefallen, und das Erhabenste in ihnen verquickte sich. Und nicht nur das Erhabenste: diese beiden Prachtexemplare der Menschheit hatten die gleiche Lebensfreude, die gleiche Ausgeglichenheit, Geschmack an allem Guten und Schönen, gutem Essen und guter Gesellschaft, Literatur und Musik gemeinsam. Ja, sie sind zwei Prachtexemplare, zwei auserlesene Produkte höchster Zivilisation:

»Zivilisierte Menschen verstehen es nun einmal, dem Leben mehr abzugewinnen als andere, was die Nichtzivilisierten ihnen nicht verzeihen können und nicht verzeihen wollen«, sagt die »liebe Lily« zu Natalie, die ihr zustimmt.

Elisabeth wurde 1875 (sie war also ein Jahr älter als Natalie) als Tochter des Herzogs von Gramont und der Prinzessin von Beauvon-Craon geboren. Sie zählt eine Mätresse Heinrichs des Vierten, die schöne Corisande und den berühmten Dandy, den Grafen d'Orsay zu ihren Ahnen. Die von ihrer Großmutter de Gramont, eine Freundin der Kaiserin Elisabeth von Österreich, der berühmten Sissi, erzogene »Lily« wurde »schrecklich verwöhnt« und lernte das Lesen erst im Alter von sieben Jahren. Sie holt die versäumte Zeit schnell auf, entwickelt sich zu einer wahren Leseratte, was allein genügt, sie in ihrem Milieu zu einem Original zu stempeln, denn hat Monsieur Doumic nicht gesagt: »Eine Frau, die einen Roman bis zum Ende liest, ist schon nicht mehr ganz eine anständige Frau«?

1896 heiratet Elisabeth de Gramont den Herzog Philibert de Clermont-Tonnerre, von dem sie sich 1920 scheiden läßt. Dieser Ehe entstammen zwei Töchter, Diane und Beatrix.

Elisabeth stellt sich in ihren Memoiren[1], zur Zeit als sie Natalie kennenlernte, als »eine bildungshungrige junge Frau« vor. Sie war allerdings schon damals außerordentlich gebildet. Diese

---

[1] Memoiren in vier Bänden: *Zur Zeit der Equipagen, Die blühenden Kastanienbäume, Mondschein und Autodroschke* und *Die dreizehnte Stunde* (Grasset ed.), in einem Bande unter dem Titel *Souvenirs du monde* erschienen.

wandernde Enzyklopädie hat einen rosigen Teint und blaugrüne Augen, »deine austernfarbigen Augen«, sagten ihre Brüder zu ihr. Sie ist im höchsten Grade kurzsichtig und bedient sich eines Lorgnons. Kurz gesagt ähnelt die Herzogin einem Modell von Gainsborough, trägt aber in ihrer Handtasche stets die Gedichte von Mallarmé mit sich, dessen fanatische Anhängerin sie ist. Wie Natalie liebt Elisabeth weiße Kleider, Menschen ohne Unterschied der Rasse, des Vermögens oder Herkommens, und Feste, die sie bei jedem Anlaß in ihrem großen Haus in der Rue Raynouard, dessen Gärten sich bis ans Seineufer erstrecken, veranstaltet. Dort empfängt sie die Großen dieser Welt, mit denen sie befreundet oder verwandt ist, die großen Schriftsteller jener Zeit, von Maurice Barrès bis Anatole France. Bei letzterem machte sie die Bekanntschaft eines Politikers namens Rappoport, »der der Herzogin einreden wollte, daß der Kommunismus für eine bessere Welt beispielgebend sei«. Eine Einstellung, die Natalie energisch ablehnt. Aber im Augenblick zieht Elisabeth die Musik dem Kommunismus vor. Sie hat Honegger beauftragt, ein Ballett zu einem von Robert de Montesquiou entworfenen Szenario mit dem Titel *Rose de métal* zu schreiben. Und schließlich gilt Elisabeth de Gramont allgemein als ein Vorbild gesellschaftlicher Diplomatie, denn sie hat es verstanden, in den ständig auftretenden Streitereien zwischen Robert de Montesquiou und Marcel Proust keine Partei zu ergreifen, und hat sich so beider Freundschaft zu erhalten gewußt.

(Manche ihrer Zeitgenossen behaupten, die schlagfertigen Bemerkungen der Duchesse de Guermantes seien »ganz und gar im Stile Lilys« und seien eher der geistreichen Herzogin von Clermont-Tonnerre als Madame Greffulhe zuzuschreiben.)

1910 also schließt Natalie sich dem Kreis um Elisabeth de Gramont an, der als »der Gipfel der Elite« angesehen wurde. Im selben Jahr verläßt Liane de Pougy die Halbwelt und tritt ihrerseits in die große Welt ein, indem sie den Prinzen George Ghika heiratet.

»Er ist ein sanftes und gutes Wesen, steht außerhalb und über den materiellen Bedürfnissen, will nur das Gute, das an mir geblieben ist und wird mich von dem übrigen heilen. Er hat mir versprochen, mich nur zart zu berühren und mich niemals zu nehmen«, berichtet sie Natalie in einem Brief, der im selben Ton fortfährt:

Meine Natty, seit ich wahrer Güte begegnet bin, fühle auch ich mich sehr gut. Meine Natty, meine Schwester, die Zeiten ändern sich, und nun wirst Du nicht mehr meine Brüste küssen, sondern mein Herz. Ja, ich werde Deine Freundin sein, Deine duldsame und sanfte Freundin, und auch Du wirst duldsam sein. Wir werden unsere Geister mit hübschen Dingen beleben, die wir hie und da auflesen werden, und Du wirst mir vorausgehen. Eine muß immer vorausgehen, und ich werde Dir folgen, weil ich Dir folgen will.

»Laß Dich nur dann in Wollust ein, wenn Du bereit bist, Dich vor Dir selbst zu erniedrigen.« Diese Worte des Pythagoras habe ich mir fest eingeprägt. Nie mehr. Ich will in Reinheit leben. Ich will, wie Du verstehen wirst, mein Louis XV-Zimmer, das ich mir vorwerfe, umwandeln. Deine Worte über Tand und hohlen Klang[1] *waren das Echo meiner eigenen Gedanken darüber. Ich will all diese Girlanden, diese Rosen, diesen gewundenen Stuck und dieses große Bett verhaßten Angedenkens nicht mehr sehen. Ich werde Steinfliesen haben, kalte, einfarbige Wände im griechischen Stil mit zwei oder drei Inschriften, stille Worte, die ich im tiefsten Innern meiner selbst hören werde.*

Das Fenster wird hoch und breit sein und dem ruhigen Herzen, der Seele im Frieden die Nachtruhe schenken. Und durch das Fenster wird das Mondlicht, der Moonbeam, *strahlen. Der Vorhang wird aus Leinensamt sein, und das Louis XV-Bett,*

[1] Man erkennt hier bereits den literarischen Einfluß der Herzogin von Clermont-Tonnerre, der fanatischen Anhängerin Mallarmés, die Natalie bekehrt hat, und Natalie hat ihrerseits Liane einen der berühmtesten Verse Mallarmés zitiert: »Aboli bibelot d'inanité sonore« (»Verbannter Gegenstand von Tand und hohlem Klang«).

sowie der heidnische Altar wird verkauft. Verkauft, wie die Körper, die darin lagen. Dieses Bett der lebendigen Toten und der Lebenden, die toter als die Toten sind. Dafür war es ja da. Wie entsetzlich, meine Natty, wie entsetzlich.
Der Freundschaft aber wohnt nichts Fleischliches, nichts Bestialisches inne. Die Freundschaft ist die Reinheit der Reinheit, die Seele der Seele, die Essenz der Gefühle. Unsere Freundschaft wird kostbar, süß und wohltuend sein. Sie ist in Deinem Haar, meine Natty, in der Frische Deiner Quelle, im beschwichtigenden Schatten der blendenden Helle. In ihr werden wir alles finden, und wir werden uns an den Händen halten.
PS: Beim Durchlesen meines Briefes erröte ich vor Scham, wenn ich an die traurige Wahrheit dieser scheußlichen Bettgeschichte denke.

Die Hochzeit der Liane de Pougy mit dem Prinzen George Ghika wird zum gesellschaftlichen Ereignis. *La Vie Parisienne* verkündet in ihrer Ausgabe vom 18. Juni 1910:
»Jetzt ist sie eine Prinzessin. Und sie wird eine charmante, sehr elegante und hübsche Prinzessin sein. Ihre Hochzeit war sehr gelungen. Es gab viele neugierige Gäste, Photographen und auch eine Negerin. Also ein voller Erfolg.«
Im *Fantasio* erscheint ein ganzer Artikel, den die Amazone aufbewahrt hat:
»Wie uns berichtet wurde, hat Mademoiselle Liane de Pougy den jungen Prinzen George Ghika geheiratet, während wir mit dem Erscheinen des Kometen[1] das Ende der Welt erwarteten. Und dieses Ereignis ist in gewissem Maße ja auch das Ende der Halbwelt. Denn es ist gewiß, daß Mademoiselle Liane de Pougy mit ihrem Eintritt in den Ehestand nunmehr zur Kategorie der legitimen Ehefrauen gehört und sich damit endgültig aus ihrer Klasse streicht. Die reizvolle Galerie der großen Kurtisanen ist nun um ihr Prachtstück, das unserer trübseligen Zeit noch eini-

1 Der Halleysche Komet, dessen Erscheinen von düsteren Voraussagungen begleitet war.

gen Glanz verlieh, beraubt. Aspasia und Lais, Marion Delorme, Ninon, Manon Lescaut, Cora Pearl und Anna Deslions hatten in ihr eine Nachfolgerin gefunden, die mindestens ebenso schön ist, wie sie es jemals waren. Sie hielt das Banner – ich wage nicht, die Fahne zu sagen – der ruhmreichen Hetären und der prunkvollen Verkäuferinnen des Vergessens hoch. Sie war eine großartige Erscheinung, die Personifizierung eines ewigen Ideals. Denn wenn auch die großen Kurtisanen von den Bürgern geächtet und von den Professoren verdammt werden, so haben sie stets die Dichter und Künstler auf ihrer Seite, und dort ist die Unsterblichkeit. Zuweilen sind sie grausam, gierig, und einige von ihnen waren gemein, blutrünstig und abscheulich. Aber das sind Ausnahmen. Und nun kehrt Mademoiselle Liane de Pougy dem allen den Rücken zu. Sie hat ihre Stellung als Göttin einfach aufgekündigt. Sie verliert sich in der Menge. Sie legt im sicheren Hafen der Ehe an wie ein herrliches Schiff, das die verzauberten Meere durchstreift hat und nun die schmucken Segel streicht, in den Handelshafen einläuft und von nun ab in den verstaubten, verschleusten, mit Ketten abgesperrten und von Beamten bewachten Landeplätzen bleibt. Welcher Abstieg!«

Natalie war durchaus nicht dieser Meinung, denn als sie mir den Artikel vorlas, flüsterte sie:

»Welch schöner Beginn für meine Liane – meine Liane!«

Als Hochzeitsgeschenk überreicht ihr Natalie ihr Buch *Ich erinnere mich,* das, wie bereits erwähnt, den Bericht ihrer Liebschaft mit Renée enthält, und dessen Manuskript Renée in Bayreuth gelesen hatte. Vor ihrer Hochzeitsreise nach Algerien dankt Liane ihrer Freundin:

Hab Dank, hübsche Natty, für Dein Ich erinnere mich, *das mich entzückt hat. Schillernder Staub und Asche*[1] *an denen wir uns erwärmen, da unser Winter gekommen ist*[2].

[1] Hinweis auf *Cendres et Pousières* (Staub und Asche) von Renée Vivien.
[2] Ein höchst relativer Winter: Liane ist gerade vierzig Jahre alt.

Ich erinnere mich an nichts . . . außer an meine Träume und die vom Mondlicht erhellten Märchenlandschaften. Und Du warst sowohl die wunderbare kleine Märchenfee als auch der Zauber des Mondlichts. An Dich erinnere ich mich.
Er, der mir geholfen hat, alles zu vergessen, liebt Deine Bücher. Er möchte Dich kennenlernen, aber jetzt fahren wir nach Algerien. Aber wirst Du bei unserer Rückkehr imstande sein, unserem Wunsch mit dem selben Wunsch zu begegnen?

Die Heirat der Frau, an die sie einst schrieb: »Liane, Du bist die Wollust selbst«, veranlaßt Natalie, über die vergangenen letzten zehn Jahre nachzudenken. Eine einzige der in jenen zehn Jahren entfachten Leidenschaften hätte genügt, um ein ganzes Leben zu beglücken. Natalie hatte das Beste besessen: eine Königin der Halbwelt und eine Königin der Poesie. Aber Natalie ist nicht irgendwer. Sie ist fest entschlossen, weiterzumachen und nach jenem Vers zu leben, dessen Autor ihr unbekannt war und den sie mir mit erfüllt genießerischer Miene zitierte:

Das Herz ist niemals leer: wenn alte Lieb' vergeht,
Findet sich stets Ersatz, und neue Lieb' entsteht.

Im Juni 1910, als der freudige Lärm der Hochzeit ihrer Liane kaum verklungen war, beginnt Natalie den bedeutendsten Eroberungsfeldzug ihres Lebens, die Verführung des Monarchen, der über die intellektuelle Welt von Paris herrscht: Remy de Gourmont.

8
Remy 1912

»Miß Natalie Clifford Barney hat auf Remy de Gourmont eine hypnotische, um nicht zu sagen, übernatürliche Macht ausgeübt.«

Maurice Martin Du Gard
(Les Mémorables)

»Mademoiselle Barney, die sowohl ihre Schönheit als ihre Spiele und Launen auf die höchste Spitze zu treiben verstand, begegnete auch Remy de Gourmont, und sie war originell genug, um ihn aus seiner paradoxalen Verfassung zu erwecken und ihm eine Art von letzter Ekstase zu schenken.«

André Rouveyre
(Souvenirs de mon Commerce)

Ich begreife endlich, warum Natalie mir davon abriet, *Intime Briefe an die Amazone* von Remy de Gourmont zu lesen:
»Lesen Sie nur die *Briefe an die Amazone*. Diese *Intimen Briefe* können kaum für Sie von Interesse sein. Gourmont schreibt darin nur von seinen Halsschmerzen. Das ist das Langweilige an dieser Art von Briefwechsel, wenn es darin nur um eine Aufzählung von kleinen Krankheiten und anderen Widerwärtigkeiten geht.«
Es kam natürlich nicht in Frage, der lieben Amazone ungehorsam zu sein. So las ich damals nicht die *Intimen Briefe*, in denen Gourmont nicht nur von seinen Halsschmerzen, sondern auch von seinem gebrochenen Herzen schreibt. Und selbst

dieses ruft immer weiter Natalie und wird Natalie genannt. Jetzt habe ich diese unerträgliche Lektüre hinter mir. Man liebt, man hofft, man leidet mit Gourmont. Es sind die »Briefe einer portugiesischen Nonne«, nur daß es dieses Mal ein Mönch ist. Es sind die Liebeserklärungen eines vor Scheu gelähmten Fünfzigers an eine unerreichbare Julia, die von ihrem Balkon von Gomorrha lockt. Und diese Julia fügt der Unmöglichkeit, einen solchen Romeo zu lieben, unbewußte Koketterien hinzu, die einer anderen Julia, der Madame Récamier, würdig sind. Gourmont weiß wohl, welchen Ruf Natalie genießt. Trotzdem liebt er sie. Oder liebt er sie eben deshalb, weil er weiß, daß dieser Liebe niemals Erfüllung beschert sein kann? Nichts ist einfach in den Gefühlen, die Remy de Gourmont und seine Amazone sich entgegenbringen. Mit ihrem männlichen Geist und ihrer weiblichen Figur ist Natalie alles, was dieser Mann sein ganzes Leben lang vergeblich gesucht hat: die in einer einzigen Person vereinte Schönheit und Intelligenz. Mit Natalie ist er vom ersten Augenblick an beglückt – und verloren.

Nach *Ich erinnere mich* und *Verzettelungen* läßt Natalie 1910 einen Gedichtband mit dem Titel *Akte und Zwischenakte* erscheinen, den sie ihm schickt.

Sie schreibt dazu:

»Noch ein Jugendwerk, aber sparen Sie sich Ihren Tadel, denn wahrscheinlich werde ich mein ganzes Leben lang Jugendwerke schreiben.«

Remy de Gourmont antwortet ihr am 6. April 1910:

»Ich habe mich bei den Zwischenakten aufgehalten, konnte noch nicht zu den Akten gelangen und habe ein durchaus nicht profanes, großes Vergnügen daran gehabt.«

Durch diese wohlwollende Aufnahme ermutigt, schickt Natalie ihm ihre *Verzettelungen,* in denen er am 23. Juni 1910 »den feinsinnigen und stolzen Geist« begrüßt.

Sie ist erfreut, denn der Papst von Lesbos[1] bewundert den Papst

[1] Diese Bezeichnung stammt von François Mauriac, der Natalie Barney nach einem gemeinsamen Mittagessen diesen Namen gab.

der schöngeistigen Literatur. Die Bewunderung ist gegenseitig, und so steht alles zum besten. Aber jetzt wünscht die unersättliche Natalie, den Schriftsteller persönlich kennenzulernen. Das ist nicht so einfach. Remy de Gourmont empfängt nämlich nur noch einige wenige intime Freunde wie Apollinaire und André Rouveyre. Und aus welchem Grunde? Ein ausgesprochener Abscheu vor dem Umgang mit Menschen, ein leichtes Stottern, das seine Konversation behindert, und vor allem eine Art von tuberkulösem Lupus, der 1891 sein Gesicht entstellt. Sein Freund Léautaud findet, er sehe wie »ein greisenhafter Gnom« aus, und seine Freundin Rachilde beschreibt ihn in ihren *Männerporträts*[1] mit folgenden Worten: »welke blaue Augen, plattes, etwas an den Kopf geklebtes Haar, das wie die Frisur eines Seminaristen aussieht.«

Er war nicht immer dieser greisenhafte Gnom mit einer Seminaristenfrisur. Er war einmal jung und schön und hatte Walzer getanzt. Der Liebe ist er verhältnismäßig spät begegnet, als er sie 1886 im Alter von achtundzwanzig Jahren in der Gestalt der Berthe de Courrière kennenlernte. Dieses von Literatur und Okkultismus begeisterte ehemalige Künstlermodell inspirierte Gourmont, für den Liebe und Korrespondenz zusammengehören, zu seinen *Briefen an die Sixtina.*

Dieser »Mönch des Geistes« in härenem Gewand hat sich nun in seine »Bodenkammer« in der Rue des Saints Pères verkrochen, wo er in Gesellschaft einer Katze und einer Unzahl von Büchern lebt. Er stammt aus der Normandie, an der er sehr hängt, und hat sein Universum auf die *Bouquinisten* vom Quai Voltaire, das *Café de Flore,* das Café *Aux Deux Magots* und auf die Büros der Zeitschrift *Mercure de France,* deren Mitbegründer er ist, beschränkt. Er ist Journalist, Kritiker, Romanschriftsteller, Dichter, Essayist und Philosoph. Bei den Schriftstellern seiner Zeit gilt Gourmont als maßgebende Autorität, und seine Überlegenheit wird allgemein anerkannt. So verkündet Henri de Régnier: »Er ist unser Montaigne, er ist unser

1 Mercure de France, *Portraits d'Hommes,* Seite 188.

Sainte Beuve, er ist unser Gourmont.« Für Natalie ist er also die ideale Beute. Diesem Manne des Gedankens will sie partout das Leben bringen, und mehr als das Leben: eine Auferstehung. Sie stampft vor Ungeduld und zwingt ihren gemeinsamen Freund, den Verleger Edouard Champion, den Vermittler zu spielen. Endlich erklärt sich Remy de Gourmont bereit, seine Nachbarin zu empfangen. (Die Rue Jacob 20 und die Rue des Saints Pères 71 sind genau dreihundert Schritte oder zehn Minuten voneinander entfernt. Ich habe gezählt.)
Remy de Gourmont und seine zukünftige Amazone begegnen sich im Frühsommer 1910. Darauf schreiben sie sich einige Briefe und Postkarten. Der August ist eine entscheidende Etappe in diesem Verführungsunternehmen. Natalie wagt, was niemand in Paris die Kühnheit hätte, auch nur zu versuchen: Sie entreißt Gourmont dem Bereich seiner Bücher und seines gewohnten Umkreises. Sie entführt den Eremiten aus seiner Klause zu einer nächtlichen Spazierfahrt im Automobil durch den Bois de Boulogne. Gourmont kehrt freudetrunken, strahlend und hingerissen von diesem Ausflug zurück. Sie haben kaum ein paar Worte gewechselt und nur still den Widerschein des Mondlichts auf den kleinen Seen betrachtet.
Im Oktober macht Natalie einen weiteren wagemutigen Schritt. Sie sendet Gourmont Geschenke, schickt ihm einen indischen Korb, japanisches Reispapier, eine Schatulle aus spanischem Rohr und Blumen. Selbst heute ist es selten, daß eine Frau einem Mann Blumen schickt. Aber 1910! Die Leute beginnen zu klatschen, aber Natalie und Remy lachen nur darüber.
Am 28. Oktober wagt Remy de Gourmont einen Brief mit »Ihr Freund, der Ihnen sehr Freund ist« zu unterschreiben und seine Ungeduld zu gestehen. Er zählt die Tage bis zum Sonntag, denn am Sonntagnachmittag besucht Natalie ihn in seiner mit Büchern und Wandbehängen vollgestopften Bodenkammer. Sie haben bereits ihre Gewohnheiten. Wenn sie eintritt, ergreift Remy sie an den Handgelenken, als wolle er sie vor höchster Gefahr retten, und wenn sie fortgeht, bleibt er wachsam auf dem Treppenabsatz stehen, bis seine Freundin das

Haus verlassen hat. »Nie habe ich ihn die Tür schließen gehört.« Zwischen Begrüßung und Abschied geben sie sich den Freuden des Ideenaustauschs auf gleicher Höhe und den einfachen Wonnen freundschaftlichen Beisammenseins hin. Gourmont hat sein Stottern vergessen und bringt Natalie den Kehrreim eines Volksliedes bei:

Den Wind machst du
und den Regen dazu,
und in deinem Mäntelein
bringst du auch den Sonnenschein.

Natalie ist sein Sonnenschein. Am 5. Dezember 1910 schreibt Remy de Gourmont zum ersten Male jenes »Ich liebe Sie«, das später in seinen *Intimen Briefen* immer wieder vorkommt:

»Ihre Gegenwart bedeutet Anmut, die mich noch in allen folgenden Tagen beglückt und der Zeit neue Farben verleiht. Vielleicht werden Sie mich ein Lebensgefühl wiederfinden lassen, das ich längst verloren glaubte: Sollte das möglich sein, so käme es nur von Ihnen, denn Sie sind meine wahre Freundin, und ich liebe Sie.«

Es ist gesagt, es ist getan, es ist beschlossen, und nun wird sich einer der größten Geister seiner Zeit wie ein blutjunger Schwärmer aufführen, der seinen verliebten Launen freien Lauf läßt. Er erfindet einen neuen Namen für die Geliebte, den er allein kennt: Natalie heißt für ihn Natalis.
Und als er sie in der Rue Jacob 20 besucht und das Gemälde *Der kleine Page* von Carolus Duran sieht, improvisiert er diesen Vierzeiler:

Natalis war dieser Page,
Natalis war diese Frau.
Er blieb Page und auch Frau,
Sie blieb Frau und blieb auch Page.

Zu Weihnachten wird Gourmont mit einem kleinen Weihnachtsbaum und einem großen Rosenstrauß beschenkt. Er weiß nicht, wie er ihr für diese »Feerie« danken soll. Zu Neujahr erkühnt er sich, den Wunsch auszudrücken, »mit Ihren göttlichen Händen zu spielen«. Natalie gewährt es ihm – später.
Am 1. Januar 1911 denkt Gourmont beim Erwachen an Natalie und freut sich über dieses Wunder, das sein Wesen und Dasein so verändert hat. Innerhalb von sechs Monaten ist Natalie die »göttliche Freundin«, »das Geschenk des Himmels« und der »Trost meines traurigen Herzens« geworden. Die Verführerin hat auf der ganzen Linie gesiegt. Gourmont liebt nicht mehr nur, er betet an. Das macht ihm einige Sorge: »Lieben Sie es nicht, daß ich Sie anbete?«
Aber natürlich. Natalie liebt es, angebetet zu werden. Schließlich ist sie daran gewöhnt. Aber diese Anbetung darf sie weder bei ihrer ewigen Jagd stören noch ihre Eroberungsfeldzüge unterbrechen, denn gerade hat Natalie ein kleines Haus in Fontainebleau gemietet, eine »Folie«, wie die Lustschlößchen, in denen die Aristokraten des siebzehnten Jahrhunderts ihren Vergnügungen nachgingen, und wie jene beherbergt dieses Landhaus vor allem Frauen und Pferde. Natalie ist so mit ihren Frauen, Pferden und anderen Unterhaltungen beschäftigt, daß Gourmont sie anfleht: »Reißen Sie sich los von den Wonnen Fontainebleaus.«
Immerhin hält sich Natalie weiterhin die Sonntagspätnachmittage frei. Das sind kurze paradiesische Augenblicke für Gourmont, der dann seine Natalis ganz für sich hat und ihre Hände ergreifen darf, »jene weißen Hostien, mit denen Sie dem Gläubigen geheimnisvollen Trost spenden«.
Natalie macht eine Reise nach London. Gourmont stürzt sich sogleich in die Lektüre von Werken über London, um seiner Freundin im Geiste zu folgen. Während ihrer Abwesenheit besucht er alle möglichen Kupferstecher, um einen ausfindig zu machen, der würdig ist, das von ihm entworfene Siegel aus mit Sand überzogenem Gold für seine unerreichbare Geliebte herzustellen. Er bittet Apollinaire, im *Intransigeant* eine »gebüh-

rende« Kritik über die gerade stattfindende Ausstellung der Gemälde von Alice Pike Barney erscheinen zu lassen. Apollinaire gewährt ihm die Bitte und erhält aus Dank eine Einladung zu einem Fest in der Rue Jacob 20. Er ist leider verhindert und entschuldigt sich mit einem Gedicht:

Zu kommen, bin ich nicht imstand,
Wär ich's so käme ich begeistert.
So küss' ich diese Frauenhand.
Die souverän die Striche meistert,
Und die der Farben Seele fand.[1]

Natalie versäumt kein einziges der damals in Paris häufigen Feste, von denen sie auch etliche selbst in ihrem Garten und Freundschaftstempel veranstaltet. Im Juli 1911 bietet sie, als japanische Glühwürmchenfängerin verkleidet, ihren Freunden ein »Kostüm- und Maskenfest«.

Gourmont, der die mönchischste aller Existenzen in Paris führt, der sich sonst nur mit lateinischer oder mittelalterlicher Dichtung und mit anderen höchst geistigen Dingen beschäftigt, muß sich nun um ein passendes Kostüm kümmern. Er ist so bestürzt und verloren, daß Natalie beschließt, dieses Mode-Problem für ihn zu lösen. Sie kleidet ihn in ihre schönste Gandura (ein nordafrikanisches, ärmelloses Hemd) und wickelt ihm einen ihrer grünen Seidenstrümpfe als Turban um den Kopf. Man kann sich die Szene leicht vorstellen: die plötzliche Intimität, die damit verbundene Erregung, der Freudentaumel Gourmonts. Natalie verläßt ihn an diesem Abend nur zweimal auf kurze Zeit. Einmal, um den Schauspielern zu danken, die eine vom Herzog von Lauzun verfaßte Szene, *Der Ton von Paris,* aufgeführt haben, und das andere Mal, um Wanda Landowska, die einige Stücke von Couperin auf dem Cembalo gespielt hat, zu beglückwünschen.

---

[1] Das ganze Gedicht wurde im *Figaro Littéraire* vom 12. August 1965 veröffentlicht.

Gourmont, dessen Maske seinen scheußlichen Lupus verdeckt, darf sich an diesem denkwürdigen Fest dem Glauben hingeben, wie alle anderen Menschen zu sein und zudem noch von Natalie geliebt zu werden. Gepriesen sei die Amazone für diese Illusion einer Nacht.

Kaum hat er sich von dieser Ekstase erholt, da beschließt die stets Außergewöhnliches planende Natalie im Sommer 1911, zur Abwechslung einmal eine Bootsreise zu unternehmen. Sie will die Seine stromaufwärts fahren. Und wen beauftragt sie, sich um die Beschaffung eines Bootes zu kümmern? Remy de Gourmont. Daß die Sirene ihm solche seemännische Kompetenzen zutraut, schmeichelt ihn ungemein, und er macht sich sofort ans Werk. Er schreibt nach Le Havre, erfährt, daß man für weniger als hundert Franken keinen Schleppdampfer bekomme und entwickelt wahre Fachkenntnisse in der Berechnung der Flutbewegungen und in der Handhabe von Benzinmotoren. Aber ist eine solche Wasserreise nicht gefährlich? Gourmont stirbt fast vor Aufregung bei dem Gedanken eines möglichen Schiffbruchs. Und um der geliebten Frau in allen Gefahren beistehen zu können, willigt dieser Eremit, den nichts von seinen Büchern abbringen konnte, ein, einige Tage mit ihr auf dem Boot zu verbringen. Es wurden Tage vollkommener Glückseligkeit, »eine kleine Ewigkeit«, die er damit verbringt, Natalie zuzuhören, sie beim Essen, Trinken, Lächeln und schlafend auf einer Hängematte zu betrachten. Für ihn steht Natalie »über allen Dingen«. Wieder einmal thront sie auf einem Denkmalsockel. Ein schwerer Stand für eine Verführerin, die die Bewegung liebt.

Auf dieser Reise machen sie kurzen Halt in Saint-Wandrille, um dem berühmten Maeterlinck einen Besuch abzustatten. Maeterlinck wagt es, der entrüsteten Natalie ins Ohr zu flüstern: »Gourmont ist eine Tintenflasche.«

Die Amazone antwortet schlagfertig mit einem ihrer Pfeile, der ins Schwarze trifft: »Maeterlinck ist ein Motorradmystiker.«

Den übrigen Sommer verbringt Gourmont in Paris, das durch die Abwesenheit seiner Natalis zu einer öden Wüstenei geworden ist. Das macht ihn physisch krank. Sein einziger Halt in dieser Trostlosigkeit sind die Briefe der »Göttlichen«, deren lianenrankenhafte Schrift er mit bewundernswertem Fleiß entziffert. Denn diese amerikanische Kleopatra drückt sich in wahren Hieroglyphen aus, in die sie jeweils ihre Gedanken verschnörkelt.

Während Natalies Abwesenheit gibt sich Gourmont in Überschwenglichkeit und totaler Selbstaufgabe seinen Liebesphantasien hin: »Mein einziger Wunsch ist, Sie zu lieben und Ihnen zu dienen.« Man hat verschiedentlich behauptet, das Verhältnis Gourmonts und seiner Amazone sei in Wirklichkeit nicht so keusch gewesen, wie die beiden es dargestellt haben. Als ich die Amazone im Laufe unserer Gespräche darüber auszufragen wagte, entgegnete sie mir deutlich und mit einer gewissen Grausamkeit: »Ich habe nie nachgegeben. Wenn man jemanden bis zum Wahnsinn verliebt machen will, darf man nie nachgeben.«

Das einzige, das Natalie Gourmont gewährte, war das seltene Vergnügen, mit ihren Händen zu spielen, und selbst dann ... »Ach! Entziehen Sie mir nicht Ihre Hände, sie sind alles, was ich zu begehren wage! Der besondere Reiz unserer Freundschaft liegt darin, daß sie ein Geheimnis hat, und nur unsere Hände kennen dieses Geheimnis. Bedenken Sie doch, meine Freundin, daß meine Hände den Ihren gehorchen«, fleht er sie an.

»Armer Gourmont. Er hat nicht gewußt, wie sehr ich Amazone war«, pflegte Natalie mir stets zu erklären, wenn wir von ihren Anbetern sprachen. Sie empfand für den »armen Gourmont« eben jene etwas herablassende Zärtlichkeit, die eine Verführerin dem entgegenbringt, den sie »bis zum Wahnsinn verliebt« gemacht hat. Zum Entstehen dieses Wahnsinns hat Gourmont gewiß in starkem Maße selbst beigetragen. Aber was macht das schon aus? Er ernährt sich, er lebt von dieser Leidenschaft. Er liebt eine Natalie, die sich damit begnügt, geliebt zu werden. Er weiß, daß ihm der schönste Teil dieser Liebe vorbehalten ist, selbst wenn dieser Teil ein tödliches Gift enthält.

Die Zeit vergeht, und Natalie, die mit anderen Dingen beschäftigt ist, läßt sich immer seltener bei Gourmont sehen. Sie hält sich nicht mehr an ihre gewohnten Besuche am Sonntagnachmittag, schützt Unwohlsein und andere Unabkömmlichkeiten vor. Anstatt selbst zu kommen, schickt sie ihm Blumen, Bücher und Leckereien. Gourmont erträgt jedoch dieses Ausweichen nicht und erkrankt vor Kummer. Natalie eilt an sein Krankenbett. Er wird wieder gesund. Natürlich hat Natalie das Wunder seiner Genesung vollbracht, und nun nennt er sie »heilige Natalie«. Es bleibt jedoch nicht bei dieser Heiligsprechung, denn jetzt macht er sie zu seiner Amazone, zu seiner »Unsterblichen«. Wenn sie vom Bois zurückkehrt, wo sie einen Spazierritt unternommen hat, macht sie zuweilen Gourmont im Amazonenkostüm »mit einem kleinen randlosen Hut« einen kurzen Besuch. Nach dem ersten Freudentaumel der Überraschung preist Gourmont das Reitkostüm, den kleinen Hut und die damit Bekleidete. Dann stellt Natalie ihm Fragen. Er antwortet. Und sie reden und reden und geben der Metaphysik ihrer Gefühle immer wieder neuen Ausdruck. Und nachdem Natalie gegangen ist, setzt Gourmont das Gespräch allein fort. So entstanden seine *Briefe an die Amazone*, die von Januar 1912 bis zum Oktober 1913 monatlich im *Mercure de France* erschienen sind.

In diesen Briefen, die im ganzen intellektuellen Europa begeisterte Aufnahme fanden, spricht Gourmont »von allem und sogar auch von nichts«, das heißt von der Liebe, der Mystik, dem Empfinden, der Sehnsucht, dem Vergessen, der Ekstase, der Natur und anderen Themen mit originellen Formulierungen und subtilem Eifer, der sich auf jeder Seite offenbart.

Und auf jeder Seite ist Natalis gegenwärtig. Gourmont schreibt einzig und allein für seine Amazone und erbost sich gegen die immer zahlreicher werdenden Frauen, die sich als die Amazone auszugeben versuchen. Schon daran läßt sich der Erfolg dieser *Briefe* ermessen! Natalie nimmt ihrerseits ihre Musenrolle sehr ernst. Sie schlägt ihrem Freunde Themen vor, über die er schreiben könnte. Und Gourmont, der glücklich ist, der Verführerin eine Gefälligkeit zu erweisen, gehorcht. Höchste Belohnung wird ihm zuteil, als er seine Amazone in aller Muße betrachten darf, während sie die Druckfahnen der *Briefe* liest, was ihm gestattet, »das liebe Profil« zu bewundern:

Mein lieber Freund,
ich bin ein wenig schwach und fühle mich wie gerädert nach dem vielen Reiten und Tanzen ... Und dann habe ich einer Freundin, die an Bronchitis erkrankt ist, versprochen, sie anstelle ihres bei mir angesagten Besuches selbst aufzusuchen. Wollen Sie mich dorthin begleiten? Dann hätten wir Zeit zu einem kleinen Spaziergang und könnten den vierten Brief lesen. Kommen Sie jetzt gleich mit dem Auto, falls es Ihnen möglich ist, und dann haben wir eine kleine Stunde für uns im Bois. Kommen Sie zu Ihrer Freundin, schreibt Natalie, und Gourmont läßt alles stehen und liegen, um zu seiner Amazone zu eilen. Eine »kleine Stunde«, aber er glorifiziert sie zu einer »kleinen Ewigkeit«.
Dieser vierte Brief über Verlaine und Rimbaud, der den Titel »Keuschheit« trägt, wurde auf einen Vorschlag von Natalie hin geschrieben. Gewisse Sätze darin müssen ihr besonders gefallen haben: »Die Keuschheit in der Liebe ist nur eine Art von Geiz, eine Art von Selbstsucht«, oder »wie viele abartige Verirrungen sind jedoch in unseren sogenannten Normen enthalten.«
Während dieser »kleinen Stunde« ist die Gemeinschaft der beiden Geister vollkommen. Sie schwelgen in der Harmonie ihrer Gedanken. Und wenn Gourmont schreibt: »Man muß viele Lieben töten, um zur Liebe zu gelangen« oder: »Die Hoffnung ist ein großes Hindernis«, glaubt man Natalie und ihren Beifall zu hören.
»Der schreibende Bär«, wie er sich gern nennt, verläßt zuweilen die hohen Gipfel seiner Gedanken, um der Öffentlichkeit sehr persönliche Geständnisse mitzuteilen:

Ich liebe den Lebenswillen und den Glückshunger der Ihnen innewohnt, Amazone. Man kann Ihnen Leid antun, aber nie-

mals wird man jenen begeisterten Drang nach Schönheit und Liebe in Ihnen zerstören können. Wie alle Wesen, die dazu geboren sind, zu herrschen und andere unter ihr Joch zu zwingen, geben Sie nicht nach, wenn die Enttäuschung Sie einen Augenblick lang bedrückt, und Ihr heidnisches Kriegerherz schöpft aufs Neue seine Kraft.

Gourmont preist alles an Natalie, auch ihren »herrlichen Amazonenegoismus«. Vorläufig nutzt er ihn, um sich ihrer Zärtlichkeit zu erfreuen, die er als eine unvergleichliche Gnade empfindet. Im Januar 1912 fährt Natalie in den Süden. Sie gestattet Gourmont, sie auf den Bahnhof zu begleiten, und schreibt ihm dazu diesen Brief:

Mein lieber Freund,
da der Süden zu mir gekommen ist, habe ich meine Abreise bis zum Sonntag verschoben ... Und ich werde Sie dann um sechs Uhr abholen, damit Sie – da Sie es wünschen – mich zum Bahnhof begleiten können. Schauen Sie sich inzwischen einige Reiseführer über Toulon an (es ist die meinem Aufenthaltsort in Agay nächstliegende Stadt), und dann können Sie meinem vorsichtigen Unternehmungsgeist raten, was zu tun und was zu lassen ist.
Ihre getreue *Natalie.*

Der Einsiedler[1] macht sich zum Führer, Ratgeber und Begleiter. Und welch herrliche Belohnung erhält er für seine Mühe! Kurz vor der Abfahrt des Zuges läßt ihm die »Getreue« absichtlich ihren Muff, und Gourmont steht völlig freudetrunken mit dieser Kostbarkeit auf dem Bahnsteig. Natürlich fehlen die Hände, die geliebten Hände Natalies, aber ein Muff ist immerhin besser als nichts, und er wird ihm während der unerträglichen Abwesenheit wenigstens etwas Trost spenden. Natalie schickt ihm Rosen aus dem Süden. Wie er sich über

[1] Bezieht sich auf das Buch von André Rouveyne über Gourmont und Gide, *Le Reclus et le retors*. Der Schlaukopf ist offenbar André Gide.

diese Sträuße freut! Sie geben ihm die Illusion ihrer Gegenwart in seiner Bodenkammer, denn Rosen sind ihr Parfüm. Natalie pflegt sich nämlich von Kopf bis Fuß mit einer persischen Rosenessenz »Ouira« einzureiben, die sie bei dem Apotheker Roberts in der Rue de la Paix einkauft. (Erst am Ende ihres Lebens und auf die Bitte ihrer letzten Liebe hin wird Natalie ihrem Ouira untreu, benutzt es nur noch für ihre Hände und parfümiert sich mit »Fleurs de Rocaille«).

Bei ihrer Rückkehr schenkt Natalie ihrem Gourmont eine Lampe. O Freude, jetzt ist Natalie auch seine Lichtspenderin.

Natalie verreist wieder. Diese sechsunddreißigjährige Amazone braucht ständig Bewegung. Stets durcheilt sie die Welt auf der Suche nach neuen Eindrücken. Am 15. Juli 1912 kommt es schließlich zu einem Autounfall, über den die Zeitungen in Paris und Lyon berichten (der Unfall fand in der Nähe von Bourg statt). Am 16. Juli wird mitgeteilt, im Zustand Miß Barneys sei eine Besserung eingetreten, und am 17. stattet ein Journalist der verletzten Schönen einen Besuch ab:

»Ich begab mich heute früh ins Hôtel de France, um mich nach dem Automobilunfall zu erkundigen. Die Verletzten sind in Paris wohnhafte angelsächsische Damen der hohen Gesellschaft. Außer Miß Barney sind es Miß Yardley und Mrs. JacMarney. Gestern spät am Abend ist die Herzogin von Clermont-Tonnerre, eine intime Freundin der Damen, im Hôtel de France eingetroffen, um ans Lager der Verletzten zu eilen, deren Zustand unverändert ist. Die Leiche des unglücklichen Chauffeurs wurde nach Paris überführt.«

Wenn sich die Liebe an ihren Ängsten ermessen läßt, so kann man sich vorstellen, welche Höllenqualen der arme Gourmont erleidet. Wenn der Chauffeur tot ist, lebt dann seine Natalie wirklich noch? Schon einmal in diesem Jahr hat er eine schlaflose Nacht verbracht, als die *Titanic* sank und er sich vorstellte, sein schrecklich reiselustiges Idol hätte sich auf dem Schiff befinden können. Gourmont schläft nicht, ißt nicht, trinkt nicht und atmet kaum. Endlich erhält er ein Telegramm von Natalie, der er sofort antwortet:

Mittwoch, drei Uhr.
Freundin, ein Wort noch zu meinem Telegramm. Als ich gestern die Zeitung öffnete, war das erste (!), auf das ich stieß, die entsetzliche Nachricht. Ich kann Ihnen nicht beschreiben, welchen Tag und welche Nacht ich verbracht habe. Endlich hat mich Ihre Depesche etwas beruhigt. Ich bin des Schreibens nicht fähig. Ich zittere noch vor Freude und Angst. Ich möchte weinen. Ich bin noch so verstört, daß ich nichts sagen kann. Aber ich wollte, daß dieser Brief Sie morgen erreicht.
Donnerstag, acht Uhr.
Es war mir unmöglich, meinen Brief gestern fortzusetzen, denn ich befand mich in einem Zustand von zu großer Aufregung. Erst jetzt bin ich einigermaßen imstande, meine Nerven zu beherrschen. Die Zeitungsberichte ließen das Schlimmste befürchten. So hätte mich Ihre Depesche eigentlich beruhigen müssen – aber bis alle Besorgnis verflogen ist ... Wie fühlen Sie sich? Wie sind Sie verletzt? Ach! Meine Freundin, erst in solchen Augenblicken wird man sich des wahren Ausmaßes seiner Zuneigung bewußt. Zwanzig Stunden lang habe ich an nichts anderes gedacht, als an diesen zerberstenden Wagen, und stets malte ich mir in meiner Phantasie aus, wie meine Natalis unter den Trümmern lag. Auch ich habe wirklich schwer gelitten. Wie geht es Jacqueline? Wer war die dritte Person? Und der arme Achille! Nun, was auch immer geschah, die Hauptsache ist, daß Sie mir erhalten sind. Heute bitte ich Sie nur noch um ein ganz kurzes Telegramm – bis Sie wieder schreiben können. Und welche Wohltat wird es für mich sein, Ihre Schrift zu lesen.

»Nun, was auch immer geschah, die Hauptsache ist, daß Sie mir erhalten sind.« Und wenn die Welt zugrunde geht – solange nur Natalis verschont bleibt! Gourmont ist nicht das einzige »Opfer« des Unfalls seiner Amazone. Auch Liane, die mit ihrem Mann, dem Prinzen Ghika in Algerien weilt, ist beunruhigt:

Ich lese gerade – und wie weh es mir tut! – von Deinem entsetzlich brutalem Unfall, meine liebe Natty, meine kleine Flossie. Ich bitte Dich, teile mir alles mit, was Dich *betrifft, erzähl mir von Deinen Leiden und was Dir im Innersten wehgetan haben mag. Dieser Brief wird Dich spät erreichen, denn ich lebe jetzt weitab in diesem wunderbaren Land, das Du auch einmal besuchen solltest, wenn Du Wärme, Sonne,* andere Dinge *brauchst!*
Hier atmet man den Duft der Asphodillen ... und eine goldene, balsamische Natur belebt Geist und Auge ... Es tut so wohl, einfach zu leben, um zu leben, zu atmen, zu schauen und still Einkehr zu halten.
Liebste, sag mir, daß Du nicht zu sehr leiden mußtest, daß es Dir wieder besser geht, und daß Du in Zukunft vorsichtiger mit diesen blinden Maschinen sein wirst. Ich sende Dir mein besorgtes Empfinden wie einen Kuß, wie ein Andenken, wie ein fernes Echo.

Ohne es zu wissen, betreiben Liane de Pougy und Remy de Gourmont, die ehemalige Kurtisane und der unbußfertige Denker, den gleichen Kult der »heiligen Natalie« ...
Gourmont, der nun einigermaßen beruhigt ist, kann endlich seinen dreizehnten der *Briefe an die Amazone* beenden. Er trägt den Titel »Mechanismen« und schließt mit dem Satz: »Eine verletzte Amazone ist immer noch eine Amazone.«
1913 ist Natalie immer häufiger von Paris abwesend, und Gourmont wird »vor lauter Nervenentkräftung« wieder krank. Er hat Halluzinationen und glaubt, seine Angebetete »in einem Zweispänner« vorüberfahren zu sehen. Aber ach! Sie war es nicht, und er steigt traurig wieder in seine Bodenkammer zu seinen Büchern hinauf.
Kurz nach dieser Vision willigt Gourmont ein, die Prinzessin Bibesco und die Herzogin von Clermont-Tonnerre in Begleitung Natalies zu empfangen, aber nur unter einer Bedingung: dieser Besuch darf nicht als Besuch Natalies zählen. Natalie verspricht es ihm. Welch abscheulich erbärmliches Handeln

und Rechnen! Und die unzähligen Male, die er in seiner Dachstube oder im Gärtchen der Rue Jacob auf eine Natalie gewartet hat, die nicht erschien, und wo er vergeblich auf »Die Brosamen ihrer Besuche« gehofft hat, wie der Arme aus den Evangelium, der auf die Krumen des Festmahls der Reichen hoffte!
Armer Gourmont! Er wird immer kranker. Jetzt folgt er einer Diät:

Es ist meine einzige Rettungschance, und sie möchte ich nicht verlieren. Ich hänge nicht sehr am Leben, aber solange ich lebe, müssen Sie meine Sonne sein. Ach meine Freundin, ich sehe in Ihnen mein letztes Glück und die Belohnung meines ganzen Lebens, Sie sind mein Lebensprinzip, und nur Ihr Dasein kann mir das Leben erträglich machen. Alles was Sie mir darüber hinaus schenken, ist eine reine Gnade, vor der ich niederknie.

Als seine Freunde sich über diese Gefühlsskl averei besorgt zeigen, hält ihnen Gourmont stolz entgegen, er sei nicht zu bedauern, da er ja liebe. Er bittet die Amazone nun um nichts mehr, außer:

Folgen Sie Ihrer Schicksalsbahn, wohin sie Sie auch führt, aber vergessen Sie mich nie und zweifeln Sie nie an mir.

Selbst wenn sie wollte, kann Natalie Gourmont nie vergessen. Sie hat sich in den Netzen der Berühmtheit verstrickt. Sie ist und bleibt für alle »Remy de Gourmonts Amazone«. Anatole France verneigt sich vor diesem Ruhm und sagt: »Amazone, ich küsse Ihre Hände in religiöser Ehrfurcht.«
All dieser Ruhm beunruhigt Alice Pike Barney. Sie fragt Natalie:
»Sag mir, mein liebes Kind, wie hast du es nur fertig gebracht, daß man in ganz Europa von dir spricht, seit du mit diesem alten Herrn befreundet bist?«[1]

---

[1] So von Paul Léautaud in seinem Tagebuch wiedergegeben.

Gourmont hatte ganz recht, als er seiner Freundin prophezeihte:

Denn Sie sind die Amazone, und Sie bleiben die Amazone, solange es Sie nicht stört, und vielleicht selbst dann noch, in meinem zu Asche verfallenen Herzen.

Hatte nicht schon Renée Vivien ähnlich gesagt: »Auch der Staub, zu dem ich im Grabe werde, wird Dein sein ...«? Zur Asche verfallenes Herz und Staub des Grabes: Die Verführerin versteht es, sich ihren Besitz über das Leben hinaus zu sichern. Jetzt beginnt man auch die »religiöse Ehrfurcht« eines Anatole France zu begreifen! Gourmont preist einmal wieder seine Göttin und schreibt ihr am 1. Januar 1914: »Sie sind gekommen, und Sie haben mich zu neuem Leben erweckt.«
Er beteuert ihr immer wieder seine vollkommene Ergebenheit und versichert ihr: »Machen Sie mit mir, was Sie wollen.« Und das tut die Amazone auch. Ist sie grausam? Nein. Sie folgt nur ihrer Natur, die sie zu schönen Frauen zieht, und nicht zu greisenhaften Männern, die wie Gnomen oder Seminaristen aussehen. Gourmont ist immerhin klarsichtig genug, um es einzusehen:

Sie sind Amazone, und Sie glauben und achten nur die Liebe. Ohne die Liebe ist das Leben sinnlos für Sie. »Lieber den Tod als den Tod meiner Sinnesfreuden.« So ist Ihr Leben eine ewige Tragödie, die nur das Absolute zur Alternative hat.

Eine ewige Tragödie? Da ist Gourmont allerdings schlecht informiert. Das Leben seiner Amazone ist nämlich im Augenblick gerade eine ewige Komödie, deren Hauptdarstellerin Ilse Deslandes, ein weiblicher Dandy seltener Prägung, ist. Diese Fee wurde kürzlich von der Sirene Natalie erobert.
»Ich bin eine Fee«, wiederholt Ilse pausenlos, und man glaubt es ihr schließlich. Sie trägt auch die entsprechende Uniform: eine Tunika aus Goldlamé und eine blaue Spitzhaube. Die Dekoration ihres häuslichen Feenreiches ist sorgfältig studiert.

Kristallkugeln, Rehe aus schwarzem Marmor, bronzene Kröten und ein Einhorn aus bemalten Holz schmücken die Wohnung. Burne-Jones hat ihr Porträt gemalt, auf dem sie als präraphaelitische Jungfrau erscheint. Denn sie ist ein für allemal eine Jungfrau, trotz zweier Ehen und einer Mutterschaft. Sie behauptet in aller Ruhe und Gelassenheit: »Ein Kind? Ich weiß gar nicht, wie man das macht.«

Vielleicht hat sie die Wahrheit gesagt? Sie wurde von ihrer Großmutter, wie viele Mädchen ihrer Zeit, in völliger Unwissenheit erzogen. So stößt Ilse in ihrer Hochzeitsnacht einen entsetzlichen Schrei aus, als ihr Gatte sich ihr in seiner ganzen männlichen Glorie zeigt: »Ach! Das ist ja furchtbar. Warum haben Sie meiner Großmutter nicht vorher gesagt, daß Sie eine solche Krankheit haben, mein Freund?«

Ilse weigert sich, einen von »solcher Krankheit« befallenen Mann in ihrem Bett zu dulden. Sie bricht auch ihr Verhältnis mit Maurice Barrès, weil er »die unausstehliche Manie hatte, entsetzliche lila Unterhosen zu tragen.«

Wie konnte Remy de Gourmont gegen eine so zartfühlende Fee aufkommen? Und warum sollte er eifersüchtig sein? Wenn Natalie die Abwechslung liebt, wird die Deslandes eine weitere Episode ihres Lebens sein, aber Gourmont weiß wohl, daß seine Amazone in der Freundschaft treu und beständig ist. Sie erklärt es so:

»In der Freundschaft bin ich von großer Faulheit. Wenn ich sie einmal gebe, nehme ich sie nicht mehr zurück.«

Es ist wahr, daß Natalie eine unvergleichliche Freundin ist. Hat sie nicht die Idee gehabt, bei den Bouquinisten am Quai die ersten Werke Gourmonts aufzustöbern, die der Autor fast vergessen hatte? Gourmont ist von dieser Aufmerksamkeit sehr gerührt und schreibt folgende Widmung in ein Exemplar des 1890 erschinenen *Pilger des Schweigens:* »Für Natalis sind alle diese Dinge, die nur durch sie neu aufblühen konnten, all die Dinge, die sie zum Leben erweckt hat, weil sie sie liebt. Ich gebe sie ihr nicht, denn sie hat sie erst mir gegeben. Sie, die Freude meines traurigen Herzens.«

Betrachtet Natalie sich als die Vestalin des Tempels der Freundschaft, so ist Gourmont sein Hohepriester. Seine Freundin leben zu sehen, ist alles, was er braucht, um sich selbst am Leben zu erhalten. Und mit welchem Eifer verschlingt Natalie alles, was das Leben ihr zu bieten hat – einschließlich des Tangos, der gerade beginnt, modern zu werden, und den man schnellstens erlernen muß. Gourmont wird um Rat gefragt – er war schließlich einmal ein brillanter Walzertänzer – und er schlägt seinen Freund, den Schriftsteller und Karikaturisten André Rouveyre als Tanzlehrer vor. Rouveyre erzählt in seinen Erinnerungen[1], er habe »die unsicheren Schritte Mademoiselle Barneys bei diesem geweihten Tanz« geführt.

Natalie ist mit dem Unterricht zufrieden und schreibt an ihren improvisierten Lehrmeister:

Wir werden meine zögernden Schritte und Ideen noch vervollkommnen – sowie die der Baronin Deslandes, die einige Stunden bei Ihnen nehmen wird, um meine Fortschritte einzuholen.

Gourmont freut sich der Fortschritte seiner Amazone im Tangotanzen. Und er ist glücklich, in der Rue Jacob 20 in der Gesellschaft der Herzogin von Clermont-Tonnerre zu Abend zu essen. Er besingt dieses Ereignis in einem »enigmatischen Sonett«, in dem von den drei »freien Herzen« die Rede ist.

Auf Ilse Deslandes und den Tango folgt Armen Ohanian und ihre persischen Tänze. Armen hat sich von Natalie ganz und gar erobern lassen, von nun an kleidet sie sich in Weiß – Natalies Farbe – trägt lange Perlenketten und wirft sich Anatole France zu Füßen, »um ihm ihre zu allen Opfern bereite Ergebenheit zu bezeugen«. Mit diesem Fußfall hat die leidenschaftliche und intellektuelle Armen immerhin erreicht, den Meister zu einem Vorwort für ihr fast fertig geschriebenes Erinnerungsbuch *Die Tänzerin von Shamakha* zu bewegen.

Natalie fährt oft in Begleitung Armenes nach St. Cloud, wo sie

---

1 André Rouveyre: *Souvenirs de mon Commerce*, Crès édit.

mit Anatole France zu Mittag ißt. Sie gefällt sich in der Rolle der Vermittlerin zwischen France und Gourmont, denn diese beiden literarischen Giganten beobachten einander aus der Ferne in respektvoller Achtung, wagen es jedoch nicht, sich persönlich kennenzulernen. Natalie wagt es für sie. Sie überredet Gourmont, France einen Besuch abzustatten, und France erwidert den Besuch mit zeremonieller Höflichkeit in Gourmonts Dachstube. So hat die Amazone das Vergnügen, ihren Anbeter erröten zu sehen, als France ihm Lob und Bewunderung ausspricht. Nachdem sie diese Mission erfolgreich durchgeführt hat, bemüht sich die Amazone in ihrer unermüdlichen Protektionsmanie, ihre persische Tänzerin zu »lancieren«. Die Herzogin von Clermont-Tonnerre gibt ihr zu Ehren eine Abendgesellschaft, bei der sich alles, was in Paris in der Literatur und Kunst Rang und Namen hat, einfindet. Auch Paul Claudel ist da, und in seinem Tagebuch erinnert er sich an »das Geräusch von Tod und trockenem Laub« der Reifen an Armen Ohanians Füßen. Armen tanzt auch im Salon der Amazone. Seit 1913 hat Natalie, wie alle Damen ihrer Zeit, einen offenen Besuchstag. Sie empfängt jeden Freitag in ihrem Salon.
So pilgern jeden Freitagnachmittag gegen vier oder halbfünf »alle angelsächsischen Neuankömmlinge aus London und Amerika« zu Natalie und begegnen dort den Stammgästen, den Malern, Schauspielern, Musikern, Schriftstellern, den schönen Frauen ohne besonderen Beruf und den Gelehrten, wie Salomon Reinach[1]. Letzterer ist auch ein Anbeter Natalies, die er »Die Einmalige« nennt. Und an einem solchen Freitag verkündet er im Salon Natalies seine Definition der Religion: »Eine Summe von Skrupeln, die uns in der freien Entfaltung unserer Eigenschaften behindert.« Remy de Gourmont hat diese Definition in einem seiner *Briefe* zitiert.
Gourmont erscheint jedoch nur selten bei diesen Freitaggesell-

[1] Direktionsmitglied des Musée des Antiquités Nationales in St. Germain. Autor einer Allgemeinen Geschichte der bildenden Künste und einer Allgemeinen Geschichte der Religionen. Glühender Verehrer des Werkes von Renée Vivien.

schaften. Er hat einen Horror vor dieser kosmopolitischen Menschenmenge, die seine Amazone belagert. Sie hingegen ist stolz auf die Vielfalt ihrer internationalen Beziehungen. Aber Natalie hat Verständnis für den Widerwillen ihres Freundes, bedrängt ihn nicht und verspricht, am nächsten Sonntag zu ihm zu kommen. Allerdings hält sie sich immer weniger an dieses Versprechen, doch sie bemüht sich immerhin, ihn mit anderen Einladungen zu vertrösten:

Einige Freunde, die Sie zum Teil gut kennen, werden morgen, Samstag, bei mir zu Abend essen. Könnten Sie nicht gegen dreiviertel zehn auf ein Weilchen kommen? Sie werden Henry de Groux[1] *und André Rouveyre treffen – ich nenne Ihnen nur die sympathischsten, um Sie zum Kommen zu bewegen, aber schließlich bin ich ja auch noch da, zu Ihrem Vergnügen – oder falls Sie die anderen vergessen wollen.*

Gourmont kommt »auf ein Weilchen« und geht seelenwund und körperlich gebrochen wieder fort. Jetzt, wo ihn wieder alle möglichen Krankheiten plagen, hat er seine Amazone verloren, denn sie findet keine Zeit mehr, ihr Genesungswerk zu beenden. Ja, die Verführerin ist ständig auf Bällen und Empfängen, schreibt ein Gedicht zum Ruhme der Stadt Florenz, *Die Blumenstadt,* und bricht ihr Verhältnis mit Armen Ohanian, die ihr zu ruhmsüchtig und zu ungeduldig ist. Zudem hat sie sich in ihrem orientalischen Lyrismus dazu verstiegen, Natalie »meinen kleinen Honigtopf« zu nennen. Einen solchen Vergleich erträgt keine Amazone! Inmitten aller dieser Beschäftigungen erfährt Natalie am 2. August 1914, daß der Krieg ausgebrochen ist. Sie wird aufgefordert, in die Vereinigten Staaten zurückzukehren. Aber sie weigert sich mutig, ihre Wahlheimat Frankreich, ihre Liebschaften und ihren Freund Gourmont zu verlassen, »der mich braucht«. Nicht mehr für lange. Bald er-

[1] Belgischer Maler, bei dem die Amazone ein Porträt Remy de Gourmonts bestellt hatte.

hält die Amazone einen letzten Brief, der mit diesem ergreifenden Geständnis schließt:

Ich habe das Gefühl, mit leeren Händen zu Ihnen zu kommen! Welcher Schmerz inmitten meiner Freude[1]. *Doch immerhin gibt es etwas, das ich Ihnen schenken kann, und das ist die Liebe, die sich Tag für Tag in meinem Herzen angesammelt hat.*

Gourmont leidet an einer Herz- und Nierensklerose und stirbt am 27. September 1915 im Boucicault Spital an einem Gehirnschlag. Er hat seine Amazone nicht mehr gesehen, denn sie wurde in der Normandie von der Allmacht irgendeines Vergnügens zurückgehalten.

Man hat der Amazone oft vorgeworfen, sie habe Gourmont in völliger Einsamkeit sterben lassen. Aber eine Amazone ist nun einmal keine barmherzige Schwester. Gourmont hat es zu seinem Leidwesen erfahren müssen. Dieser unglückliche Pygmalion sah seine Kreatur entschwinden und zu anderen Bewunderern eilen, die sich gerade des Ruhmes wegen zu ihr hingezogen fühlten, zu dem er so viel beigetragen hatte. »Armer Gourmont. Er hat nicht gewußt, wie sehr ich eine Amazone war.« Es ist leider zu befürchten, daß er es nur allzu gut gewußt hat.

Natalie ist nicht zu seiner Beerdigung gegangen. Sie hat von seinem Bruder, Jean de Gourmont, die Lampe zurückerbeten, die sie ihm einst geschenkt hatte, und diese Lampe stand seitdem auf ihrem Schreibtisch in der Rue Jacob.

Wie gewohnt, trägt die Amazone auch diese Trauer in ihrem Herzen. In ihrem Herzen, das dazu ausersehen ist, niemals leer zu sein. Jetzt schlägt es nur noch für die Malerin Romaine Brooks. »Mein Engel«.

[1] Natalie hat ihm einen unerwarteten Besuch gemacht.

Natalie als Kind

Natalie als junges Mädchen

Natalie Barney, Sommer 1899

Liane de Pougy, Sommer 1899

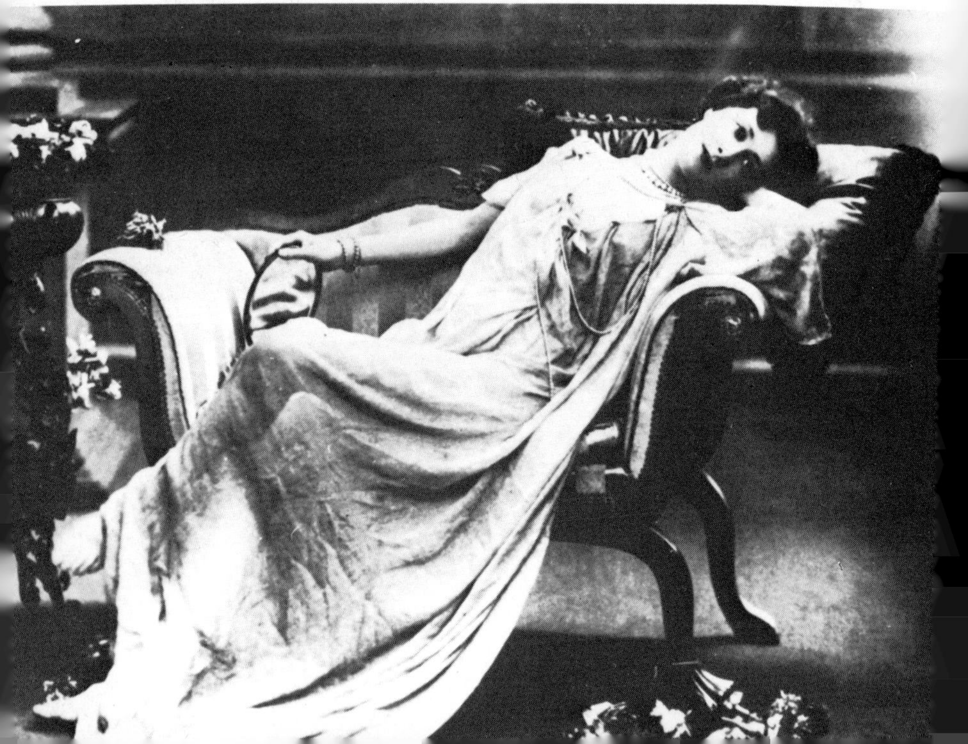

Die Sappho von Washington

Eva Palmer, 1892

Renée Vivien, 1901

Romaine Brooks, 1925

Porträt einer Verführerin

Lily de Clermont-Tonnerre,
nach einem Bild von Romaine Brooks

Dolly Wilde, 1935

Unten: Das Gartenhaus von Nr. 20, Rue Jacob

Der Autor mit Natalie Barney

Berthe Cleyrergue im Salon der Amazone

Natalie Barney, 1926

9
Romaine 1914-1918

Romaine, Künstlerin von einsam eigner Art,
In deren Bildern sich die Seele offenbart,
Charaktervoller Engel – doch wie ein Engel, zart!
Dank uns'rer Freundschaft ist Vergang'nes Gegenwart:
Flamme, die mich verzehrt' und dann zum Licht mir ward.

Natalie Clifford Barney
(Indiskrete Erinnerungen)

Die Nachfolge einer Liane de Pougy und einer Renée Vivien anzutreten – Frauen wie Ilse Deslandes oder Armen Ohanian hatten höchstens episodische Bedeutung – das ist die schwere Aufgabe, die Romaine Brooks erwartet, und Romaine meistert sie auch mit durchschlagendem Erfolg. Allerdings hat diese Kämpferin schon größere Schwierigkeiten überwunden. Sie hat Dinge erlebt, von denen Natalie keine Ahnung hat und die sie auch nie kennenlernen wird, wie Angst, Verlassenheit und Hunger. Und diese Prüfungen haben sie geformt: Sie ist von nomadischer Schlankheit, von der priesterlichen Würde eines zornigen Samurai, und ihre Eleganz ist von strenger Einfachheit. Diese mimosenhaft empfindliche Frau zieht sich mit Vorliebe in die Welt der Bücher und der Farben zurück. Schwarz, Weiß und Grau dominieren in ihrer Kleidung, ihren Bildern und in ihrer Wohnung in Passy. Solche Nüchternheit in der Zeit des farbenstrotzenden russischen Ballets hat etwas Faszinierendes. Man sagt von Romaine, sie sei »überall eine

Fremde«, ein »in Paris verirrter Engel«. Für Natalie ist sie »mein Engel« und hat auch alle Qualitäten eines solchen: »Sie ist moralisch derart aufrecht und rein, daß sie die Makel der anderen zum Vorschein bringt.«

Romaine ist Amerikanerin wie Natalie. Sie wurde 1874 als Tochter des Majors Harry Goddard und seiner Frau Ella Waterman geboren. Der Major ist alles andere als ein »häuslicher Mann« und interessiert sich überhaupt nicht für seine Nachkommenschaft. Ella liebt nur ihren Sohn, Romaines Bruder, ein unheilbar schwachsinniges Kind, das sie mit sich nach Europa nimmt. Die sechsjährige Romaine wird in New York gelassen und bei einer Waschfrau in Pflege gegeben. Als Siebenjährige verkauft sie Zeitungen auf der Straße und macht ihre ersten Zeichnungen. Wir sind also weit entfernt von der goldenen Kinderzeit einer Natalie...

Später wird sie von einer Tante aufgenommen, in ein billiges Pensionat gesteckt, dann von ihrer Mutter schlecht behandelt und mit Haß verfolgt, und schließlich landet sie 1895 in Paris. Dort lebt sie in einem möblierten Zimmer in der Nähe des Place des Ternes und ernährt sich von Milchkaffee und Brötchen – wenn sie es sich leisten kann. Sie studiert Gesang, gibt es aber bald wieder auf, um sich ganz der Malerei zu widmen. Sie besucht Rom und bildet sich in den Museen und Kunstakademien. Einen Sommer verbringt sie in Capri, wo sie aber hungern muß, und einen anderen in der Schweiz, um sich langsam von einer Lungenentzündung zu erholen. Ihre Mutter stirbt 1902 – endlich. Von dieser Last befreit, gerät Romaine in die Bedrängnis einer unglücklichen Ehe. Sie heiratet den Pianisten John Ellingham Brooks. Sie trennen sich schon nach kurzer Zeit, aber Romaine behält von da an den Namen ihres sehr kurzfristigen Gatten.

Jetzt siedelt sie sich in einem Fischerdorf an der Küste von Cornwall an und malt dort in völliger Abgeschiedenheit. 1905 kehrt sie nach Paris zurück, und bald hat sie die Stadt im Sturm erobert. Sie porträtiert – ohne jede Schmeichelei – die tonangebenden Damen der Gesellschaft: die Prinzessin Lucien

Murat, Madame Errazuris und Madame Legrand. Ihre Strenge bringt Romaine zuweilen Vorwürfe der gemalten Damen ein, die an die Schönfärbereien eines Boldini gewohnt sind. So protestiert z. B. die in eine moderne Gorgone verwandelte Marquise Casati: »Sie haben mich nicht gerade verschönert.« »Ich habe Sie geadelt«, erwidert ihr Romaine.
Ihre Ausstellung bei Durand-Ruel im Jahre 1910 ist ein voller Erfolg. Der *Figaro* schreibt von Offenbarung, Originalität und Charme. Der *Gil Blas* verkündet: »Seit Cecilia Beaux und Mary Cassat ist der Name Romaine Brooks der einzige aus Übersee, der bleiben wird.« Und Guillaume Apollinaire schreibt im *Intransigeant:* »Diese Malerin malt mit Entschlossenheit und Traurigkeit, ja wirklich mit allzu viel Traurigkeit.«
Nur Natalie wird es gelingen, diese Traurigkeit aufzuheitern, die in einigen ihrer Porträts stark hervortritt, wie in dem von Jean Cocteau zum Beispiel, oder dem von Gabriele d'Annunzio, mit dem sie eine kurze Liaison hatte. D'Annunzio antwortet ihr mit einem Sonett-Porträt, in dem die Beschreibung Romaines großer Augen und ihres »vom Winde unsterblichen Ruhms« gekrönten Haares von sich prophetisch gebenden, schwungvoll-lyrischen Auslassungen begleitet ist:

Den Diamanten, deines edlen Herzens Pfand,
Wird kein Geschick durch Flamme oder Schwert bezwingen,
Und wenn in trüber Nacht Eisfluten dich umringen,
Hältst furchtlos du dem Prall der zehnten Woge stand.

Hält Romaine auch furchtlos dem Prall dieser zehnten Woge stand, so fürchtet sie sich nichtdestoweniger vor dem Revolver, mit dem Madame de Gouloubev, eine exaltierte Russin und offizielle Mätresse d'Annunzios sie bedroht. Romaine verläßt d'Annunzio und seine rachsüchtige Geliebte, kehrt in ihr Pariser Atelier zurück und widmet sich weiterhin ihren schwarzen, weißen und grauen Farbtönen.
Romaine hat sich in ihre Malerei geflüchtet, »wie man sich in ein Kloster einschließt«. Diese Nonne, diese »Seeleneinbreche-

rin« flieht vor der Welt, der Gesellschaft und den Männern. Sie liebt nur noch eine Frau, Natalie, und das tut sie ein halbes Jahrhundert lang. Natalie liebt Romaine im Maße ihrer Möglichkeiten. Das Ideal der Amazone wäre eine große Liebe, die man mit den Annehmlichkeiten kleiner Abenteuer vereinen könnte. Und Romaine wird diese große Liebe sein, die all den kleinen Abenteuern der Verführerin standhält. Unter der Bedingung allerdings, daß die Seitensprünge der Verführerin eben nur kurze Leidenschaften und vorübergehende Affären sind.
Romaine ist ebenso unabhängig wie Natalie. Ihre Verbindung ist die zweier Unabhängigkeiten. Wo sind sie sich zuerst begegnet? Bei der Prinzessin Lucien Murat? Oder bei Lady Anglesy, jener pariserischsten aller Engländerinnen, »deren unvergängliche Schönheit sowohl an den Hof der Königin Victoria als auch an die vollkommene Nase der Prinzessin Eugenie gemahnt«? Wann sind sie sich begegnet? 1912 oder 1915? Vor oder nach dem Tode Remy de Gourmonts, der der Amazone als Anhaltspunkt diente? Weder Romaine noch Natalie können sich genau daran erinnern. Ich vermied es schließlich, das Gespräch auf dieses Thema zu bringen, denn sogleich begannen die beiden Neunzigjährigen eine endlose und zu nichts führende Diskussion: »Kurz vor dem Krieg«, sagte die eine, »Nein, es war während des Krieges«, sagte die andere.
Nur in einem Punkt waren sie sich beide einig. Das vierzigste Lebensjahr hatte ihnen die allerschönste Fülle und Reife in ihrer Liebe beschert. Von der hohen Warte ihrer vierzig Jahre aus können Natalie und Romaine die Früchte ihres besonnten Spätsommers genießen. Jede von ihnen hat der anderen die Errungenschaften einer ausgeglichenen Reife zu bieten, die immer noch voller neuer Möglichkeiten ist. Es geht hier jedoch keinesfalls um einen Abschluß, eine Vollendung oder gar ein Ende, denn für Natalie ist das Wort »Ende« völlig bedeutungslos. Diese ewig neu beginnende Frau hört nie auf zu planen, zu unternehmen und neue Wege einzuschlagen. Im August 1914 lebt sie bereits nach einem der Prinzipien des Mai 1968, »Macht Liebe und keinen Krieg«, was in ihre Sprache übersetzt heißt:

»Ziehen wir in die Liebe, wie sie in den Krieg ziehen.« Während des Winters 1914–1915 glaubt sich jeder in seiner Art verpflichtet, an der Schlacht teilzunehmen. Es gehört zum guten Ton, sich als Lazarettkrankenschwester zu zeigen, aber Natalie läßt sich auf diesen Snobismus nicht ein. Sie und Romaine sind die einzigen Amerikanerinnen in Paris, die keine Ambulanz fahren.

Jede Dame der Gesellschaft hat ihr Lazarett und ihren Wohltätigkeitsbasar. Lily de Clermont-Tonnerre ist dieser Mode nicht entgangen. Sie hat gerade noch Zeit, in Romaine »eine bedeutende Malerin« zu begrüßen, bevor sie sich dem Roten Kreuz zur Verfügung stellt. Sie wird beauftragt, am Bahnhof von Aubervilliers-La Courneuve die Verwundeten von der Front in Empfang zu nehmen. Es ist eine harte Prüfung. Die Schreie, der Eitergestank und die Qualen der Verletzten brechen der Herzogin das Herz. Natalie rät der Nachfahrin der schönen Corisande »sich wirklich nützlich zu machen« und lieber Galaabende zugunsten der Verwundeten zu veranstalten. Der Rat wird befolgt, und der Erfolg bleibt nicht aus. Claude Debussy erklärt sich bereit, die Sängerin Ninon Vallin am Klavier zu begleiten.

Um sich von den Schrecken von Aubervilliers-La Courneuve zu erholen, begleitet Lily Natalie nach Chartres, wo ihr gemeinsamer Freund, der Verleger Edouard Champion, der Natalie mit Gourmont bekanntgemacht hatte, mobilisiert ist. Der liebe Edouard ist kaum wiederzuerkennen. »Diesen in Watte und Seide aufgezogenen Säugling der Musen hatte man in die älteste Uniform des Regiments gesteckt. Sie flatterte an ihm wie eine Fahne und war schmutzig wie ein alter Scheuerlappen.«[1]

Solche »Spazierfahrten« wurden übrigens von den Damen der Gesellschaft häufig unternommen und geradezu zu einem Sport gemacht. Die Abenteuer der Prinzessin de Bormes in Cocteaus *Thomas der Betrüger* waren durchaus keine dichteri-

---

1 *Als Paris ein Paradies war* von Maurice de Waleffe, Denoël ed., Seite 325.

sche Erfindung, sondern der Ausdruck einer heroisch-mondänen Realität.

Man kämpft an allen Fronten, außer im Salon der Amazone. Dort kämpft man nur gegen den Krieg. Man verurteilt all die unnötigen Gemetzel, wie das, in dem Mario, der Sohn Lianes, umgekommen ist. Als Natalie die Nachricht erhält, schreibt sie sofort an Liane, die mit ihrem Mann in die Bretagne geflüchtet ist. Liane antwortet:

Deine sanften und besänftigenden Zeilen haben mich erreicht. Ich habe großen Kummer. Jetzt lebe ich nicht mehr mit Heiligen, sondern mit Gespenstern.

Natalie ist eine der bestinformierten Personen in Paris und ist stets als eine der ersten über das Waffengeschick und die Intrigen der kriegführenden Staaten unterrichtet, denn diese Pazifistin ist eng mit dem Generalsekretär des Außenministeriums, Philippe Berthelot, befreundet, der von 1913 bis fast zum Ende des Krieges entscheidende Macht ausübte. Berthelot liebt chinesische Seidenstoffe, persische Katzen und lyrische Dichtung, und bei der Amazone findet er Zuflucht, Verständnis und Diskretion. Er wird in den Freundschaftstempel eingeladen, wo der polnische Dichter Milosz seine Übersetzung des *Faust* von Goethe vorliest. Selbst ein Bombenangriff kann diese Vorlesung nicht unterbrechen, die bei Kerzenlicht fortgesetzt wird.

Die Amazone nannte Milosz »den einzigen gelungenen Mystiker, den ich kenne«. Auch er ist dem Zauber der Verführerin erlegen. Er beendet seine Briefe an sie stets mit den Worten: »Ich küsse die Flügel meines Engels.« Er bewundert das Werk der Renée Vivien, und vielleicht hat er unter dem Einfluß Natalies eines seiner schönsten Gedichte, *Nihumin*, mit diesen Zeilen begonnen:

Vierzig Jahre,
Bis ich lernte, die Frau nicht verächtlich zu finden.
O Liebe!

Für seinen »Engel« hat er kein Geheimnis, und er gesteht ihm, daß *Nihumin* eigentlich mit einer Lüge beginnt.

»Meine militärische Situation ist folgende: ich bin ein rheumatischer Reservist des zweiten Aufgebots der russischen Territorialarmee, Jahrgang 1898. Ich bin also neununddreißig Jahre alt, und *Nihumin*, das wahrste meiner Werke, beginnt mit einer Lüge, weil ich darin vierzig bin«, erklärt er der Amazone, für die, wie man weiß, Daten überhaupt keine Bedeutung haben. Sie bemüht sich, dem Dichter dienlich zu sein und für die Verbreitung seines Werks zu sorgen. Sie schickt es auch an Liane, die seit dem Tod ihres Sohnes auch starke mystische Neigungen verspürt, ohne deshalb jedoch ihre irdischen Neigungen zu vernachlässigen. Sie schreibt:

Meine Natty,
Ich danke Dir, mich mit dem Werk des Milosz bekanntgemacht zu haben. Ich lese ihn und lese ihn ständig wieder. George hat Le Cantique *gelesen und mir darauf gesagt: Das ähnelt Claudel!!!*
Es ist sehr schön, aber wie muß Milosz gelitten haben, denn seine Worte sind von höchstem Leid durchtränkt. Du, Du enttäuschst mich nie, selbst wenn Du mit zärtlichem Wohlwollen von Leuten sprichst, die ich nicht gern habe. Ich bewundere Dich danach nur um so mehr.
Und seit ich Dich wiedersah, verstehe ich nicht, wie die, die Dir nahestehen – oder Du selbst – an der Existenz Gottes zweifeln können.

Eigentlich erhält Natalie von Liane die schönsten Geständnisse erst, als ihre Idylle endgültig vorüber ist und als nur noch die Gewißheit bleibt, geliebt zu haben und – oder noch immer zu lieben. Der Winter 1916 ist eisig. Natalie hat Halsschmerzen, und Liane ist besorgt:

Es gefällt mir nicht, zu wissen, daß Du nicht wohlauf bist. Gib mir Nachricht oder laß sie mir zukommen. Ich wollte Dir heute

abend schreiben, und George hat mich darum gebeten. Auch ihm gefällt es nicht, daß Du krank bist.
Alles an Dir ist so herrlich lebendig. Wir beide sind daran gewohnt, zu leiden und uns gegenseitig zu pflegen ... und an dieselben Dinge zu denken. Ihm habe ich geschenkt, was in mir für Dich überfließt: meine Zärtlichkeit.

Es geschieht immerhin selten, daß eine Leidenschaft sich zu einer dauerhaften Zärtlichkeit entwickelt. Es ist ein »Geschenk des Himmels«, das Natalie und Liane auch voll auskosten. Nach dem üblichen, unveränderlich um acht Uhr servierten Frühstück aus Tee und Toast verbringt Natalie ihre Vormittage im Bett, liest die eben eingetroffenen Briefe und beantwortet sie. Sie unterhält mit einem jungen Assistenzarzt beim 31. Jägerbataillon zu Fuß, Pasteur Vallery-Radot, einen Briefwechsel, den sie sich bemüht, in rein literarischen Grenzen zu lassen. Natalie ist mit ihren vierzig Jahren zwar etwas fülliger geworden, aber ihre Schönheit bleibt unverändert, und der junge Militärarzt ist in Liebe zu ihr entbrannt. Die Amazone verlangte später von mir, daß ich das Ergebnis so vieler einsamer und schwärmerischer Träumereien vor ihren Augen vernichte. »Diese Briefe sind zu leidenschaftlich. Wenn man auch weiß, daß ich nur Frauen geliebt habe, so könnte mein Ruf doch darunter leiden«, erklärte sie mir.
Schließlich erhielt ich doch ihre Erlaubnis, zwei der schönsten und keuschesten Briefe zu retten, in denen Pasteur Vallery-Radot inmitten des wildesten Menschenschlachtens bereits die Vereinigten Staaten von Europa voraussah. Seine Witwe fühlte sich dann allerdings berechtigt, die Veröffentlichung der Briefe in diesem Buch zu verbieten. Natalie hätte diese Weigerung gewiß vorausgesehen, und sie muß sich noch im Grabe darüber amüsiert haben.
Am 21. Februar 1916 findet der deutsche Angriff auf Verdun statt. Man fürchtet sich, ist besorgt und organisiert den Widerstand. Natalie läßt sich von all dem nicht stören und geht ihren Lieblingsbeschäftigungen nach, Romaine zu lieben, Lily zu

beraten, Milosz schützend beizustehen, zu schreiben und am Freitagnachmittag in ihrem Salon, einer der wenigen Oasen des Friedens in Paris, zu empfangen. Paul Morand schreibt am 25. Dezember 1916 in seinem *Tagebuch eines Gesandtschaftsattachés*[1]:

»Bei Miß Barney. Ein altes Haus im Blätterwerk eines Hofes der Rue Jacob. Gedämpfter Kerzenschimmer, Renaissancemöbel und italienische Samtvorhänge. Das Ganze sehr Fiesole 1895. Etwa hundert Leute, Unbekannte, einige unwahrscheinliche Gesichter, wie man in der Gesellschaft sagt, Ästheten im Gewand von Sekretären der 20. Sektion, das abgenutzte Lächeln eines alten schriftstellernden Fauns, wie Paul Leclerc es ist. Schließlich auch noch der sanftmütige Chalupt mit seinem dicken Marsmenschenkopf auf einem heroischen Körper, Mme. Vernon, Yvonne Sabini, Johnson von der englischen Gesandtschaft, Emilio Terry, Mme. de Gouloubev (ohne ihre Windhunde), Mme. Berthelot. Darius Milhaud spielt Debussy auf dem Cembalo, Flötensolo usw.«

Die Abwesenheit Romaines auf dieser Liste fällt auf. Hat die Anwesenheit ihrer ehemaligen Rivalin, Mme. de Gouloubev damit zu tun? Oder ist Romaine gerade in Venedig, wo sie an einem zweiten Porträt d'Annunzios als *Commendatore* arbeitet? Natalie widersteht nicht der damals einmal wieder besonders stark herrschenden Mode, Kartenlegerinnen und Astrologen aufzusuchen. Da wird in der Voraussage des genauen Datums des Kriegsendes gewetteifert. Natürlich interessiert das auch Natalie, aber ihre Hauptsorge ist nach wie vor, mehr über sich selbst zu erfahren. Eines ihrer Horoskope hatte mir die Amazone eines Tages mit etwas spöttischer Miene zu lesen gegeben:

»So war ich, als ich vierzig Jahre alt war, oder wie mich irgendein Herr Nostradamus damals sah«: »Sie haben Temperament und einen von Grund aus gleichmäßigen und ausgeglichenen Charakter. Das kommt daher, weil Sie von Ihrer Kindheit an

---

[1] Gallimard, Seite 115.

und während Ihrer Jugendjahre starke Einflußkraft und Selbstbeherrschung entwickeln konnten. Alles, was es im Laufe Ihres Lebens an Ausschweifungen, Seitensprüngen, Neugierden, Launen und zeitweiligen Phantasien geben kann, ist stets *von Ihnen gewollt und mit voller Absicht* geplant. Mit viel Schwung, Begeisterung und Entschlossenheit ist es Ihnen geglückt, ruhig und kaltblütig zu handeln. *You keep your animal in reins* (Sie halten Ihr Tier gut im Zaum). Denn in Ihrem Frauenkörper hat sich ein sehr männlicher und stark entwickelter Geist geformt. Sie sehen die Dinge von weit her auf sich zukommen, und Sie erfassen sie in ihrer ganzen Tiefe. Sie sind offen und ehrlich und zuweilen etwas barsch, aber ohne jede kantige Kleinlichkeit des Charakters oder des Auftretens. Sie sind noch nicht, was Sie sein wollen und sein müßten, und was Sie werden können. Und das wissen Sie.«

Sie weiß es, und sie bemüht sich, einen ihrer liebsten Lehrsätze – der von Nietzsche sein könnte – in die Tat zu setzen: »Werde, was du bist.«

Die Amazone nutzt die Zeit des Krieges, um mit alten Feind-Freundinnen wie Madame Aurel Frieden zu schließen. Diese Frau mit ihrem griechischen Medaillenprofil, das sie überall hervorkehrt, und mit ihrer wissentlich gepflegten Blondheit hatte früher einmal Natalie angezogen. Aber Aurel hat sich von ihr nicht erobern lassen. Diese buntscheckige Juno empfängt jeden Donnerstag wahllos und stillos alle Welt in ihrem Salon in der Rue du Printemps. Sie ist eine erbitterte Frauenrechtlerin, eine etwas gezierte Intellektuelle der Jahrhundertwende, hat einen Ehemann, einen Ruf und ein Lebenswerk zu verteidigen. Da können Blumengeschenke und Parfums von Lalique, die die Verführerin ihr sendet, nicht viel ausrichten. Aurel reagiert geschickt mit überschwenglichen Komplimenten, nennt Natalie ihre »leuchtende Freundin«, »königliche Frau« usw. Sie erhebt die Debatte bis in die allerhöchsten Sphären, in die sich Natalie weigert, ihr zu folgen.

»Sie sind zu sehr Künstlerin, zu sehr isoliert, und deshalb können wir nicht einmal versuchen, Sie zu verstehen. Sie sind die

verkörperte Anmut, und deshalb sind Sie nicht das Leben, das uns so wirr und armselig beschert ist. Und ich bin leider (!) eben jenes Leben, das so irdisch und banal ist, auch wenn ich ungreifbar wie der Wind bin.«
Das hat Aurel Natalie zu sagen, die natürlich ihre Zeit nicht damit verschwendet, auf den Wind zu warten!
Die beiden Frauen begegnen sich in den Salons, nehmen an literarischen Streitgesprächen teil, manchmal als Verbündete, öfter als Gegnerinnen. Seit 1915 hat Aurel ihren Salon den »Dichtern im Kriegsurlaub« weit geöffnet. Zwei Jahre später macht Natalie den ersten Schritt zu einer Versöhnung:

Aurel, darf ich immer noch die schöne Standhaftigkeit Ihres Grolls – diese einzige Treue in Anspruch nehmen? So haben meine Gedanken, die zuweilen den Ihrigen so nahestehen, wenigstens eine feindliche Schwester. Und unter so vielen gleichgültigen oder lahmen Schwestern sind Sie mir ein Trost.
Ihre allen Dingen gegenüber stets eingeschränkte Bewunderung ist ja so viel mehr wert als die Unachtsamkeit freundlichen Lobes.
Eigentlich ist ja nur das Halbwahre wirklich verletzend. Man muß die Menschen, die es verdienen, immer wieder in Frage stellen.
Ich schreibe sehr oft für Sie, gegen Sie und um Sie herum. Das ist meine Art, Verehrung zu zeigen. Mein Degen ist stets bereit, sich mit dem Ihrem zu kreuzen – oder sich Ihnen zur Verfügung zu stellen.

Aurel ergibt sich und kehrt in den Salon der Rue Jacob zurück. Die Versöhnung mit Aurel im Frühjahr 1917 fällt mit dem Beginn von Natalies politischem Engagement zusammen. Ihr Heimatland steht im Begriff, in den Krieg einzutreten, und Natalie kämpft für den Frieden. Sie verkündet laut, was andere im Geheimen über diesen furchtbaren und endlosen Krieg denken. Sie gibt ihrer Meinung in scharfen Aphorismen Ausdruck: »Der Krieg ist die Rechtfertigung der menschlichen

Dummheit«, oder »Diese blutrünstige Erde, die man Vaterland nennt.« Sie ist besorgt und stellt sich Fragen:
»Wer hätte je gedacht, daß diese kleine, so schlechtsitzende Zivilisation, an der wir so mittelmäßig litten und uns erfreuten, eines Tages die elementare Kraft zur Zerstörung ihrer selbst finden würde?« Sie seufzt: »Haben so viele Tote nicht den Tod des Militarismus verdient?« Und den Endsiegfanatikern ruft sie zu: »Nur weil ihr das Leben nicht liebt – das Leben, das man wie eine schöne und widerspenstige Materie formen muß – begeistert ihr euch für den Krieg.«
Über die Politiker macht sie sich keine Illusionen: »Die Politiker erweisen sich in entscheidenden Dingen zu oft als unfähig, weil sie in der täglichen Routine ihres Berufs befangen sind und nicht die eigene Kraft zur Improvisation besitzen, sie sind Schmierenkomödianten und nicht die Schöpfer großer Rollen.«
In diese Verallgemeinerung ist natürlich nicht ihr Freund Philippe Berthelot einbezogen. Auch über die Helden gibt sie sich keiner Täuschung hin: »Sich der Gefahr aussetzen, ist oft eher ein Mangel an Voraussicht als ein Zeichen des Mutes; wer sich nicht fürchtet, eine Granate auf den Kopf zu bekommen, beweist damit nur, daß er Phantasie und Verstand verloren hat.«
So weigert sie sich auch, der Mode zu folgen und einen Frontsoldaten als »Kriegspaten« zu adoptieren. Sie erklärt es ganz kaltblütig:
»Patin eines Unbekannten? Da hätte ich zu sehr Angst, ihn als Freund zu vernachlässigen.«
Für Lily de Clermont-Tonnerre und Lucie Delarue-Mardrus, die sich weiterhin mit Hingabe als mehr oder weniger kompetente Lazarettschwestern betätigen, hat Natalie nur spöttischen Sarkasmus übrig. Sie bezeichnet ihre beiden Freundinnen, die sie gut genug kennen, um es ihr nicht übel zu nehmen, als »Ambulanzfliegen«. Natalie ereifert sich:
»Ich freue mich, von keinerlei Nutzen zu sein!«
Den Entbehrungen fügt sie sich – wenn auch ungern. Aber sie versteht es, nicht zu klagen, und als der sehr gute Wein, von

dem sie täglich ein Gläschen trinkt, schwer erhältlich wird, sagt sie:
»Da ich trunken geboren bin, trinke ich nur noch Wasser.«
Sie fügt sich auch ungern dem neuen Vokabular des Krieges, wo nur noch von »Kriegschauplätzen«, »Geleitbriefen«, »beglaubigten Depeschen« und »Requirierungen« die Rede ist, und ist selbst ganz erstaunt, an Gesprächen über die Evakuierung von Przemysl oder über den Vormarsch in Woëvre und in den Argonnen teilzunehmen. Sie ist wütend darüber und macht keinen Hehl aus ihrer Abneigung vor Kriegsgesprächen, wenn sie in ihrer Gegenwart an den Freitagsempfängen oder auch an anderen Tagen der Woche stattfinden.
Magdeleine Wauthier beschreibt in ihrer Einführung zu Natalie Barneys *Frauenporträts*[1] die pazifistischen Aktivitäten des Salons in der Rue Jacob während der Kriegsjahre:
»Die Städte erlebten damals den Beginn der polizeilichen Bespitzelung, die sich noch heute fortsetzt, und manche Wahrheiten blieben lieber unausgesprochen. Aber in jenem im Blätterwerk des Gärtchens versteckten Freundschaftstempel mit seinen Directoire Fenstern war es erlaubt, den Krieg grausam und schrecklich zu finden und offen zu sagen, daß die politischen Fehler, die ihn unnötig verlängerten, unverzeihlich waren.
Es nützte nichts, aber es erleichterte. Dort traf ich Sévérine und auch Barbusse, dessen Buch *Das Feuer* die blutigen Schrekken eines nichtendenwollenden Krieges in einer mir ganz neuen Sprache schilderte ...«
Schließlich ist es Natalie müde, in der Wüste zu predigen. Sie beruft im Frühling 1917 einen Frauenkongreß für den Frieden ein. Einige Wochen lang ist das Haus in der Rue Jacob Schauplatz eifriger Diskussionen. Marie Léneru, Lucie Delarue-Mardrus, Rachilde, Sévérine, Lara (von der *Comédie Française*) und andere Damen debattieren und verlesen Erklärungen. Natalie hört diesen Schwätzerinnen zu und denkt: »Es ist

---

1 *Traits et Portraits*, Mercure de France ed.

doch gut, an das Mysterium der Frau zu glauben; dann hat sie wenigstens eins.«

Der Kongreß der Rue Jacob endet ohne jedes Ergebnis und mit einem Antrag Natalies: »Wir wollen einen Zivilkreuzorden stiften für alle die, die die Gefahr weder gesucht, noch zu eilig vor ihr geflohen sind, für alle, die den Krieg wortlos und mit finsterer Bestürzung ertragen haben. Wir wollen menschlich bleiben in der Hoffnung, daß die Menschheit wieder menschlich wird; wer in Wirrnis und Verdruß zivile und persönliche Ausgeglichenheit bewahrt, hat sich als guter Bürger erwiesen, was an sich eine Auszeichnung ist, die mindestens den gleichen Wert wie ein Verdienstkreuz aus Eisen oder Holz hat.«

Der Antrag wird nicht angehört, und damit gibt Natalie den Kampf auf. Im Freundschaftstempel finden von nun ab nur Lesungen des Dichters Milosz und rein literarische Diskussionen statt. Ein durchreisender Theosoph hält einen Vortrag und verkündet, die Nachkriegszeit werde sich durch »einen mächtigen Drang nach sexueller und intellektueller Inversion« auszeichnen. Natalie hört ihm gelassen zu. Sie ist von der Liebe Romaines unendlich beglückt und kann ruhigen Herzens der Zukunft, Gegenwart und Vergangenheit entgegensehen. Denn die Vergangenheit ist plötzlich in Gestalt eines posthum veröffentlichten Buches von Renée Vivien, *Vagabondages* wiederauferstanden. Natalie schickt dieses Werk von Prosagedichten an Liane, und Liane schreibt ihr:

Natty, Moonbeam, Du liebes Wesen, ich danke Dir, daß Du an mich gedacht und mir dieses Büchlein gesandt hast, das ich in Auszügen schon kannte. Du warst die Muse dieser großen Begabung, die nicht mehr ist und doch ewig leben wird. Mein Mann bewundert sie über alles. Mein Mann ist ein so liebes ernsthaftes Wesen, und er liebt nur die Vollkommenheit. Ich bin seine einzige Ausnahme. Wie jung Du bist, daß Du immer noch Hoffnungen hast ... Ich erwarte nichts mehr. Dich, vielleicht! Kommst Du? Bist Du wirklich je fortgewesen? Nein,

Du siehst es ja. Das Schicksal behüte Dich vor allem Übel, meine liebe kleine lebende Poesie.

Aber Natalie verläßt einstweilen diese zärtlichen Höhen der Poesie, um Lily de Clermont-Tonnerre in ihren Finanzproblemen zu beraten. Lily hat nämlich am 20. des Monats die peinliche Feststellung gemacht, daß sie nur noch vierzehn Franken und siebenundachtzig Centimes besitzt. Das ist wenig. So betätigt sie sich zunächst mit einigem Erfolg als Antiquitätenhändlerin und verkauft »einen Wandteppich, einige Möbel und Perlen«[1]. Auf den Rat Natalies vermietet sie ihr zu großes und kostspieliges Haus in der Rue Raynouard und richtet sich in einer kleinen Villa in Passy ein. Da nun Romaine und Lily in Passy wohnen, verläßt Natalie einstweilen die Rue Jacob und verbringt das Ende des Jahres 1917 in einer Wohnung in der Rue des Vignes. Am 28. Dezember erhält sie dort einen Brief von der Romanschriftstellerin Rachilde, den sie sehr genießt, denn die in der literarischen Welt tonangebende Rachilde behandelt sie als Gleichgestellte, als Freundin und als Göttin:

Sie kennen nicht all die Verpflichtungen dieser Festtage, an denen man sich entspannen möchte, die aber stets zu einer Familienbürde werden? Ich meine damit nicht die Kinder Robert und Gaby, die nett und artig sind, sondern jene Theorie der armen Verwandten, die Ihre Verwandten *geworden sind, weil Sie ihnen als ein seltenes Tier – wenn nicht gar als das goldene Kalb erscheinen. Und so sind diese freien Tage für den Geist verloren. Man macht ja so gern gute Miene zu bösem Spiel. Sollten meine Tischfreuden denn nun zu einem Tischrücken für den verlorenen Geist geworden sein? Es ist schon ein seltsames Leben.*
Gestern habe ich für die Kinder Suppen gekocht, und sie wollten um jeden Preis Zucker darin haben. Was mich anbetrifft,

---

[1] Memoiren der Elisabeth de Gourmont, *Clair de Lune et taxi-auto.* Grasset, Seite 168.

Miß Belle, so verzichte ich auch weiterhin auf Heizung. Es ist mir ein Sport und ein Vergnügen, ich wälze mich in der Kälte ... so wie an einem lang vergangenen Weihnachtsabend, als ich mit einem Dutzend junger Leute im ausgeschnittenen Kleid und mit Satinschuhen durch den Bois de Boulogne lief, und wo ich aus purer Lebensfreude wettete, daß ich mich mit nackten Armen und Füßen in den Schnee legen würde. Sie standen wie die Wölfe im Kreis um mich herum mit ihren pelzgefütterten Mänteln. Sie hatten Angst. Man hörte ihren rauhen Atem und sah ihre glänzenden Augen. Aber da sie so zahlreich waren, stand es bei ihnen nicht zum Besten. Und ich genoß es noch besonders, da ich Orangenblüten im Haar trug (ich hatte sie mir zum Ball angesteckt, da sich wirklich niemand sonst getraut hätte, aber ich traute mich natürlich). Noch heute liebe ich den Schnee auf meinem Haar, wie an jenem Abend, und ich bin fast unempfindlich für niedere Temperaturen. Und Monsieur Valette[1], der letzte Wolf, blickt mich verdutzt an und niest, da er einen heiligen Schrecken vor der Kälte hat.
Miß Natalie, ich bin eine dumme Gans, und es ist unverzeihlich, daß ich solange auf Ihre Intelligenz verzichtet habe. Haben Sie bemerkt, wie man sich unter intelligenten Menschen voreinander fürchtet, *und wie dumm man ist, sich nicht besser zu verstehen, auch wenn man argwöhnisch von Charakter ist?*
Aber was soll's? Sie kommen, und ich gehe. Miß Barney, werden wir es erleben, daß Byzanz noch vor uns untergeht? (Es wäre zu hoffen.) Ich habe überhaupt keinen Geist, meine liebe Göttin, und ich kann über Dummheiten nur furchtbar lachen. Und das amüsiert Sie, die Sie immer das rechte und klare Wort finden, um all dem leeren Gerede doch noch einen Sinn zu geben. All diese Diskutiererei, nicht wahr?
Judith Gautier ist gestern gestorben. Damit tanzt wieder eine weniger im Reigen der Musen. Warum hat sie sich eigentlich immer mit China beschäftigt und China nur erfunden, um dar-

[1] Direktor *des Mercure de France* und Gatte Rachildes.

aus ganz unchinesische und eher historische Berichte zu machen? Ich mag weder ihr literarisches Werk noch ihr Leben, aber ich verzeihe ihr alles mit Ausnahme ihres ersten Mannes, der Catulle Mendès war. Daß eine Frau diesen armseligen Juden geliebt und ertragen hat – und er war armselig, weil das einzige, was ihm fehlte, Genie war – scheint sie mir doch zu vermindern.
Ich werde am nächsten Dienstag nicht aus dem Hause kommen, weil ein Vetter mich besucht. Ich wünsche Ihnen – was? Wünschen wir uns lieber nichts. Bleiben wir unbeweglich. Versuchen wir, allem was nicht ewig ist, Gleichgültigkeit entgegenzusetzen ... und die Ewigkeit ist der Augenblick einer schönen Geste, der Blitz eines Gedankens und auch die Gewalt gegen die Barbarei, gegen alle Barbareien der Völker ... oder gegen den Stumpfsinn, der uns auf den Pfaden der Freiheit auflauert.
Ich drücke Ihnen zärtlich die Hände.

Diesen brieflichen Weihnachtsgrüßen Rachildes folgen die, die Paul Valéry Natalie mit dem Manuskript *L'Insinuant* und *Aurore* mit folgender Widmung sendet:

Wie? Im Chemin des Vignes find
Ich Sie, wenn Winterstürme drohen?
Sind meinen Versen Sie entflohen,
Die Ihrer zwar nicht würdig sind?
Hier sind sie, und im Neujahrsschnee
Singen sie für Miß Barney.

Immer wenn ein Krieg unerträglich wird, bietet die Poesie die sicherste Zuflucht. Natalie versammelt sich mit ihren Freundinnen im Schutz des Vorortbahnhofs von Boulainvilliers, wo François de Miomandre *Die Junge Parze* vorliest.
Im Januar 1918 kehrt Natalie in die Rue Jacob zurück. Die deutschen Gothas überfliegen ständig Paris und werfen ihre Bomben ab. Aber im Freundschaftstempel werden solche Dinge tapfer übergangen. Natalie läßt Milosz sein letztes Gedicht

vorlesen und lauscht den Klatschgerüchten, die ihr der Maler Henry de Groux erzählt. So hört sie, daß man den kommunistischen Politiker Charles Rappoport wegen Defaitismus verhaftet, und auf die Intervention der Schriftsteller Anatole France und Séverine hin wieder freigelassen habe.

Die Haubitzen der Dicken Bertha prasseln auf Paris nieder und versetzen die Bevölkerung in Schrecken, aber Natalie bleibt ruhig, denn Philippe Berthelot hat ihr versichert: »Die Dicke Bertha ist nicht gefährlicher als die Autobusse. Die Statistiken beweisen es.«

Im Frühjahr 1918 ist es schick, einen Flieger zum Liebhaber zu haben. Natalie folgt auch dieser Mode nicht. Sie begnügt sich damit, die Vorzeichen des Friedens wahrzunehmen: Man veranstaltet wieder große Abendgesellschaften, gründet neue literarische Zeitschriften und huldigt dem neuesten Tanz, dem Foxtrott.

Endlich kommt es am 11. November 1918 zum Waffenstillstand und zum von Natalie so heiß ersehnten Frieden. Sie geht nicht zur Siegesparade und bleibt in ihrem Haus in der Rue Jacob. Das Wetter ist noch schön genug, um fern der Menge im Garten spazierenzugehen. Am Abend trifft sich Milosz dort mit seiner Freundin. Milosz war bei der Siegesparade und hat die hysterisch begeisterte Menschenmenge gesehen. Aber er hat an dem allgemeinen Jubel als einziger nicht teilgenommen. Er ahnt bereits, was geschehen wird, und schildert Natalie das Wiederauferstehen Deutschlands und die Schrecken des kommenden Krieges. Für die Festlichkeiten des Tages hat er nur ein verächtliches Wort: »Karneval!«

10
Natalie 1925

»Am Nachmittag gingen wir zu Natalie Barney. Wir sahen dort ...«

Gertrude Stein
(Autobiographie von Alice Toklas)

Natalie hat auf ihre Art den Krieg gewonnen. Der Schlachtenlärm ist verstummt, und nun ertönen allerorts Reden und Ansprachen. Wie eine Herrscherin nimmt die Amazone die öffentlichen Huldigungen ihrer Rivalinnen und Freundinnen entgegen. Es wird ein wahres Fest, das Lucie Delarue-Mardrus präsentiert. Man drängt sich im Salon der Rue Jacob, um der Krönung Natalies und der Weihe ihres internationalen Salons beizuwohnen. Und so wie einst Marie-Antoinette in der Person des Josuah Barney die Neue Welt umarmte, preist man in Natalie die »auserlesenste Vertreterin« unserer Bundesgenossen, der Vereinigten Staaten. Aurel eröffnet das Feuer der Huldigungsansprachen:
»Woher, liebe Anarchistin, haben Sie nur diese gemeisterte Zielsicherheit, diese Wortdisziplin und vor allem diese göttliche Lässigkeit genommen, die es zu einem so leicht beschwingten Vergnügen macht, Sie zu lesen, wenn Sie Dinge schreiben wie: ›Das Menschengeschlecht ist ein Geschlecht, das ich bedaure‹, oder ›Die Dame ist eine gesäuberte Ausgabe der Frau.‹«
Aurel hat neun Jahre gebraucht, um sich von den verbalen Verführungskünsten Natalies erobern zu lassen, und nun bemüht

sie sich, die verlorene Zeit nachzuholen und versteigt sich in Vergleiche und Übertreibungen, die ihrer Verführerin gewiß ein Lächeln abringen mußten. Sie nennt sie »goldene Raupe«, »Prinzessin der Ausschweifung«, »Frau Herzensschauder«, »allzu eleganter Engel der Kunst und des Fiebers«, »falsch Enttäuschte«, »Richterin und Betrachterin des guten Sturms«, »schöne Chemikerin des Herzens«, um nur einige Beispiele zu nennen.

Nun muß Lucie Delarue-Mardrus in diesem Wettkampf Aurel noch übertreffen. Es gelingt ihr schon in den ersten Worten ihrer Huldigung:

»Miß Barney. Das ist ein Name, bei dem sich die Gesichter beleben. Ein freimaurerisches Lächeln bei denen, die sie kennen, und aufleuchtende Neugier bei denen, die sie nicht kennen.«

Es folgen kühne Definitionen, wie »ein duftiger Wolkenschleier hinter dem sich ein fester Fels verbirgt«, eine wahre Sturmflut von Adjektiven – »tapfer, hochherzig, geheimnisvoll, nuanciert, groß, sophistisch, spöttisch, aristokratisch« – und Beschreibungen des Salons der Amazone – »ein Ort, an dem sich alle Originalitäten von Paris versammeln«. Allerdings sollte man sich da nicht irreführen lassen. An den Freitagen bei Miß Barney sind keinesfalls nur Weltwunder zu sehen. Schließlich geht man nicht zu ihr wie in den Zoo, um seltene Tiere zu betrachten. Man geht auch zu ihr, um Werte zu treffen.

Werte und Originalitäten spenden Lucie Delarue-Mardrus in fröhlicher Gemeinsamkeit Applaus, und sie, die keine weiteren Argumente mehr findet, definiert Natalie zum Schluß als »einen schicken Kerl«.

Ja, Natalie hat wahrhaftig den Krieg gewonnen und dabei keine Zeit verloren! Während dieser vier kämpferischen und tränenreichen Jahre hat diese scheinbare Müßiggängerin nach und nach ihre *Gedanken einer Amazone* geschrieben, die kurz nach dem Waffenstillstand bei Emile Paul erscheinen. In ihnen begegnet man zehn Jahre später wieder der Treffsicherheit des Gedankens, der in den *Verzettelungen* vorherrschte. Und zudem ist es die Geburt jenes sinnlichen Zynismus, der die beginnenden *tollen zwanziger Jahre* auszeichnen sollte. Die Verführerin behandelt unermüdlich das einzige Thema, das sie wirklich interessiert, die Liebe:

»Die Liebe ist der persönliche Ruhm.«

»Lieben, das ist, füreinander richtig spielen.«

»Verschweigen wir jenen anderen Namen der Liebe: die Unzulänglichkeit.«

»Jede Liebe will über die Liebe hinaus.«

»Liebe, Lyrik der Sinne.«

»Liebe: Eine Kirche für zwei – in der wir allein bleiben.«

Mit einer für ihre Zeit hochmütigen Kühnheit setzt sich Natalie über die sich erst langsam abbauenden Vorurteile hinweg und spricht sich mit Leidenschaft für ihre Neigungen zur Frauenliebe aus, was sie den Frauen gegenüber jedoch nicht blind macht: »Jene Frauen, die an ihrer Reife wie an einer unheilbaren Krankheit leiden.«

Eine weitere Kühnheit: Natalie, die der Sappho huldigt, wagt es, sich auch für Corydon[1] einzusetzen. Mit Überzeugung und Gelehrsamkeit verteidigt sie die Sache der Homosexuellen und beginnt ihre Rede mit dem herrlichen Wortspiel: »Wäre die Erbsünde (péché originel) wenigstens eine originelle Sünde gewesen.«

Und ein letztes Mal rechnet Natalie mit dem verhaßten Krieg ab: »Diese riesige Magic City, die mit ihrem grotesken Schießbudenspiel endet.« Sie prophezeit: »Der Franzose ist wirklich zerstreut, er hat den Krieg über sich ergehen lassen, er hat auch den Sieg über sich ergehen lassen und wird es wohl nicht der Mühe wert halten, ihn zu nutzen.« Sie verschont niemanden. Missionare sind für sie »geistliche Kannibalen, die andere lehren, ihres Gottes Fleisch zu essen und sein Blut zu trinken«. Und sie spottet: »Der bedrohte Katholizismus denkt sogar an eine Rückkehr zum Katholizismus.«

Die steinreiche Natalie gestattet sich den Luxus, das Lob der Armut zu predigen, so wie es heute die Hippies tun:

---

[1] André Gide, Corydon.

»Diese Besitzwut erstaunt mich. Wie weise ist es vielmehr, nichts zu besitzen. Und ist es nicht schon ein wahrer Besitz, wenn man zu beobachten weiß, und wenn man richtig empfindet, was man in seinem Innersten erleben kann?«
Die Amazone beendet ihre *Gedanken* mit einem Testament, das in seiner Kürze die sorgsame Aufzählung der Schmuckstücke ihres ersten Testaments wieder gutmacht:
»Ich habe nichts zu hinterlassen, ich habe mich ausgegeben, und ich habe mein Leben maßlos verschwendet. Ich habe ihm soviel entnommen, wie ich konnte, und ich habe ihm mehr entnommen, als es enthält.«
Die *Gedanken einer Amazone* werden, kaum erschienen, von einer Flut von Lobeshymnen begrüßt. »Ein La Rochefoucauld im Frauenkleid«. »Auf jeder Seite hält man inne, um zu meditieren«, »eine Bereicherung unserer französischen Literatur«, und Edmond Jaloux schreibt im *Eclair:*
»Es fehlt uns nicht an Denkern. Die einen verwässern Pascal, die anderen schreiben von Montaigne ab. Aber in all diesen schwülstigen Auslassungen ist nicht ein Viertel jener wahren Beobachtungsgabe zu finden, die man in Natalie Clifford Barneys so prägnanten und elliptischen Formulierungen entdeckt.
Nur ein Mißton in diesem Lobkonzert: Paul Valéry läßt in einer Fabel Herkules der Amazone begegnen, und Herkules sagt: »Du denkst, also entrinn' ich!«[1]
Natalie verübelt Valéry zunächst diesen schlechten Kalauer nicht allzu sehr, denn sie übersetzt etwas später *Ein Abend mit Monsieur Teste* ins Englische.
Jetzt hat also die Amazone eine Ruhmeshöhe erreicht, die sie nicht mehr verlassen wird. Noch an ihrem Lebensende erhält sie eine glänzende Bestätigung dafür. George D. Painter, der Biograph von Marcel Proust, reiht Natalie Barney unter die vier größten französischen Schriftstellerinnen des zwanzigsten Jahrhunderts ein. Die drei anderen sind Colette, Anna de

[1] *»Tu penses, donc je fuis«*, Persiflage des berühmten Wortes von Descartes *»Je pense, donc je suis«*, oder *»cogito ergo sum«*.

Noailles und Marthe Bibesco. Die Amazone bildet sich darauf nichts weiter ein. Sie schreibt mir: »Painter hat mich in die Wolken erhoben, von denen ich nun hinuntersteige, um Ihnen einen Kuß zu geben.«

1919 kehrt Natalie in die Vereinigten Staaten zurück und verbringt den Sommer mit ihrer Familie in Bar Harbour. Ihre Mutter hatte sich 1911 mit einem etwas zu hübschen jungen Mann, Christian Hemmick, verheiratet und ist nun geschieden. Natalie schließt daraus: »Lassen wir uns nicht zu leicht hinreißen, die Umarmung ist eine Gleichmacherin.«

Nach diesem Familienbesuch ist Natalie erfreut, wieder mit ihrer Romaine in der Rue Jacob zu sein. Die jetzt dreiundvierzigjährige Evastochter blickt gerührt auf ihr Pariser Paradies auf Erden:

»Für andere ist es eine Oase, für mich ist es ein kleines Ägypten mit seinen sieben Landplagen. Keine Blume will hier wachsen. Und doch fällt Schatten und Mondlicht auf mein zartes und in jedem Jahr wieder jungfräuliches Gras. Im Juni hat der Tau oft meine Füße benetzt, und in meiner Hängematte habe ich versucht, dem in den Bäumen aufsteigenden Saft zu lauschen. Aber meine täglichen Verabredungen führten mich immer wieder von diesem stillen Stelldichein fort. Dieses zwischen den Häusern eingeschlossene Stückchen Natur ist wie eine große baumbewachsene Wohnung, über dem der freie Himmel wie ein Dachfenster liegt und wo der Wechsel der Jahreszeiten kaum eindringt.«

Die »sieben Landplagen«, die jedoch nicht genügen, um die Freude an diesem Paradies zu verderben, sind die Ameisen, Raupen, der Ruß, das »zähe Flaumhaar« der japanischen Linden, der Rauch einer benachbarten Druckerei, die Metallsäge eines Photograveurs und der überall eindringende Efeu. Aber eine Verführerin hält jeder Invasion stand, auch der des Efeus.

1920 veröffentlicht die Amazone einen kleinen Gedichtband, *Poems et Poèmes, autres alliances*[1], der gleichzeitig bei Emile

[1] *Poems und Gedichte, andere Bündnisse.*

Paul in Paris und bei George H. Doran in New York erscheint. In diesen Gedichten besingt sie in englischer und französischer Sprache, in Alexandrinern oder in achtsilbigen Versen unerschütterlich die Frauen und die Frau, die ihr »Quelle und Brand« ist.

Die Modetorheiten der fünfundzwanziger Jahre haben keinen Einfluß auf die Vestalin des Freundschaftstempels. Aber auf der Straße erscheinen die ersten kurzen Röcke, und Natalie ist gar nicht davon angetan:

»Diese kurzen Röcke: all die Frauenbeine, die ganz unaufgefordert ihre kaum erwarteten krummen Säulen zeigen. Arme Beine, denen man da auf der Straße begegnet, X- und O-Beine ohne gefüllte Rundungen und ohne trainierte Geschmeidigkeit. Was ist nur aus diesem Tanz, dieser Kadenz geworden, die man Schreiten nennt?«

Mit den kurzen Röcken kommt auch der kurze Haarschnitt auf, und Natalie glaubt sich zu diesem Opfer verpflichtet. Ihre von Liane de Pougy, Renée Vivien und einigen anderen so heiß geliebten »Mondstrahlen« fallen unter der Schere des Friseurs. Später schreibt Colette in ihrem *Vesperstern* über das Ereignis:

»Mein ein Meter achtundfünfzig Zentimeter langes Haar, das Silberstroh, das die Stirn der Amazone krönt, und ach so viele Ernten wurden einer Modelaune zuliebe niedergemäht.«

Alles scheint sich zu verändern, und Natalie beobachtet mit ihrer gewohnten Wißbegier die Modeneuheiten, diese Jugend, die »von Drogen infiziert« ist oder sich »wie ein Fötus im Alkohol in den Glasbehältern der Bars konservieren läßt«. Und die von Baudelaire besungenen »Blümlein von auserlesen krankhafter Blässe« sind von robusten Mannweibern verdrängt, die in ihren Torpedos herumbrausen und ebenso gut fluchen können wie die wütenden Autoschlosser.

In der Mode ist Paul Poiret maßgebend. Natalie unterwirft sich seiner Herrschaft, und bei diesem großen *Couturier* kommt es natürlich nicht in Frage, wie mit den Schwestern Callot über den Preis eines Kleides zu handeln. So bezahlt Natalie ohne zu murren am 30. Mai 1922 eine Rechnung über dreitausendsechshundertsechsundzwanzig Franken und fünfzig Centimes. Für diesen Betrag darf die Verführerin sich in ein »glänzendes schwarzes Des Grieux Cape« hüllen, in ein »annamitisches Kleid aus schwarzem Crèpe Marocain mit grüner Fütterung« schlüpfen, oder in ein »schwarz-glänzendes Nirvanakleid«. Auch eine »Weste aus weißem Crèpe Georgette« ist dabei.

Als ich die Amazone fragte, wie eigentlich dieses schwarzglänzende Nirvanakleid von Paul Poiret aussah, konnte sie sich nicht mehr daran erinnern und begnügte sich damit, dieser vergangenen Eleganz nachzuträumen ...

Es ist auch die Zeit der »Kameradschaft«. Die Frau, die dem Manne ebenbürtig sein will, zeigt nicht mehr ihren Schmuck, sondern ihre Muskeln. Die sportliche Natalie brauchte nicht auf die zwanziger Jahre zu warten, um zu reiten, zu schwimmen, schwedische Gymnastik zu treiben oder sich in völliger Nacktheit zu gefallen, wenn es ihr Spaß machte und wenn nur einige Bäume, das Meer oder eine aufmerksame Nymphe zugegen waren.

Und es ist die Zeit der Nachtlokale. Natalie ist nie in eines gegangen. Sie liebt es, früh schlafen zu gehen. Eine durchaus lobenswerte Angewohnheit, die sie allerdings »ein Abenteuer des Geistes« mit Marcel Proust kostete. Er nämlich wünschte, diese Amazone kennenzulernen, die durch ihre Liebschaften mit Liane de Pougy, Renée Vivien und dem in Leidenschaft entbrannten Gourmont zur Legende geworden war. Er beauftragt ihren gemeinsamen Freund Paul Morand, sie um eine Verabredung zu bitten. Während des Balls der *Petits Lits Blancs* 1921 unterbricht Paul Morand einen Tanz mit der »wie ein Paradiesvogel aufgetakelten« Cécile Sorel, um sich bei der Amazone seines Auftrags zu entledigen. Aber die Verhandlung erweist sich als schwierig. Natalie geht zu Bett, wenn Marcel aufsteht. Wie Sonne und Mond haben diese beiden Gestirne wenig Chancen, sich zu begegnen. Schließlich findet man einen Kompromiß. Proust wird um Mitternacht in die Rue Jacob kommen.

Natalie wartet. Sie bemüht sich, nicht einzuschlafen, liest ein Buch und achtet auf die Temperatur, die auf Verlangen des Besuchers zweiundzwanzig Grad sein muß. Proust erscheint pünktlich. Sodom und Gomorrha stehen sich gegenüber und entdecken, daß sie sich nichts zu sagen haben, was Marcel Proust dazu veranlaßt, seine mondäne Vorstellung zu geben, die bis zum Morgengrauen andauert. Natalie sitzt regungslos in ihr Hermelincape gehüllt, hört ihm zu und fällt ein hartes Urteil über diesen Auftritt, den sie nicht unterbricht. Ein halbes Jahrhundert später war die Amazone noch immer starr vor Entrüstung:

»Eine ganze schlaflose Nacht, nur um mir sagen zu lassen, daß mein Lachen dem der Madame Greffulhe ähnle!«

Sie haben sich nie mehr gesehen, und das ist schade. Man könnte von den Früchten träumen, die eine Freundschaft zwischen Marcel Proust und Natalie Barney ergeben hätte – und welcher Briefwechsel hätte da entstehen können! Denn in dem halben Dutzend Briefe, die notwendig waren, um diese mitternächtliche Begegnung festzusetzen, hatte Proust gehofft, daß eine Freundschaft unvermeidlich sei, und vorausgesehen:

»... und danach, wenn wir uns besser kennen, werden wir gemeinsam entscheiden, wen wir unseres Einverständnisses für würdig befinden.«[1]

Das Einverständnis fand nicht statt, und selbst *Sodom und Gomorrha*, dessen zweiter Band gerade erscheint, findet vor Natalie keine Gnade, denn sie findet als Sachverständige die Frauen Gomorrhas »unwahrscheinlich«.

Immerhin bedeutet das Jahr 1922, in dem Proust starb, den Untergang einer Welt, die auch die Welt in Natalies Jugend war. Kaiserreiche sind zerfallen, Republiken sind ihnen gefolgt, Herzoginnen machen Ladengeschäfte auf, Verkäuferinnen heiraten Maharadschas. Aber diese Umwälzungen berühren Natalie nicht, die entschieden nach wie vor »die Freundin der

---

[1] Von Natalie Barney in ihren *Abenteuer des Geistes* zitiert. Emil Paul, Seite 66.

Männer und der Liebhaber der Frauen« bleibt. Sie ist die Freundin so verschiedenartiger Männer wie Max Jacob oder Paul Valéry. Sie nimmt sich sogar vor, die finanziellen Probleme Valérys zu lösen und sein Werk in den Vereinigten Staaten einzuführen. Sie verzichtet jedoch auf dieses doppelte Vorhaben, als *Monsieur Teste* sich den Akademikern und den Spitzen der Gesellschaft anzubieten beginnt, und sie sagt:
»André Gide geht seinen Lastern mit mehr Haltung nach als Paul Valéry seinem Ruhm.«
Sie verschließt den Stapel Briefe von Valéry in ein Fach ihres Sekretärs, und von Zeit zu Zeit holt sie ein Briefchen hervor, in dem sich zwischen zwei Dankesbezeugungen jenes merkwürdige Geständnis befindet:

Ach! Wie gern wäre auch ich eine Amazone. Ich habe mir schon beide Brüste verbrannt, ich glaubte, es würde meinem Hirn nützen, wenn ich sie versengte![1]

Ach! Die Frauenbrüste! Die Amazone ist von ihnen besessen. Zu ihrer Verteidigung zögert sie nicht, 1924 auf die Barrikaden zu steigen, um einen ihrer Schlechtmacher, Ramón Gómez de la Serna, zu bekämpfen. Dieser junge spanische Schriftsteller hat dem Busen ein Buch gewidmet und die Stirn besessen, sie mit »Schläuchen« und mit »Senfpflastern« zu vergleichen. Die Amazone geht zum Gegenangriff über und schreibt eine Antwort, die sie »dem Manne, dem schlecht entwöhnten Wesen« widmet. Als Kennerin widerlegt sie Punkt für Punkt die von Gómez de la Serna hervorgebrachten falschen Behauptungen. Mit lyrischem Schwung und Genauigkeit lobt sie »diese nur den Erwählten zugänglichen schwierigen Gipfel«, die »Qualität und Rasse eines Liebhabers viel besser bestimmen als jene Unterleibsspiele«. Sie beendet ihre Verteidigungsrede mit dem prachtvollen Satz: »Wenn ich den Busen vor eurer männlichen

---

[1] Von Natalie Clifford Barney in *Abenteuer des Geistes* zitiert. Emile Paul, Seite 145.

Unwissenheit und eurem Unverständnis verteidige, habe ich das Gefühl in gewissem Sinne mein Vaterland zu verteidigen!«
Bei einer Abendgesellschaft erklärt sich Gómez de la Serna als geschlagen und schlägt vor, der Amazone »auf dem Artemision von Paris« ein Denkmal zu errichten. Leider blieb dieser Wunsch unerfüllt, und das ist schade, denn dieses Denkmal wäre auch heute noch gewiß der Treffpunkt aller Pariser Amazonen ...
Um sich von den Strapazen dieses Feldzugs für den Busen auszuruhen, zieht sich Natalie mit Romaine für den Sommer an die Gestade der Provence zurück, die ihre Landsleute – wie Scott Fitzgerald oder Frank Jay Gould – entdeckt hatten. Am Strand von Beauvallon trifft sie Colette, die vom benachbarten St. Tropez herüberkam. Natalie und Colette gehen zusammen schwimmen. Natalie ist ungeduldig und ruft Colette zu:
»Du drehst dich ja im Kreise herum! Du kommst nicht vorwärts.«
»Und wo soll ich denn hinschwimmen?«
Selbst wenn sie schwimmt, weiß die Verführerin stets, wo sie hin will.
Danach läßt sich Natalie von Romaine überreden, mit ihr nach Italien zu fahren. Dort statten die beiden Freundinnen Gabriele d'Annunzio einen Besuch ab. Er hat bereits die *Gedanken einer Amazone* gelesen und die Seitenränder des Buches mit »blauen Zeichen der Bewunderung« angefüllt. Er schenkt Natalie ein Exemplar seiner *Betrachtungen des Todes* und widmet es ihr mit den Worten: »Für Natalie, die den Tod nur betrachtet, um das Leben zu schmieden.«
Natalie hat nicht nur ihr Leben, sondern auch ihre Legende geschmiedet. Und ihre Legende hat später Radcliffe Hall zu ihrem Roman *Quell der Einsamkeit* inspiriert, in dem Valérie Seymour deutlich die Züge Natalies trägt. Dieses 1928 in England erschienene und ganz der lesbischen Liebe gewidmete Buch ruft einen Skandal ohnegleichen hervor, der aber die nun an ihre Musenrolle gewohnte Natalie nicht aus der Ruhe zu bringen vermag. Sie liest darin über sich selbst:

»... Valéries Leben war an sich schon sehr gewagt... Sie war (...) eine Art von Pionier, und ihr Name könnte wohl Geschichte machen. (...) Ihre Liebesabenteuer könnten drei Bände füllen, selbst in einer gesäuberten, zensurierten Ausgabe. Große Männer haben sie geliebt, große Dichter haben sie besungen, und einer soll sogar gestorben sein, weil sie sich ihm verweigert hatte, aber Valérie war nun einmal von Männern nicht angezogen...«

All diese männlichen und weiblichen Schriftsteller wurden von Natalie Barney in einem 1929 bei Emile Paul erschienenen Band, *Abenteuer des Geistes,* versammelt vorgestellt. Von all ihren Büchern hat die Amazone dieses am liebsten. Es ist die Bilanz ihrer sich auf zwanzig Jahre erstreckenden intellektuellen Flirts und literarischen Leidenschaften, es ist ihr persönliches Museum, das Pantheon ihrer großen Bewunderungen und kleinen Verachtungen. Es ist der handgreifliche Beweis ihrer Verführungserfolge, von Rémy de Gourmont »dem mönchischen Faun in härener Kutte«, der »zu klarsichtig war, um ehrgeizig zu sein«, bis zu Anatole France mit seiner »unverbesserlichen, charmanten schüchternen Höflichkeit«, zu Pierre Louys »diesem Vergewaltiger der Sitten« oder Rainer Maria Rilke »diesem unzeitigen Wesen«.

Und die Frauen: Romaine Brooks, die »zwar keine erträglichen Freunde, dafür aber auch nicht die ihr gebührenden Feinde gehabt hat«, Renée Vivien, »die den Ruhm suchte (aber nur weil sie an der Liebe verzweifelte)«, Djuna Barnes, »rechtschaffen, unversehrt und doch abgenutzt«, oder Colette, »die immer nur einen Mann auf einmal liebt, um ihn sich besser zum Sklaven zu machen«, Elisabeth de Gramont »würdig in jeder Lebenslage, ihre Natur ist der Talisman der *wahren* Lebenskunst«. Lucie Delarue-Mardrus, Anne Wickham, Gertrude Stein und viele andere vervollständigen diese einzigartige Porträtgalerie, der man jenen Aphorismus der Amazone als Motto voransetzen könnte: »Für mich war die Indiskretion stets ein Privileg des Taktes.«

In *Abenteuer des Geistes* erzählt die Amazone auch die Geschichte ihres Salons, der ihre Schöpfung, ihr geliebtes Kind ist. Sie bittet Romaine um eine Illustration, auf der all die Berühmtheiten abgebildet sind, die seit zwanzig Jahren die Rue Jacob besucht haben. Romaine erklärt Natalie jedoch, daß es ihr unmöglich sei, einen solchen Wunsch zu erfüllen.

»Warum versuchst du es nicht selbst?« rät sie ihr. »Das wäre doch viel amüsanter.«

Das Zeichnen ist eines der wenigen Gebiete, auf denen Natalie nicht begabt ist. Mit großer Mühe bringt sie die vier Säulen ihres Tempels auf das Papier, und zwei Personen auf den Stufen stellen die Amazone und Rémy de Gourmont dar. Auf einem Tisch sind eine große Anzahl von Kreisen, die Teetassen darstellen, und auf jedem Kreis steht ein Name. Mit der Zeit hat diese Liste die erhabene Schönheit der Aufzählungen in den Pyramiden angenommen:

Jean du Breuil de Saint-Germain, José de Charmoy, Apollinaire, Isadora Duncan, Armande de Polignac, Bonnefon, d'Humières, Rodin, Ford Madox Ford, Arthur Symonds, Aman-Jan, Vallette, Supervielle, Louise Weiss, Pierre Louys, William Carlos Williams, Lady Westmacott, Edouard Herriot, Catherine Pozzi, Tagore, Sylvia Beach, Porto-Riche, Van Dongen, Lucie Delarue-Mardrus, J.-C. Mardrus, Salomon Reinach, Dolly Wilde, Jaloux, Darius Milhaud, Géraldy, Seignobos, die Arnoux, Middleton, Blaise Cendrars, Max Jacob, Cassou, Miomandre, Henry de Groux, Pasteur Vallery-Radot, Paul Valéry, Madeleine Marx, Sévérine, Jean de Gourmont, Montesquiou, Marie Lénéru, Berthe Bady, France, Guy de Pourtalès, Alfred Fabre-Luce, Esther Murphy, die Bradleys, Gertrude Stein, Alice Toklas, Saint-Léger, Benda, Colette, Moreno, Greta Prozor, Laura Dreyfus Barney, Hélène Berthelot und Philippe, Gomez de la Serna, Milosz, Baronin Brimont, Sinclair Lewis, Olga de Bononska, Larbaud, Porel, Fargue, Ezra Pound, Paul Fort, André Germain, Antonia Addison, Alestair, Soupault, Radcliffe Hall, Lady Troubridge, Sir James und Lady Fraser, Suzanne Heudebert, Marie Laurencin, Morand, René Crevel, Eileen Grey, Dr. Couchoud, Pierre Mille und Gemahlin, Mario Meunier, Pr Tchou, Prinzessin Bibesco, d'Annunzio, R. de Rothschild, Elisabeth de Gramont, Barbusse, Drieu La Rochelle, Virgil Thompson, Florent Schmitt, Honegger, Wanda Landowska, Gide, Eve Francis, Rouveyre, Grasset, die Frachon, Henri Albert, Ilse Deslandes, Edouard de Max, Rilke, Armen Ohanian, Emma Calvé, Léon Barthou, Claudel, Adrienne Monnier, Betsy Gautrat, Eyre de Lanux, Georgette Leblanc, Rachilde, B. Crémieux, Romaine Brooks, Mme d'Angelsy, Lugné-Poe, Dr. und Mme Desjardins, Miriam Harry, Gräfin de la Béraudière, Noémie Renan, Prinz und Prinzessin Bassiano, Aurel, die Casati, Arthur Symonds, Adrienne de Lautrec, Mme du Boot, Chalupt, Manuel, Marcel Herrand, Géniat, Yonnel Dupin, Augustus und Raymond Duncan, Richard de la Galienne, James Joyce, Hélène Dufau, eine Modeschönheit, eine Skeptikerin, eine Gruppe von Salonlöwen und in einer Ecke – natürlich links – Louis Aragon.

II

Natalie 1930

»Erhabene und menschliche Freundin. Bewundernswert erhaben und liebenswert menschlich.«

(Max Jacob an Natalie Barney, am 23. November 1936).

Man wird sich fragen, wie Natalie es fertig bringt, ihre Tage den Abenteuern des Geistes und ihre Nächte anderen Sinnesfreuden zu weihen. Hat sie denn gar keine berufliche Beschäftigung, die sie daran hindert, ausschließlich ihren Vergnügungen nachzugehen? Nein, sie hat keine. Denn nicht einmal die berühmte Krise von 1929, durch die so viele amerikanische Vermögen zugrunde gegangen sind, konnte dem »sagenhaften Vermögen der Barneys« etwas anhaben.

Natalie, ihre Mutter und Schwester erhalten nach wie vor sehr ansehnliche Renten aus jenem unerschöpflichen Trust in Washington, dessen Beschaffenheit und Funktion man mir zu Lebzeiten der Amazone vergeblich zu erklären versuchte. Ich habe nun einmal keinen Kopf für Finanzen.

So gestattet ein monatlicher Dollarregen Natalie, ganz nach ihrem Wunsche zu leben. Und um die Erfüllung ihrer Wünsche zu gewährleisten, wird ein ganzer Stamm von Dienerschaft in der Rue Jacob 20 beschäftigt: Eine Gouvernante, ein Chauffeur, ein Zimmermädchen und zwei Indochinesen, die je als Koch und Butler fungieren. Aber in dieser kleinen Welt geht es nicht ohne Dramen zu, unter denen dann Mademoiselle zu leiden hat. Allerdings ist Mademoiselle äußerst anspruchsvoll. Mademoiselle legt großen Wert auf Vollkommenheit, und da niemand aus ihrer Dienerschaft vollkommen ist, erscheinen immer neue Gouvernanten, Zimmermädchen, Chauffeure und Köche. Endlich aber fällt am 8. Juni 1927 doch eine Vollkommenheit namens Berthe vom Himmel. Eigentlich war es jedoch nicht der Himmel, der ihr diese burgundische Perle schickte, sondern eine Freundin von Mademoiselle, die Romanschriftstellerin Djuna Barnes, der der Frohsinn dieser dreiundzwanzigjährigen Verkäuferin eines angloamerikanischen Spezialitätengeschäfts aufgefallen war.

Berthe liebt nur das Reisen. Und Mademoiselle reist viel. Berthe tritt zunächst eine Stellung als einfaches Zimmermädchen an. Während der folgenden fünfundvierzig Jahre verläßt die reisefreudige Berthe allerdings praktisch nie mehr den Freundschaftstempel, außer wegen einiger kurzen Ausflüge in die Provence oder nach Italien, wo sie Mademoiselle hinbegleitet.

Berthe hat mit ihrer Ehrlichkeit und ihrem gesunden Bauernmädchenverstand schon nach zwei Jahren das Haus und das ganze Stadtviertel erobert. Ihre lebhaften blauen Augen und ihr Lockenhaar haben es bald Henri Cleyrergue, dem Angestellten der benachbarten Buchdruckerei, angetan. Berthe und Henri heiraten, und das junge Paar bezieht eine oberhalb des Eingangsportals der Rue Jacob 20 gelegene Wohnung. So braucht Berthe nur den Hof zu überqueren, um ihren beruflichen Haushälterinnenpflichten nachzugehen, die Mademoiselle in einer Buchwidmung folgendermaßen beschrieben hat:

Für Berthe, meine Bibliothekarin, Hausdame, Telephonistin, Krankenpflegerin, Mädchen für alles, Köchin, Kammerzofe, Vertraute, Gesellschafterin meiner Wintertage, in Dank für ihre Hilfsbereitschaft in allen Schwierigkeiten, die es mir ermöglicht hat, etwas Zeit zu finden, um diese Gedichte zu schreiben. Von ihrer oft reizbaren aber stets in Zuneigung ergebenen
Natalie Clifford Barney.

Am Anfang hatte sie es nicht leicht. Berthe wußte damals noch nichts von »jenen Dingen«, über die man im Dienstbotenzimmer tuschelt und die ihr die Portiersfrau lakonisch mit den Worten bestätigt: »Mademoiselle ist eine Frauenfrau.« Berthe weint. Berthe möchte fortgehen. Berthe glaubt sich in der Hölle. Aber die Flammen dieser Hölle können diesem ehrlich rechtschaffenen Salamander nichts anhaben. Mit beispielhafter Schlichtheit und dem ihr angeborenen Takt setzt sie sich über die tausend Intrigen dieses Serails hinweg.

Wie hat Berthe es fertiggebracht, zum Großwesir und zur Freundin der Amazone zu werden? Ein einziges Wort ihres Vokabulars erklärt es: »Ich habe mich herausgemausert.« Das heißt, sie hat es verstanden, sich aus allen Schwierigkeiten herauszuhelfen. Sie hat der alten Maria im obersten Stockwerk ihre Küchengeheimnisse abgelauscht, sie hat gelernt, ungebetene Gäste abzuwimmeln und Mademoiselle jeden Wunsch von den Augen abzulesen.

Sie sagt: »Ich habe die Interessen von Mademoiselle wahrgenommen, als wenn es meine eigenen wären.« Die Kontenbücher stimmen stets genau, und das Haus ist sauber und ordentlich gehalten. Das Ansehen Berthes ist hoch, und der ganze Klan Barney bringt ihr Achtung und Respekt entgegen. Wenn Lucie Delarue-Mardrus einen neuen Roman veröffentlicht – und Gott weiß, wie oft sie das tut – schickt sie ein Exemplar an Natalie und eins an Berthe. Bald folgt Colette diesem Beispiel. Sie findet besonderes Vergnügen an Berthes burgundischem Akzent, der dem ihren sehr ähnlich ist, bewundert ihre Tüchtigkeit und rät Natalie: »Die solltest Du aber unbedingt behalten!«

Ein einziges Mal ist ein Gewitter ausgebrochen, das auf einem Mißverständnis beruhte. Es war 1929. Berthe packt den Koffer der Amazone, und im Glauben, »richtig zu handeln«, verstaut sie Nähzeug im Gepäck, »Faden, Knöpfe und Nähnadeln«. Mademoiselle erbleicht ob dieser ungewollten Beleidigung und sagt: »Berthe, daß mir das nicht noch einmal vorkommt!« Und sie erklärt der verdutzten Perle, daß eine Ama-

zone sich nicht mit Nadel und Faden abgibt und daß es Leute dafür gäbe. Berthe hat es sich eine Lehre sein lassen.
Berthe befreit Mademoiselle von jeder häuslichen Sorge. Sie paßt sich vollkommen der Gesellschaft und dem Rahmen an, an den Miß Barney seit zwanzig Jahren gewöhnt ist. Nichts hat sich verändert. Auf den Bildern von Carolus Duran und Alice Pike Barney im Erdgeschoß hat sich die unvermeidliche Patina gesetzt. Nur im Speisezimmer hängen zwei neue Gemälde von Romaine Brooks, ein Porträt der Hausherrin, die so selbst während ihrer Abwesenheit ihre Gegenwart bekundet, und ein Porträt der Herzogin von Clermont-Tonnerre.
Das erste dieser Bilder, das 1920 entstanden ist, zeigt eine träumerische Amazone im Schnee. Sie trägt das Saphirhalsband, das Romaine ihr geschenkt hat. Das zweite, 1924 gemalte Bild, stellt eine Herzogin dar, die entschlossenen Mutes dem Schafott, der Verbannung, einer Abendgesellschaft oder einer politischen Versammlung entgegenblickt. Die »liebe Lily« hat nämlich starke Sympathien für den Kommunismus. Man hat sie die rote Herzogin genannt. Erst nachdem sie zweimal in Sowjetrußland gewesen ist, hat die Herzogin auf diese Farbe verzichtet. In den Tagen kurz vor der Volksfront hat sie noch alle ihre Illusionen, was sie nicht daran hindert, ihr Zimmermädchen mit solcher Heftigkeit zu beschimpfen, daß diese zum Gegenangriff übergeht:
»Die Frau Herzogin wird es nicht wagen, mit mir in diesem Ton zu reden, wenn man erst einmal mit roten Fahnen durch die Straßen zieht.«
»Eben da sind Sie sehr im Irrtum, mein Mädchen, denn die rote Fahne werde ich tragen.«
Die Antwort ist bezeichnend für diese Frau, die stets sicher ist, ihren gebührenden Platz einzunehmen – den ersten Platz natürlich. Die Herzogin trägt dann zwar nicht die Fahne, aber sie nimmt an den Umzügen der Volksfront teil und marschiert wacker mit erhobener Faust. Natalie bemerkt dazu:
»Mit erhobener Faust? Warum denn nur, Liebling? War das nicht ermüdend? Hat dir der Arm nicht wehgetan?«

Und wenn die Herzogin nicht marschiert, glänzt sie in den Salons oder in den Antiquitätengeschäften, wo sie eine von Carpeaux modellierte Statue Watteaus entdeckt. So steht nun Watteau auf einer rosa Marmorsäule zwischen zwei Gemälden von Romaine Brooks und scheint über die Einschiffungen auf die Liebesinsel Kythera zu wachen, die sich vor seinen Augen abspielen.
Die Verführerin ist entschlossen, alle Vorteile, die ihr ihre fünfzig Jahre bieten, voll auszukosten. Sie hat selbst in diesem Alter immer noch etwas Jungmädchenhaftes, auch wenn sie durch den vielleicht zu häufigen Genuß ihrer Lieblingsspeisen – Brathuhn in Rahmsauce und Eistorte – ein wenig fülliger geworden ist. Sie trägt hohe Kragen und weiße oder schwarze Halstücher, um die auftretenden Falten am Hals zu verbergen. Sie hat majestätische Haltung, denn sie gehört noch der Generation an, die mit dem Losungswort »halte dich gerade« erzogen worden ist. Niemals habe ich die Amazone sich in ihrem Sessel zurücklehnen gesehen, auch als sie alt und müde war. Bis zu ihrem letzten Tag hat sie eine Haltung bewahrt, um die sie viele unserer schlappen jungen Damen beneiden könnten.
Die fünfzigjährige Natalie in ihrer begnadeten, kraftstrotzenden Reife hat es entschieden vermeiden können, den Abstieg anzutreten, wie es Liane tut. Denn ihre einstige Geliebte, die ihr noch immer in Liebe zugetan ist, ist alt geworden, und ihre Briefe werden zu Krankheitsberichten:

Liebe Moonbeam,
ich bin immer noch leidend. Ich bin zu Bettruhe, Quittengelee und Reis verurteilt. Ich war sehr krank, hatte große Schmerzen, und George war sehr beunruhigt, denn man fürchtete Blinddarmentzündung in der letzten Nacht. Aber es war falscher Alarm.
Ich kann vor Samstag nicht das Haus verlassen. So wird sich, wie ich sehe, der Freundschaftstempel noch nicht dieser Tage für mich öffnen. Aber das macht nichts. Die Zärtlichkeit ist da und begegnet der meinen über so viele Menschen und Dinge

hinweg. Am Montag fahre ich nach Saint Germain. Ich werde mit dem Rolls-Royce fahren, denn ich bin noch sehr schwach, und ich will dort in meinen Armen einen kleinen rotlackierten Schreibtisch hintragen, den ich ganz entzückend finde. Man muß sich überall kleine Freuden schaffen, um den großen Kummer zu verbergen. Du bist eine große und seltene Freude, liebe Moonbeam, von einst und für immerdar. Komm bald zurück. Bring Romaine mit, sie gefällt uns. Aber bring nicht die andere[1]*, die wirklich höflicher hätte sein können, und die mir erzählte, Du pflegtest kleine Negerkinder.*
Du bist so sehr Du selbst geblieben, meine liebe Kleine, mit Deiner rührenden und lächelnden Nachsicht, die sich von den Kleinsten bis auf die Ältesten erstreckt, und die weit über sie hinausgeht. Komm, komm zurück, erscheine, erstrahle, mein zartes Mondlicht.

Ja, Liane hat recht. Natalie ist ganz sie selbst geblieben. Sie ist nicht der Versuchung verfallen, nur eine Literatin zu sein oder nur noch für ihren Salon zu leben. Sie hat es vorgezogen, den vielfältigen Versuchungen der Liebe nachzugeben. Und darüber hat sie vergessen zu altern. Denn nur die tägliche Übung in den Freuden der Sinne erhält die Jugend, und nicht Diätkost, Gymnastik und Algenbäder. Die Sinnesfreuden verleihen der ihnen gläubig Ergebenen das Privileg ewigen verführerischen Charmes, wie eine Ninon de Lenclos ihn besaß, und die Opfer dieser Ninon aus Lesbos während der Jahre zwischen den Weltkriegen sind nicht zu zählen. Ihr angeborener Eroberungsdrang stützt sich jetzt auf eine sorgsam geplante Strategie, die sowohl die Freuden einer langwährenden, genußvollen Belagerung als die eines gnadenlosen Überraschungsangriffs einschließt. Und wie gewandt diese Jägerin im Angriff ist! Dauert die Jagd zu lange, so ist Romaine verärgert. Romaine weiß zwar, daß sie im Herzen Natalies die Sultanin ist. Und als gute Sultanin liebt sie nicht gerade die Favoritinnen einer oder mehrerer Nächte.

[1] Es war unmöglich, diese »andere« zu identifizieren.

Der Frieden der Rue Jacob 20 wird zuweilen gestört, wenn Natalies Abenteuer sentimentale Streitereien heraufbeschwören. Aber man beachte: Derartige Meinungsverschiedenheiten werden nur im Tone einer erbarmungslosen Höflichkeit ausgetragen. Schließlich ist man unter »wohlerzogenen« Damen, deren Lebensart keine Auftritte, Schreie oder Raufereien zuläßt. Wenn eine Favoritin einen Selbstmord beabsichtigt, hat sie wenigstens den Takt, sich im letzten Augenblick retten zu lassen. Und vor allem keine Szenen bei Tisch! Denn beim Essen müssen sich die Sultanin und die Favoritinnen gegenübersitzen und lächeln. Nichts darf die Verdauung Natalies stören oder das Zeremoniell ihrer Welt, in der es kein Ereignis ist, nach jedem Essensgang die Teller zu wechseln, und in der es normal ist, einen Ahnen zu haben, nach dem eine Straße benannt ist.

Am Hofe Natalies wäre eine Dubarry mit ihrer Frechheit nicht geduldet worden. Das ist aber kein Snobismus, denn Natalie macht keinen Unterschied zwischen einer Prinzessin aus königlichem Geblüt und einer Königin des Charmes, vorausgesetzt, daß beide sich der Etikette der Verführerin beugen. Um Natalies Gunst zu erwerben, muß man leise sprechen können, wissen, wann man zu schweigen hat, Tee servieren und trotz der Ungezwungenheit der tollen zwanziger und dreißiger Jahre die zerbrechliche Blumenhaftigkeit einer Jungfrau von 1898 bewahren. Natalie ist ihrem Schönheitsideal, das vielleicht am besten von der lianenhaften Liane verkörpert wurde, treu geblieben. Man sieht höchst selten einmal eine »Garçonne« im Salon oder in den Armen der Amazone. Denn diese Mannweiber würden ja nur die um ihre geliebte Königin gescharten exquisiten Feen, jene jungen Lianen, erschrecken und verscheuchen!

Ordnung und Anmut, Pracht, Ruhe und Wollust – Natalie hat sich die Lehre Baudelaires zu eigen gemacht. Anmut, Pracht, Ruhe und Wollust – und eine gewisse Unordnung allerdings – bestimmen das Leben Natalies und sein steinernes Symbol, den Tempel der Freundschaft. Zwei der hervorragendsten Favoritinnen halten sich hinter den dorischen Säulen und der dreieckigen Giebelfassade auf. Dolly Wilde, »die brillante Nichte Oscars«, und Schewan de Erne. (Für letztere habe ich ein Pseudonym gewählt, das den merkwürdigen Klang des Namens und Vornamens dieser Dame widergibt, ihr aber gestattet, ihren Lebensabend friedlich in Gesellschaft ihres Ehemannes irgendwo in Amerika zu verbringen.) Leben sie heute noch so, wie die Amazone es bissig tadelnd beschrieb?

»Sie waren ein Paar, das die Spielregeln des Anstands, der Verantwortung und der gegenseitigen Höflichkeit schlecht beherrschte. Ein Paar, das von nicht zu rechtfertigenden Ansprüchen lebte und sich ganz auf die Initiative meiner Freundschaft allein verließ, die leider eben keine unerschöpfliche Quelle ist. Schewan war eine bereits welkende Schönheit, die aber dem Paar als Aushängeschild dienen mußte. Sie mühte und zwang sich zu allerlei Betätigungen, denen sie kaum gewachsen war, um ihren Mann in seinem unproduktiven Müßiggang leben zu lassen. Und ihr Mann war ein kleines Tier mit einer tonlosen Stimme – seine Ahnen haben sich sicher einmal die Syphilis geholt. Er liebte Bleisoldaten und Gespräche über Politik und Kunst. Natürlich verstand er weder etwas von Politik noch von Kunst.

Er war ein Bleisoldat. Schewan hatte einen Bleisoldaten geheiratet, allerdings einen von besonderer Art. Dieser Soldat profitierte nämlich von allen Wohltaten, die man seiner Frau entgegenbrachte. Aber er verteidigte seine ehelichen Rechte und paßte sehr auf, daß die Ware nicht geliefert wurde.«

Das erklärte mir Natalie mit ihrer gewohnten, schwungvollen Offenheit.

Die übrigens sehr schöne Ware wurde dennoch »geliefert«. Es kommt zu einer Liebesaffäre, die leidenschaftlich genug ist, um Romaine zu beunruhigen und Dolly in Sorge zu versetzen. Schewan bemüht sich, mit billiger Überschwenglichkeit ihren Mangel an Temperament zu verbergen. Der Abdruck ihrer geschminkten Lippen auf ihren Briefen zeugt von schlechtgespielter Leidenschaft. Natalie läßt sich täuschen. Aber lange läßt sich eine erfahrene Verführerin nicht an der Nase herumführen. Und die Amazone erklärte mir kurz zusammenfassend, was sie auseinanderbrachte: »Ihr war das Vergnügen an der Wollust egal. Mir nicht.«

Der allzu interessierte Mann und seine zu wenig interessante Gattin werden also aus dem Paradies der Rue Jacob vertrieben. Romaine atmet auf, und Dolly läßt sich die Schlagadern verbinden, die sie sich bereits geritzt hatte.

Dolly leidet allerdings an derselben Schwäche wie Schewan. Sie zieht das Liebesgeflüster den eigentlichen Liebesspielen vor. Aber die Nichte Oscar Wildes hat einen so hinreißenden Charme, daß Natalie über dieses schwere Manko hinwegsieht. Weniger tolerant ist sie jedoch gegenüber Dollys Trink- und Drogensucht, die sie vergeblich zu bekämpfen sucht. Davon kann nichts sie abbringen. Nach jedem Seitensprung Natalies schließt Dolly sich mit ihren Büchern, Flaschen und Tabletten in ihrem Hotelzimmer ein. Vor solchem unordentlichen Betragen kann Romaine nur den Kopf schütteln, verzweifelte Blicke werfen und Natalie vorwerfen, sie habe *wieder einmal* schlecht gewählt ...

Dieser von Romaine so kritisch beurteilte Mangel an gefühlsmäßigem Scharfsinn veranlaßte die Amazone dazu, mir ein Geständnis zu machen, als ich sie eines Tages zum Spaß bat, mir zu sagen, welche der vier Eigenschaften, die ihr jetziges Leben so erfüllt hatten, sie sich für ein künftiges Leben aussuchen würde: Schönheit, Geist, Gesundheit oder Reichtum. Ohne zu zögern antwortete mir die Amazone: »Unterscheidungsvermögen«.

Ich glaube nicht, daß Natalie in ihren Liebesaffären jedes Unterscheidungsvermögen vermissen ließ. Das Porträt, das sie 1931 von Dolly aufzeichnete, läßt einen Charme erkennen, dem man noch heute erliegen kann. Wer hätte dieser »Schöpferin des Phantasiezaubers« widerstehen können, die außer ihrer irischen Schönheit allen Geist der Familie Wilde besaß? Und die, wie Renée Vivien, sich mit hängendem Kopf und gekrümmtem Rücken fortzuschleichen pflegte? »Die von Empfindsamkeit strotzende Dolly (...) hat eher ein künstlerisches als ein mondänes Temperament. Man könnte mir entgegnen, dann sei sie eine Künstlerin ohne Werk? Nein. Diese große Verschwenderin schreibt direkt ins Buch des Lebens, jeder Tag ist die leere Seite, die sie mit ihren Eindrücken, Freuden und Ängsten füllt. Und letztere überwiegen«, schreibt Natalie Barney in *In Memory of Dorothy jerne Wilde* später in den fünfziger Jahren. Und sie fügt hinzu: »Sie ist wie alle jungen Leute von heute unfähig, ein Ziel zu verfolgen – oder darauf zu verzichten. Und daraus entsteht eine Störung und ein Unbehagen ...«

Diese Störung und dieses Unbehagen sind Natalie unbegreiflich, sie versteht es immer weniger und schreibt es schließlich dem Altersunterschied zu:

»Dolly gehört dem Zeitalter des Automobils an und ich dem der Equipagen«, stellt die Verführerin von der Höhe ihres halben Jahrhunderts der Verführung fest. Sie spürt, daß mit den Equipagen auch die Jahre davongerollt sind.

Natalie bewundert an Dolly »ihre Art, sich an allem zu vergnügen«, und ihre Fähigkeit, wie ihr Onkel Oscar, Menschen zu unterhalten. Dolly ist Meisterin im Improvisieren von Festen, und sie ist die Spaßmacherin der kleinen Gesellschaft, die sich jeden Sommer in Beauvallon einfindet.

Natalie und Romaine haben sich 1928 in Beauvallon ein Haus bauen lassen, die Villa *Trait d'Union,* in der sie hoffen, ihren Lebensabend zu verbringen, so daß jede von ihnen ihre Unabhängigkeit bewahren kann. Natalie kann dort nach Belieben ihre Getreuen empfangen, und Romaine, die keine Gesellschaften liebt, kann in aller Stille malen, ohne jemandem zu begegnen, wenn sie es wünscht. Ein Raum wird von den Freundinnen gemeinsam benutzt und dient ihnen als Treffpunkt und gemeinsames Gebiet. Es ist das Speisezimmer, das den Namen der Villa (*trait d'union* = Verbindungsstrich) rechtfertigt.

Natalie liebt Gesellschaft. Romaine zieht die Einsamkeit vor. Und das ist eines ihrer Dramen. In Beauvallon und in Paris steht Dolly Romaine im Weg. Es kann aber auch geschehen, daß die Sultanin und die Favoritin gleichzeitig, ohne sich verständigt zu haben, die Geduld verlieren und Natalie böse sind. Dann wird Berthe beauftragt, die Gesandte zu spielen und Versöhnungsbriefe zu überbringen.

»Madame Brooks wünscht, nicht gestört zu werden. Sie malt«, antwortet die Dienerschaft. »Sagen Sie ihr, es sei für Berthe«, bittet die Vermittlerin.

Schließlich läßt sich Madame Brooks überreden, kritzelt ein paar Worte auf ein Stück Papier und betont dabei: »Berthe, sagen Sie aber Mademoiselle, daß ich nur antworte, um Ihnen einen Gefallen zu tun. Ich tue es nicht für *sie*.«

Bei Dolly spielt sich die gleiche Szene ab. Berthe bringt triumphierend ihre beiden Antworten zurück. *Sie* ist zufrieden und lobt ihre Stegreifdiplomatin. So vergeht der Sommer mit seinen Gewittern und Versöhnungen – und die übrigen Jahreszeiten auch.

Trotz all dieser Sinnesböen und Gefühlsstürme findet Natalie Zeit zum Schreiben. 1930 veröffentlicht sie in London einen Roman, *The One Who is Legion* (Die Eine, die Legion ist[1]), mit zwei Illustrationen von Romaine Brooks. Renée de Brimont schreibt darüber in der Zeitschrift *Le Manuscrit autographe:*

»Das von der Autorin in englischer Sprache verfaßte Werk, dessen Übersetzung – die uns wünschenswert erscheint[2] – die rhythmischen Akzente nur halbwegs wiedergeben könnte, ist nicht weniger, als das Drama des Todes. Das vielfältige Wesen löst sich auf, sucht seine eigene Einheit im Verzicht auf die in ihm angesammelte Vielfalt, sucht seine *Individualität* im unantastbaren Erbe, das es hinterläßt, wenn sich die kurzlebigen Trugbilder entfernt und die Gespenster, deren Mäzen es war, sich eins nach dem anderen verflüchtigt haben ...«

Natalie erklärt dieses Drama des Todes in Romanform folgendermaßen:

---

[1] Eric Partridge ed.

[2] die aber nie erschien.

»Ich war jahrelang von dem Wunsch besessen, die inneren Stimmen, die im Gleichklang zu uns sprechen, zu orchestrieren. So mußte ich einen Roman zusammenstellen, dessen Helden nicht die der Umwelt sondern die unserer inneren Welt sind. Denn haben wir nicht mehrere Ichs? Kann eine Geschichte nicht auch aus unseren verborgenen Konflikten und Harmonien entstehen?«

In einer anderen Ausgabe des *Manuscrit autographe* läßt Natalie zwei Kapitel eines unveröffentlichten Romans erscheinen. Hier verurteilt sie einmal mehr die Ehe und läßt die mit dem durchsichtigen Buchstaben N... bezeichnete Heldin die Rechtfertigung ihres Standpunktes aussprechen:

»N... gehört einer Sorte von Menschen an, die vielleicht einmal weniger selten sein wird, wenn die alte irdische Ehe erst endgültig diskreditiert und es jedem erlaubt sein wird, seine Wesenheit zu bewahren oder wiederzufinden.

In diesem Augenblick der menschlichen Entwicklung wird es keine ›Ehen‹ mehr geben, sondern nur noch Verbindung der Zärtlichkeit und der Leidenschaft. Unendlich viele zartere Fühler werden das Spiel der Beziehungen bestimmen, und dieses Kommen und Gehen wird den Raum erweitern. Denn um etwas zu bringen, muß man von anderswo kommen.

Das In-Treue-Verweilen, jener tote Punkt der Gemeinsamkeit, wird durch ein stetes Werden ersetzt.«

Was mußten Romaine, Dolly und einige andere denken, als sie diese Zeilen lasen? Und wie treffend mußten sie die Selbstbeschreibung ihrer Freundin finden, die sich in diesem Glaubensbekenntnis wie folgt schildert:

»Sie ist eine Epikuräerin von überdimensionaler Sinnlichkeit, ist besonders für jene Freuden begabt, die zwangsweise Qualen mit sich bringen, und leidet im Stillen mit Verbissenheit und Geduld. Immer wieder läßt sie sich auf die gleiche Art überraschen, verletzen und verdrängen. Sie hat Phantasie und Vertrauen, sie widmet sich den anderen zu sehr, um deren Listen und Motivationen zu durchschauen oder sie sich zunutze zu machen. Ihre Offenheit grenzt an Sadismus, aber sie ist zärt-

lich, scharfsinnig, von zurückhaltender Inbrunst, diszipliniert und höflich bis zur Feigheit, und niemand hat sie je leiden gesehen, sie beklagt oder ihr Beistand gebracht.
Wer sich ihr allerdings in solchen Augenblicken genähert hätte, wäre mit einem Hagel von Spott empfangen worden und hätte ihren Kummer eher für Zynismus gehalten. (...) Ein schwaches, aber zähes Herz. Härten, die man bei ihr nicht vermutet hätte. Nerven von stählerner Kraft. Umgänglich, aber unausstehlich im Zusammenleben. Diensteifrig Fremden gegenüber, aber brutal zu ihren Vertrauten. Sie hat eine genügend gute Meinung von sich selbst, um ohne Schmeicheleien auszukommen. Nur wenige Menschen und Dinge sind ihr heilig. Unbeholfene tritt sie mit Füßen und macht sie noch unbeholfener, indem sie sie wie Sklaven behandelt. Ihr Standpunkt ist ohne Überzeugung und wandelt sich, je nachdem, was sie in ihm findet. Die Rechtschaffenheit schätzt sie nicht als solche, sondern als Spielregel. Sie ist wendig und spitzfindig und verachtet die Gerechtigkeit ebenso wie die, die sich aus ihr einen Beruf gemacht haben. Ihr Urteil steht im Zeichen der Rache. Sie liebt es, zu beherrschen, wird aber leicht derer, die sie beherrscht, überdrüssig.
Sie ist von beutegieriger Natur, ohne aber darin einen Nutzen zu suchen. Man glaubt, sie sei geizig, weil man die Fähigkeit, seinen Besitz und den anderer so zu verwalten, daß man nicht mehr daran zu denken braucht, für Geiz hält. Man findet sie hilfsbereit in der Not, aber man findet sie gewitzt und umsichtig.«[1]
Das ist Natalie im Alter von vierundfünfzig Jahren. In derselben Ausgabe des *Manuscrit autographe* weist der Herausgeber der Zeitschrift, Jean Royère, ein ergebener Anhänger Gourmonts darauf hin, wieviel die Amazone »in ihrer Doppelrolle als Eingeberin und Darstellerin des Glücks« zu den *Briefen an die Amazone* beigetragen habe. Dieses Lob läßt Natalie ein wenig die ebenfalls von ihr inspirierte Romangestalt Laurette

[1] Natalie Barney hat diesen Text auch in ihren *Frauenporträts (Mercure de France)* wiederaufgenommen.

Wells vergessen, die Lucie Delarue-Mardrus in ihrem gerade erschienenen *L'Ange et les pervers* (*der Engel und die Perversen*)[1] beschreibt. Lucie hat nichts vergessen – nicht einmal die Hermelindecke, die Natalie bei ihrem Nachmittagsschläfchen benutzt! Natürlich fehlen das »Feenhaar« und die »wie Schwertklingen blitzenden Augen« nicht. Aber das ist nicht alles. Laurette Wells wird als »pervers, ausschweifend, egoistisch, ungerecht, starrköpfig« beschrieben. Allerdings heißt es auch: »Aber Sie sind ja eine wahre Rebellin« und »innerlich sind Sie eigentlich ein netter Kerl.«

Die beiden letzten Zugeständnisse »wahre Rebellin« und »netter Kerl«, die Lucie bereits, wie man sich erinnert, in ihrer Huldigungsrede an Natalie verwendet hatte, schwächen die Härte des Beginns etwas ab.

Lucie Delarue-Mardrus hat sich selbst auch in diesem Roman die beste Rolle zugeteilt. Sie ist Marion Hervin, die »alles gelesen, alles studiert« hat, und die daher berufen ist, Laurette Wells-Barney den Prozeß zu machen:

»Denn Sie sind entsetzlich amerikanisch, obwohl Sie sich den Anschein geben, von nirgendwoher zu sein. Fünfundzwanzig Verabredungen um dieselbe Stunde, in sämtlichen Vierteln von Paris – von den fünf Minuten im Theater und einer Viertelstunde im Konzert ganz zu schweigen. Das ist die krankhafte Hast, die Sie sich auf den Überseedampfern, den Eisenbahnzügen und in den Hotels angewöhnt haben, wo man Sie viel zu früh hinschleppte, wie alle kleinen reichen Yankees.«

Natalie ist von diesen Vorwürfen kaum überrascht. Sie ist an Lucies Starrköpfigkeit und ihre ständigen Kritiken gewöhnt. Als ich der Amazone wieder einmal dieses Porträt der Laurette Wells vorlas, lachte sie und sagte:

»Fünfundzwanzig Verabredungen. Da hat Lucie übertrieben. Achtzehn vielleicht ...«

»Achtzehn bestimmt. In jener Zeit war Mademoiselle immer auf Trab«, fiel Berthe ein. »Mademoiselle, erinnern Sie sich

[1] Ferenczi, ed.

doch. Sie haben sich damals viermal am Tag umgezogen: zum Tennisspiel am Morgen, fürs Mittagessen, für den Nachmittag und für den Abend.«
Mademoiselle erinnerte sich und warf einen kurzen wehmütigen Blick auf ihre strahlende Jugendzeit als Fünfzigerin zurück, als sie achtzehn Verabredungen in der Stunde hatte, sich viermal am Tage umzog und ein fünftes Mal für die Nacht.
In *Der Engel und die Perversen* schreibt sich Lucie-Marion die Gesandtenrolle zu, die Eva Palmer in der Renée-Vivien-Affäre übernehmen mußte. Man erkennt die in Aimée de Lagres verwandelte Renée und die »Nudel«, die hier Gräfin Taillard heißt. Man glaubt, ein letztes Mal die »Veilchenmuse« zu vernehmen, als Aimée de Lagres erklärt:
»Ich werde die Gräfin nie verlassen. Sie ist eine absolute vollkommene Freundin. Sie war so gut zu mir, als ich bereit war – und wie dumm muß ich da gewesen sein! – mir wegen der Wells das Leben zu nehmen.«
Danach verliert Aimee de Lagres allerdings jede Ähnlichkeit mit Renée Vivien und läßt sich von einem zufälligen Liebhaber – ein Kind machen. Die Wells, die Gräfin und die anderen »Perversen« sind entsetzt. Nur Marion-Lucie nimmt sich aufopfernd des Kindes an und zieht den Sproß der Muse aus Lesbos auf. Immer die schöne Rolle. Sechzig Jahre später machte sich die Amazone noch über dieses absurde Ende der Geschichte lustig: »Renée schwanger! Nur Lucie konnte auf solche Ideen verfallen! Im Grunde genommen war Lucie nur eifersüchtig auf Renée.«
Ich verzichte gern auf die Mühe, die von der Amazone verursachten Eifersuchtsdramen aufzuzählen. Sie wiederholte mir stets fröhlich die gleiche Leier: »Ich bin selbst nie eifersüchtig gewesen, aber ich habe immer unter der Eifersucht der anderen leiden müssen.«
Am Freitagnachmittag herrscht allerdings unter den Eifersüchtigen Waffenruhe. Zwischen halbfünf und acht Uhr kann Natalie in ihrem Salon walten, ohne unerwünschte Vorhaltungen über sich ergehen zu lassen. Danach aber beginnt alles

wieder von neuem, und die Eifersüchtigen zerreißen sich gegenseitig für die schönen Augen der Amazone.
Mit Berthes Erscheinen in der Rue Jacob hat sich der Stil der Freitagsempfänge verändert. Sie macht aus jedem dieser Nachmittage ein vorübergehendes Meisterwerk, ein wahres Fest aus Blumen und Früchten. Als würdige Tochter des Burgunderlandes sorgt sie für auserlesene Qualität der irdischen Nahrung. Ihre gezuckerten Erdbeeren, ihre Hühnerfleischsandwiches, ihre Orangen- und Schokoladekuchen erfreuen sich begeisterten Zuspruchs. Sie fügt den rein intellektuellen Freuden des Salons ein Feinschmeckervergnügen hinzu, das Natalie mit gespielter Besorgnis erfüllt:
»Meine liebe Berthe, machen Sie doch aus meinem Salon kein Speisezimmer!«
Dort geben sich an die hundert Menschen den Genüssen des Tees und des Geistes hin. Berthe hat klug für eine Kreisbewegung der Gäste um Miß Barney gesorgt, die, je nach Ansehen, den glücklichen Auserwählten für fünf bis zehn Minuten ins Gespräch zieht, wonach er seinen Platz dem nächsten überlassen muß. Daher bemerkt die Amazone zu mir: »Ich habe keinen Salon gehalten. Ich habe nur Zwiegespräche geführt.«
Natalie thront in ihrem Sessel, sie ist wie die unbefleckte Madonna gekleidet, und ihre blonde Haarkrone ist allmählich weißer geworden. Sie empfängt ihre Freundinnen und Bewunderer mit einem unbeweglichen Lächeln, das sowohl dem der Sphinx als dem der Mona Lisa gleicht. Als erster erscheint der Professor Seignobos. »Der Geschichtsprofessor Seignobos hielt dort oft wahre Vorträge«, notiert Gabriel-Louis Pringué, der sich als Beobachter eingeschlichen hat. In seinen *Trente Ans de dîners en ville*[1] (Dreißig Jahre Abendessen in Paris) skizziert Pringué einen solchen Freitag bei der Amazone im Jahre 1930: »Junge Apollos und Literaten aus England glichen großen schmiegsamen Blumen, die sich durstig dem Licht der Intelligenz zuneigten, sehr gelehrte Amerikaner führten dort äußerst

[1] In der Zeitschrift *Adam* erschienen.

sachkundige Diskussionen, aber stets in gedämpftem Ton, denn kein Lärm drang in diesen Salon der moralischen Ruhe. Selbst die so lebhaft sprudelnde Mme. Katy Fenwick sprach leise. (...) In dieser Atmosphäre des Friedens traf ich die amerikanische Schriftstellerin Gertrude Stein mit ihrem weißen Pudel, der ob sorgfältiger Pflege wie frisch angestrichen wirkte, den ehrenwerten Patrick Balfour, Typ des jungen literarisch gebildeten, englischen Aristokraten, die italienische Pianistin Renata Borgatti, die mit ihrem Cape und ihrer Frisur wie Franz Liszt aussah, Mme. Romaine Brooks (...), die Romanschriftstellerin Lucie Delarue-Mardrus, die Dichterin Baronin Renée de Brimont, die geistreiche und exzentrische Gräfin de la Béraudière, die Herzogin von Clermont-Tonnerre, Autorin der berühmten *Memoiren*, die so anmutig friedfertige Musikerin Gräfin de Chabanne, geborene Prinzessin Armande de Polignac, Mlle. Germaine Lefranc, Autorin sensationeller Theaterstücke, die schöne Mme. Gentien mit ihren beiden schwefelrosa Windhunden (sie sah wie die Statue der jagenden Diana aus)...«

Ja, Diana, ob jagend oder nicht, ist reichlich vertreten. Die schönsten Frauen von Paris sind da, von der blonden Bühnendarstellerin Rachel Berendt bis zur dunkelhaarigen Filmschauspielerin Marcelle Chantal. Frauenliebende Frauen sowohl als männerliebende. Letztere rechtfertigen ihre Anwesenheit als Beweis von Liberalität und Intelligenz. Die frauenliebenden und die männerliebenden Frauen wetteifern an Eleganz, Schönheit und Geist. Zuweilen wird der Salon der Amazone zur wahren Modeschau und ähnelt den Berichten, die die Provinzdamen aus Brest und die Bürgersfrauen aus Atlanta träumerisch in der Zeitschrift *Vogue* nachlesen. Und diese Freitagsgesellschaften haben wahrlich etwas Traumhaftes an sich, sind sie doch himmlische Fügungen, die den Festen der kleinen italienischen Renaissancehöfe gleichen, wo schöne Frauen und Künstler sich inmitten der vom Himmel oder den nahen Hügeln herabgestiegenen Engel erfreuten. Die Engel der Natalie Barney duften nach Chanel »numéro 5« und lassen sich von

Max Jacob, Ezra Pound und anderen intellektuellen Faunen den Hof machen. Der Gesellschaftslöwe Pringué hat nur seine mondänen Bekannten gesehen. Aber neben diesen musizierenden Baroninnen und dichtenden Gräfinnen sind auch wahre Musiker und wirkliche Dichter erschienen, wie die Engländerin Mina Loy, die ihr letztes Werk *Die Witwe und der Jazz* vorliest, und deren *Lob des Genies* von Natalie übersetzt wurde:

Wir sind die priesterlichen Narren, Äther und
Sterne sind die Kost, die uns nährt
Auf den Weiden der Armut.
Und unser Wille
Folgt eigentümlichen Lehren,
Die jenseits eurer Gesetze sind.

Die unermüdliche Quellensucherin Natalie versteht sich darauf, Talente zu entdecken, und scheut keine Mühe, hilft, übersetzt, stellt vor und regt die Werbetrommel. War ein Empfang gar zu ermüdend, so trinkt Natalie eine Tasse Tee, »dieses trinkbare Parfüm« oder ein Glas Orangeade, ißt ein Stück Schokoladekuchen, das Berthe für sie beiseite gelegt hat, und geht in ihr Schlafzimmer hinauf. Aber das geschieht selten. Meistens lädt die Verführerin einige ihrer intimen Freunde zum Abendessen ein: Lily de Clermont-Tonnerre, Dolly, Romaine, André Rouveyre, auch »Bruder André«, »streitender Wüstling«, »schöner Einzelgänger« genannt und besonders als Freund Remy de Gourmonts geliebt. Gourmont hatte einst den zeichnerisch begabten »Bruder André« gebeten, seine Amazone zu skizzieren. Das Bild zeigte eine Natalie mit Schmollippe und einer zu krummen Nase. Gourmont erlitt fast einen Schlaganfall vor Wut und hat André die Karikatur seines Idols nie verziehen. Die Amazone dagegen war ihm, der übrigens auch ein Freund Lianes war, nicht böse. Nach dem Tode Gourmonts illustrierte Rouveyre eine Ausgabe der *Intimen Briefe.* Bald entstand eine wahre Freundschaft zwischen Natalie und André, die auf gegenseitiger Achtung und auf dem Gefallen an langwährenden Späßen beruhte. So saßen sie stundenlang beisam-

men, um die Grundlage einer Beratungspraxis zu entwerfen, auf deren Aushängeschild »Spezialisten für alles« stehen sollte.
Dem von Lily, Romaine, Dolly und André gebildeten Quartett gesellt sich als fünfte Mme. Eloui-Bey hinzu. Diese von Natalie erfolglos belagerte tscherkessische, unnahbare Schönheit Nimet Eloui-Bey war die letzte Freundin Rainer Maria Rilkes gewesen, dem Natalie den Vorwurf machte, »ohne jeden Anlaß krank zu sein«.
Sie fügte hinzu: »Seinen Organismus nicht beherrschen zu können, ist mir immer fast als eine Unanständigkeit erschienen.« Als Rilke starb, bereute die Amazone ihre harten Worte für den, »der mir wie ein Bruder glich«, und wollte das Unrecht an Nimet wiedergutmachen. Die schöne Mme. Eloui-Bey war von »auserlesener und natürlicher Eleganz« und ließ sich durchaus mit einer Marlene Dietrich vergleichen. Bei einem Kostümfest erschien sie dann auch als Marlene in dem Film *Morocco*. Auf diesem Ball hatte sich Dolly als ihr Onkel Oscar verkleidet.
Ihrer Freundin Lily, Herzogin von Clermont-Tonnerre, zu Gefallen lädt Natalie auch Charles Rappoport zum Abendessen ein. Er ist inzwischen kommunistischer Parlamentsabgeordneter geworden. Das ist ihr hoch anzurechnen, denn die Amazone interessiert sich kaum für Politik. Sie begegnet der gelben Gefahr ganz auf ihre Art, in der Person Nadines, der Chinesin.
In der Ausgabe vom 8. Juni 1934 der Zeitschrift *A Paris* wird von der Garden Party bei M. und Mme. Fauchier Magnan berichtet, »wo man die Gräfin de With mit Natalie Clifford Barney plaudern sah. Mlle. Barney hatte eine entzückende, ganz in schwarze Seide gekleidete Chinesin mitgebracht, die im Heer des Himmelreiches den Rang eines Obersten bekleidet.«
Dieser Offizier sah vielleicht gerade kühn genug aus, um für einen schönen jungen Oberst gehalten zu werden, was auch eines Abends geschah, als André Germain sich für diesen vermeintlichen ephebenhaften Offizier entflammte und sich ihm

feurig erklärte. Die Amazone, die sich dabei köstlich amüsierte, ließ »den Sohn des Crédit Lyonnais« bis zum Schluß des Abends in seinem Irrtum. André Germain hat zwanzig Jahre lang gewartet, um sich für diesen Betrug zu rächen, und er hat es dann in einer Art getan, die die Amazone ihren Spaß bereuen ließ...

Natalie ist in ihre Chinesin verliebt. »In den geringsten Bewegungen, selbst in der Präzision, mit der sie eine Orange schält und sie dann so anmutig geschickt mit ihrem kleinen zartverschlossenen Mund verspeist, drückt sich eine ganze Zivilisation aus.« Und in den »beiden Kaffeetropfen ihrer hochgezogenen Augen« las die allzu verführte Verführerin »jede kleinste Regung der Freude oder des Leids«. Und wenn Natalie ihr beim Fortgehen nachschaut – was ein wirklicher Beweis ihrer Anhänglichkeit ist – »verschmilzt sich ihr goldener Teint mit den weichen Farbtönen ihres Tigerkatzenmantels, und sie gleicht in Anmut und Haltung einer Wildkatze«.

Natalie versteht sich allerdings darauf, diese Wildkatze zu zähmen und sie zu ihrer Hauskatze zu machen, was wiederum Dolly dazu veranlaßt, eine ganze Flasche Gin zu leeren und sich mit einem Stapel Bücher, die sie sich in der Bücherstube der Sylvia Beach geliehen hat, einzuschließen. Sie hat gerade noch die Kraft, ihren Freund Jean Bourgoint – der Jean Cocteau für den Paul der *Enfants Terribles* zum Modell gedient hatte – anzurufen und sich bitter über diese neue Untreue Natalies zu beklagen.

Romaine lehnt es ab, sich zu beklagen. Sie zieht sich still in ihren Schmollwinkel zurück, arbeitet in ihrem Atelier und wartet geduldig auf die Beschwörung der gelben Gefahr, die wie alle anderen Gefahren vergehen wird, ohne ihrer Liebe zu »Natty« etwas anhaben zu können.

Nach der erlittenen Schlappe mit Nimet Eloui-Bey, und um den Vorwürfen Dollys und dem Schmollen Romaines zu entrinnen, sucht Natalie zeitweilige Abwechslung bei einem Spaziergang mit ihrer Landsmännin und Nachbarin, der Schriftstellerin Gertrude Stein, die solche Sorgen nicht kennt, da sie ihrer Freundin Alice Toklas in steter und friedlicher Treue ergeben ist.

Gertrude empfängt Natalie mit den Worten: »Wie können Sie nur derartig aus der Ferne strahlen?« worauf Natalie im allgemeinen nicht antwortet. Die beiden Damen sind unermüdliche Fußgänger und spazieren am liebsten abends mit dem Pudel Baskett, der trotz aller ihm von Alice eingeflüsterten Ermahnungen frei herumtollt, durch ihr Stadtviertel. Die Straßen sind noch nicht zu lebensgefährlichen Autoparkplätzen geworden, und der Hund kann noch ohne Leine laufen, wie es ihm paßt, während die beiden Damen sich ruhig wie in ihrem Salon unterhalten können. »Der nächtliche Zauber verlieh unseren Gesprächen die schillernde, springende, schwebende Leichtigkeit von Seifenblasen, aber wie Seifenblasen platzten sie ebenso schnell, wenn man sie näher berührte«, berichtete Natalie in ihren *Frauenporträts.*

»Gertrude war eine lebende Pagode«, sagte mir die Amazone. Die Pagode hatte eine Vorliebe für Kuchengebäck, und Natalie ging deshalb mit ihr oft in die Rue de Rivoli zu *Rumpelmayer.*

Die Literatur war nicht ihr einziges Gesprächsthema. Natalie und Gertrude plauderten gern zwischen einer Schokoladencremeschnitte und einem Sahnebaiser von gutem Essen und verließen sich bei Streitfragen auf das Urteil Lily de Clermont-Tonnerres, die gerade einen *Almanach der guten Dinge in Frankreich* mit einer Widmung für Natalie und ihren Ahnen Epikur veröffentlicht hatte.

Epikur, Natalie und Gertrude müssen über einige Prophezeiungen dieses Almanachs nicht wenig erstaunt gewesen sein. So heißt es: »Es ist wahrscheinlich, daß besonders gepflegte junge Menschen zwischen fünfzehn und zwanzig in der sozialistischen Welt von Morgen dem Milchdienst zugeteilt werden« ...(?) Die Herzogin läßt aber auch zuweilen ihre sozialistischen und kommunistischen Überzeugungen beiseite, um das Lob des Kiebitzeis anzustimmen, jener Delikatesse, die sie traditionsgemäß am 1. Mai jedes Jahres in Gesellschaft von Natalie verspeist: »Das Ei selbst ist von einem blassen, transparenten Jade-

grün, aus dessen Innerem das orangefarbene Dotter durchschimmert. Diese gallertartige Substanz trinkt man, und sie enthält die quintessenzartige Geschmacksmilde des Eis.« Diese Angewohnheit bereitet Berthe manche Kopfschmerzen, denn diese »gallertartige Substanz« muß manchmal extra in England bestellt werden. Es ist nicht bekannt, ob Gertrude Stein je in die Freuden des Kiebitzeis eingeweiht worden ist.
Natalie beneidet Gertrude ein wenig um ihre Gefolgschaft, in der sich Leute wie Thornton Wilder, Scott Fitzgerald und Max White befinden. Sie hat es in ihren *Frauenporträts* zugegeben, und auf der Liste der Freunde Gertrudes steht auch der Name Hemingway. Diesen Namen konnte sie nicht hören, ohne sogleich zu seufzen: »Wie ungezogen dieser Hemingway war!«
Hemingway wurde von Ezra Pound in die Rue Jacob eingeführt. Ezra hatte an einem alten Projekt Natalies Gefallen gefunden, nach dem eine bibliophile Gesellschaft gegründet werden sollte, um Paul Valéry aller finanziellen Sorgen zu entheben. Die Bibliophilen sollten einen jährlichen Beitrag leisten und dafür eine Sonderausgabe der Werke Paul Valérys erhalten. Das Projekt wurde aufgegeben. Ezra Pound möchte nun etwas Ähnliches für T. S. Eliot, der als kleiner Angestellter in einer Bank schuftet, unternehmen. Hemingway half bei der Sammlung von Geldern, die er dann beim Pferderennen in Enghien verspielte[1]. Ein Betragen, das Natalie »eines Gentleman unwürdig« empfand.
Ezra Pounds Bewunderung für Natalie verleitet ihn dazu, seine zahlreichen angelsächsischen Bekannten von Ruhm und Namen in die Rue Jacob zu bringen. Seine Wahl ist nicht immer glücklich. William Carlos Williams zum Beispiel ist bald der Gesellschaft »aller möglichen Frauenzimmer« überdrüssig und gibt seiner schlechten Laune Ausdruck, indem er seine Blase im Gärtchen erleichtert[2]. Der Himmel bewahrte Natalie vor dem Anblick solcher Unsitte!

---

1 Hemingway, *Paris, ein Fest fürs Leben*, Rowohlt ed.
2 William Carlos Williams, *Autobiographie*.

Die Amerikanerinnen der dreißiger Jahre sind Puritanerinnen geblieben, und Natalie bleibt für sie die Verkörperung der Sünde. Die Amazone ist sich dessen schon immer bewußt gewesen und hat daher schon zu Ende des letzten Jahrhunderts ihrem Lande den Rücken gekehrt, denn dort wäre sie trotz ihres Vermögens stets ein Paria, eine Sappho aus Washington geblieben. Sie vermeidet auch längere Aufenthalte in ihrer Heimat. Allerdings verbringt sie dort den Winter 1934/1935.

Als ihre Mutter starb[1] war sie in Paris geblieben und hatte ihrer Schwester Laura die Anordnung der Beerdigung überlassen. Sie haßte Beerdigungen und hatte nur Verachtung für ein Volk, das den entsetzlichen Ausdruck *Sex appeal* geprägt hatte.

»Sollte das gute französische Wort *Attrait* (Reiz, Neigung, Gefallen) dieser scheußlichen Wortverbindung weichen, mit der die schamlosen, puritanischen Amerikaner – nachdem sie von Freud enthemmt worden sind – es ersetzen wollen?« protestierte sie.

Und sie protestiert auch gegen das Aufkommen der neuen Mode, die von den Frauen verlangt, mager zu sein. »Mager und immer magerer wird die Frau, als ob sie ihrem eigenen Skelett nachlaufen wollte«, schrieb sie. Und mich warnte sie: »Trauen Sie nicht den Mageren, denn sie haben kein Herz.«

Natalie hängt unverdrossen einer gewissen Romantik an: »Was ist denn so stark in unserem Herzen von 1900 verankert? Weder Kriege, noch Revolutionen oder Klassenkampf haben uns das wegzunehmen vermocht. Ist dieses Bestehen auf Romantik nicht eine Stimulanz zu jeder Stunde, die einzige, der es nie an einer Sensation fehlt?«

Sie befolgt mit besessener Standhaftigkeit den Rat Gourmonts: »Mit seinem Leben schreiben.« Sie schreibt mit ihrem Leben, das sie als »eine Pilgerfahrt zum eigenen Ich« betrachtet. Diese Pilgerfahrt braucht keinen Raum, wenn Natalie auch häufige Reisen nach Italien, Spanien und die von ihr als »verkleidete

[1] 1931 in Los Angeles.

Länder« bezeichneten Regionen unternimmt, wie Nordafrika, wo sie den marokkanischen Frühling, »den zauberhaften Verführer von Blumenteppichen, die er über ganze Landschaften ausbreitet«, entdeckt.

Über ihre Reisetalente gibt sie sich keinen Illusionen hin: »Ich reise so schlecht wie ein Korb Himbeeren.«

Sie reist nicht allein, denn sie sieht die Landschaften nur mit den Augen ihrer jeweiligen Gefährtin, die meistens Romaine ist. Dann obliegt es Dolly und der Chinesin, über den Freundschaftstempel zu wachen.

Als sie von einer ihrer Reisen zurückkehrt, hört sie, daß die so vollkommen glückliche Ehe zwischen Liane und George Ghika in die Brüche zu gehen droht. Max Jacob bestätigt es ihr: »Die Ghikas sind die Helden eines komplizierten psychologischen Romans; mir wäre es lieber, sie hätten ihn einfach nur geschrieben.«[1]

Liane hat die Unvorsichtigkeit begangen, »eine junge Freundin«, eine gewisse Manon, unter ihr Dach einzuladen. Das Unvermeidliche ist geschehen, ja, noch Schlimmeres: Georges hätte gern ein »Ménage à trois«, und dieser Wunsch ist für Liane, »ach meine Liane«, so entsetzlich, daß sie das eheliche Heim verläßt und sich zu Natalie, »mein Mondstrahl«, flüchtet.

Die Verführerin besänftigt, tröstet und versöhnt das Paar, das wieder in seine vollkommen glückliche Ehe zurückfindet. Manon wird vor die Tür gesetzt. Natalie ist wahrhaftig eine »Spezialistin in allem«. Sie erweist sich als sachkundige Ratgeberin in allen Fragen des Gefühls, der Lüste, der Finanzen und des Geistes. Außerdem beschäftigt sie sich viel mehr mit den Werken anderer als mit ihren eigenen. Als Autorin genießt sie nicht den ihr gebührenden Ruhm »wegen ihrer vollkommenen Selbstlosigkeit, ihrer Güte, der Treue ihren großen Toten gegenüber und ihrer aristokratischen Verachtung des Ruhms«[2].

---

[1] Natalie Clifford Barney, *Abenteuer des Geistes.*

[2] Jean Royère, *Le Manuscrit autographe*, 1932.

Natalie begnügt sich mit der Anerkennung, die ihr Menschen ihresgleichen zollen. Max Jacob schrieb ihr am 23. November 1936:

Liebe Freundin,
wenn es Dumme gibt, die immer »Wiederholung« schreien, so müssen sie es tun, um ihre Dummheit zu beweisen. Dieselben würden von La Rochefoucauld verlangen, seine jansenistischen Schwarzmalereien zu wiederholen. Aber wer, der sonst kein Feuerwerk liebt, wollte sich über Ihre irisierten und spitzen Kristalle beklagen? Erhabene und menschliche Freundin. Bewundernswert erhaben und liebenswert menschlich. Verzichten Sie nicht auf Ihre Hefte (Drei oder vier, sagen Sie? Bitte lassen Sie es vier sein). Machen Sie keine Auswahl, denn was machen schon ein paar Grade auf Ihrer so natürlichen kalligraphischen Leiter der Vollkommenheit aus?

Natalie folgt dem Rat Max Jacobs und läßt die vier Hefte erscheinen, die der *Mercure de France* unter dem Titel *Neue Gedanken der Amazone* veröffentlicht. Max Jacob liest sie und schreibt begeistert: »Wie bezaubernd sind Ihre Bezauberungen und Ihre Entzauberungen.«
Aber die Bezauberungen gehen ihrem Ende zu. *Die Neuen Gedanken der Amazone* erscheinen im Frühjahr 1939. Bald wird der Waffenlärm jene Kapitel übertönen, deren Titel »Feminitäten« heißen oder »Der Schöngeist«, »Sinnlichkeiten«, »Gewohnheiten«, »Süße Grausamkeiten«. Soll das bedeuten, daß die Ereignisse Natalie überrascht haben? O nein! In den *Neuen Gedanken* hat die Amazone ein Kapitel jener Materie gewidmet, die Lily de Clermont-Tonnerre über alles liebt: die Politik. Welche Bedeutung hatten diese Zeilen, wenn man sie im Frühling 1939 las, falls man Zeit hatte, sie zu lesen?
»Die Völker fügen sich in das Unvermeidliche, weil sie es nicht verstanden haben, das Vermeidliche zu begünstigen.«
»Das Schlimmste am Damoklesschwert ist, daß es rostet.«
»Sollten die demokratischen Mächte nur dann wirksam sein,

wenn sie einen Diktator ernennen, der sie vor sich selbst rettet?«
»Die Liebe ist der einzige Kommunismus, an den ich glaube.«
Mit ihren dreiundsechzig Jahren ist Natalie unverändert. Sie schreibt: »Lieben, das heißt, den Schleier nehmen«, und sie fragt sich: »Hat Gott die Liebe erschaffen, oder hat die Liebe Gott erschaffen? Ich neige zu dem Glauben, daß der erste Kniefall vor einem Bett gemacht wurde, aus dem die Liebe entflohen war.«
Im Augenblick ist es allerdings wichtiger, den Deutschen zu entfliehen. Und es ist nicht leicht, eine Amazone zur Flucht zu überreden, denn sie will vor nichts und niemandem weichen. Alle ihre Freunde flehen sie an, Frankreich zu verlassen, und ständig läutet ihr Telefon, denn alle sind besorgt. Paul Geraldy redet ihr zu, Milosz prophezeit eine Apokalypse, die keinen verschonen wird, und besonders nicht Natalie, die sich einer gewissen Abstammung rühmt:
»Wußten Sie nicht, daß meine Großmutter einen Juden geheiratet hat? Ich habe also zu einem Viertel dasselbe Blut wie Sie, und zuweilen erweist es sich sogar als das stärkste von allen.«[1]
Natalie begreift schließlich, daß der 1939 beginnende Krieg dem ersten Weltkrieg nicht ähnlich sein wird. Sie kann auf keinen Fall in Paris bleiben. Laura, die den Israeliten Hippolyte Dreyfus geheiratet hat, beschwört ihre Schwester, ihr in die Vereinigten Staaten zu folgen. Natalie weigert sich. Sie zieht es vor, zu ihrer Romaine nach Florenz zu fahren, denn »sie ist überzeugt, im neutralen Italien in Sicherheit zu sein«.
Der Abschied von den Favoritinnen ist schmerzlich. Und es ist ein Abschied für immer. Die schöne Dolly und die schöne Chinesin werden ihre Natalie nie mehr wiedersehen. Natalie glaubt immer noch nicht an eine unmittelbare Gefahr und findet Italien »den idealen Ort, um das Ende des Sommers zu verbringen«. Sie weiß nicht, daß sie auf lange Zeit ihr Haus, ihren Salon, ihren Freundschaftstempel, ihre Berthe, ihre Freunde,

[1] Natalie Clifford Barney, *Abenteuer des Geistes*, Seite 90.

ihre Gewohnheiten, und für immer ihre beiden Liebhaberinnen verlassen wird. Das Letzte, das sie bei ihrer Abfahrt vom Gare de Lyon erblickt, ist das weinende Gesicht Dollys. Ein paar Tage später begleitet Berthe Dolly zum Bahnhof. Sie fährt nach England. Vor der Abfahrt des Zuges verläßt Dolly noch einmal ihr Abteil, um Berthe zu umarmen, und sie sagt zu ihr:
»Sehen Sie, wenn der Krieg da ist, sollte jeder in sein Land zurückkehren. Was immer auch geschehe, versprechen Sie mir bitte, liebe Berthe, daß Sie Miß Barney nie verlassen werden.«
Berthe verspricht es und hält ihr Versprechen.

12

Florenz 1940

»Was hatten Sie noch über natürliche Bestimmungen gesagt? Ich frage mich, ob es meiner natürlichen Bestimmung entspräche, wenn ich mich in Florenz niederließe.«
»Die natürliche Bestimmung einer Frau ist, dort zu leben, wo man sie am besten zu würdigen weiß.«

Henry James
(Porträt einer Dame)

Es gehört zu den zahlreichen Geschenken des Himmels, die dem Leben der Verführerin zu jeder Zeit beschert sind, zu jenen außergewöhnlichen Glücksfügungen, die sich nur ganz wenigen Menschen bieten, daß Natalie diese wenigstens bisher schrecklichsten Kriegsjahre der Geschichte ohne Schwierigkeiten – ja sogar unter recht angenehmen Umständen – verbringen durfte.
Von 1940 bis 1946 lebt sie bei Romaine in Florenz in der Villa Sant' Agnese, via San Leonardo, wo Tage und Nächte sich in ruhig friedlichem Gleichklang ablösen. In Europa tobt der mörderische Krieg, aber die Hügel von Florenz scheinen von alledem verschont zu bleiben, und die Regierung Mussolinis läßt die beiden ausschließlich mit Kunst und Literatur beschäftigten Amerikanerinnen unbehelligt. Sie waren ja auch beide mit dem im März 1938 verstorbenen Dichter Gabriele d'Annunzio befreundet, und d'Annunzio wird nach wie vor als einer der »großen Männer« des Regimes gefeiert.
»Die Italiener sind uns gegenüber von tadelloser Höflichkeit

gewesen«, schreibt Natalie am 7. August 1943 in einem Brief an Berthe.

Es ist eine gegenseitige unverbindliche Höflichkeit und nicht mehr, und sie gleicht jener Höflichkeit, mit der Gertrude Stein und Alice Toklas den beiden Deutschen begegnen, die sie gezwungenermaßen in ihrem Zufluchtsort, einem Häuschen in Culoz, nahe der Schweizer Grenze, beherbergten.

Natalie ist vierundsechzig, Romaine sechsundsechzig Jahre alt. Endlich allein! Ohne Dolly! Ohne Chinesin! Ohne Favoritin! In der erzwungenen Zurückgezogenheit genießt Natalie mit ihrem Engel einen Frieden der Gefühle, der durch nichts gestört werden kann. Sie sind nicht die einzigen, die sich in Florenz ein solches egoistisches Paradies aufbauen. Ihr Freund, der Kunstgeschichtler Bernard Berenson, den die Amazone 1915 bei Salomon Reinach kennengelernt und der für sie »Freundschaft auf den ersten Blick« empfunden hatte – es war gegenseitig – empfängt nach wie vor zur Teestunde in seiner Villa *I Tatti* in der Umgebung von Florenz. »Dort mangelt es weder an witzigen Gesprächen, noch an Erzählungen der »Frauen weis' und minnekundig« wie in Dantes *Vita Nuova,* noch an Gelehrsamkeit, noch am Kreis der fröhlichen Gäste, die sich wie zu Boccaccios Zeiten auf den Wiesen und um die Brunnen scharen ...[1]

Es fehlt an nichts – außer an der unersetzlichen Atmosphäre der Rue Jacob und den ebenso unersetzlichen Freunden wie Lily de Clermont-Tonnerre und Lucie Delarue-Mardrus. Es fehlt an nichts? Doch. Es fehlen jene unsichtbaren Haarnetze, die Natalie für ihr langes Silberhaar braucht, das sie trotz der herrschenden Mode wieder hat wachsen lassen.

Im Frühjahr 1940 wird die Lage dramatisch. Natalie hat keine Haarnetze mehr. Sie überhäuft Berthe mit Telegrammen und Eilbriefen:

»Berthe, *was denken Sie sich nur?* Schnell, meine Haarnetze. Ich bitte Sie.«

---

[1] Natalie Barney, *Frauenporträts,* Seite 41.

Berthe radelt unterdessen atemlos auf den überfüllten Straßen der Flucht aus Paris.
Für dieses Mal sieht Natalie ihre Wünsche nicht sofort erfüllt, und sie muß bis zum Februar 1941 warten, bis sie *ein* Haarnetz erhält – und was für ein Haarnetz. Sie ist wütend und verzweifelt:

24. Februar 1941. Meine liebe Berthe, eben erhalte ich Ihren Brief vom 13., und es tut mir sehr leid, daß Sie meinen Brief falsch aufgefaßt haben, denn er drückte nur die Wut eines Augenblicks aus, nachdem ich nach so vielen Bitten um Haarnetze *dieses winzige grobe Ding erhielt, das vielleicht einem zehnjährigen Kind passen würde. Dieser Ärger war – wie so oft zwischen uns – nur der Blitz eines Augenblicks, und Sie haben unrecht, ihn sich zu Herzen zu nehmen und Ihrem teuren Gemahl davon zu erzählen, ohne ihm meinen zuweilen heftigen aber stets dankbaren Charakter zu erklären, denn ich bin Ihnen dankbar für alles, was Sie für mich tun und tun können.*

Endlich treffen die Haarnetze ein – aber jetzt will Natalie noch mehr:

23. März 1944. Meine liebe Berthe, ich erwarte weitere Haarnetze wie die drei letzten, die mir gut paßten. Senden Sie mir auch die gewünschten Bücher, die beiden Gedichtbände von Renée Vivien, die mir fehlen (Sie finden sie in der Collection Lemerre, *Passage Choseuil) aber bitte keine* Neue Gedanken der Amazone *mehr. Ich habe davon mehr als genug.*
Wann werde ich mein Haus und meine Freundinnen in Frankreich wiedersehen? Ich bleibe inzwischen so nahe wie möglich und höre nicht auf meine Schwester, die mich drängt, zu ihr in die Heimat zu fahren. Meine Wahlheimat liegt mir zu sehr am Herzen als daß ich mich zu weit von ihr entfernte – es sei denn, ich wäre dazu gezwungen.

Natalie ist sich in ihrer florentinischen Glücklichkeit gar nicht bewußt, daß man im besetzten Frankreich vor Hunger, Kälte und Demütigungen umkommt. Wie sollte sie es auch wissen?

Briefe sind selten, und wenn sie ankommen, sind sie zensuriert. Wie gewöhnlich kommen die schlechten Nachrichten zuerst an. So erfährt Natalie, daß Dolly Wilde am 9. April 1941 in London gestorben ist. Dem Kummer folgt Besorgnis: Dolly hatte in Gegenwart von Laura Dreyfus-Barney ein Testament zugunsten Natalies aufgesetzt, und dieses Testament muß unbedingt gefunden werden. Wo ist es? Dolly, die stets in Geldnöten war, hatte sich von ihrer Freundin beträchtliche Beträge geliehen, die sie nie zurückzahlen konnte. Daher hatte sie bereits am 11. Juli 1932 Natalie zu ihrer Universalerbin ernannt, obgleich Natalie viel älter als sie war.
Fast das ganze Jahr 1941 vergeht mit der Suche nach Dolly Wildes Testament. Wo kann es nur sein? Natalie kann sich nicht erinnern und bittet Berthe »allen Fleiß aufzuwenden« und der Suche nach dem Dokument »jeden Nachmittag« zu widmen. Berthe wendet allen Fleiß auf, aber es ist vergebens.

21. Juli 1941. Meine liebe Berthe, eben erhalte ich Ihren lieben Brief vom 6. des Monats und einen weiteren von Mlle. Le Roux, der Haushälterin der Villa Trait d'Union *(sie ist auch Chauffeuse und Gärtnerin im Notfall), und sie hat in einer Handtasche in Beauvallon nach diesem elenden Testament gesucht, aber vergeblich, wie ich es mir gedacht hatte.*
Sie müssen also Ihre Suche fortsetzen und Mme. Gautrat[1] *hinzuziehen, da sie* gut Englisch liest *(aber sie möchte bitte keine Unordnung in meinen Papieren anrichten). Es ist ein auf Englisch handgeschriebenes Blatt von Miß Wilde, das sie bei Mme. Dreyfus, 74 rue Raynouard, unterzeichnet hat. Ich hatte angenommen, Mme. Dreyfus hätte es dort aufbewahrt, aber Sie versicherte mir, daß dies nicht stimme. Sollte Yvonne*[2] *da sein, so hat sie vielleicht die Schlüssel zum Schrank in Madames Zimmer und könnte mit Ihnen gemeinsam nachsehen. Nehmen Sie als Muster einen Brief von Miß Wilde mit.*

---
[1] Freundin Natalies seit 1918. Frau des Rechtsanwaltes Gautrat, der Marie Besnard in ihrem Mordprozeß verteidigte.
[2] Gouvernante bei Laura Dreyfus-Barney.

Berthe, ich will auf keinen Fall, daß Sie etwas entbehren müssen. Nehmen Sie sich zehn, fünfzehn oder zwanzig Franken pro Tag für Ihre und Ihres lieben Mannes Arbeit im Haus und Garten (der es gewiß nötig hat). Dazu nehmen Sie sich Ihre freien Stunden und verbringen Sie sie in der Rue Raynouard 67, wo Sie vielleicht Mme. de Clermont-Tonnerre behilflich sein können (sie ist immer so schlecht bedient). Es würde mich freuen, Sie bei dieser Freundin zu wissen, sie ist die liebste Freundin, die mir bleibt. Gehen Sie zu ihr und bitten Sie sie, sich mindestens zwei Vor- oder Nachmittage in der Woche von Ihnen helfen zu lassen, nicht wahr? Bringen Sie ihr irgend etwas Nützliches, Nahrhaftes oder Angenehmes. Das wird mich ein wenig bei ihr ersetzen, bis ich zurückkehren kann.

Die Hoffnung auf eine Rückkehr nach Frankreich wird zu jeder Jahreszeit immer wieder enttäuscht und neugeboren. Während sie auf das Testament wartet, kümmert sie sich immerhin um ihre Freundinnen, denen ein florentinisches Paradies nicht vergönnt ist. Der nach Château-Gontier geflüchteten Lucie Delarue-Mardrus schickt sie Zigaretten (»Deine massenhaft eingetroffenen Zigaretten, hundert kleine Glückseligkeiten, die man im Laufe des Tages verteilen kann«) und Geld. Lucie schreibt ihr am 11. September 1941:

Natli, ich hoffe, daß unsere Briefe sich gekreuzt haben und daß Du meinen Dank für Deine Sendung erhalten hast (...) mit der ich meinen Aufenthalt im Kloster der Hoffnung bezahlt habe. Und Dank, mit Tränen in den Augen, für Deine besorgte Hilfsbereitschaft über all die Entfernungen und Ereignisse hinweg. (...)
Du erzählst mir recht wenig über Dein florentinisches Leben. Ich hoffe, »Dir mangelt es an nichts«, wie Du so herrlich in einem Deiner Briefe schreibst.

Und Liane? Natalie weiß, daß Liane mit ihrem Mann in der Schweiz in Sicherheit ist. Jetzt ist sie über das Schicksal ihrer Freunde beruhigt und kann sich wieder der Suche nach Dolly

Wildes Testament widmen. Aber wo ist es? Plötzlich kommt ihr die Erleuchtung. Da es weder in der Rue Jacob noch in Beauvallon ist, kann es sich nur im Schließfach befinden, das die Amazone im Crédit Lyonnais gemietet hat. Aber wie kommt man mitten im Kriege an das Schließfach einer Amerikanerin heran, die dazu noch einen jüdischen Großvater hat? Berthe scheut keine Gefahr und beantragt bei der Bank, das Schließfach einsehen zu dürfen. Sie wird bei der Kommandantur vorgeladen und drei Stunden lang verhört. Immer wieder stellt man ihr die gleiche Frage: »Ist Miß Barney Jüdin, ja oder nein?« Unfähig, eine klare Antwort zu geben, hält Berthe dem mißtrauischen Deutschen entgegen:

»Mademoiselle kann keine Jüdin sein, denn Mademoiselle ist mit Mussolini intim befreundet.«

Diese intime Freundschaft existiert zwar nur in Berthes Phantasie, aber das mit burgundischer Überzeugung hervorgebrachte Argument hat seine Wirkung nicht verfehlt. Berthe erhält die Genehmigung, Miß Barneys Schließfach zu öffnen. Unter der Überwachung von sieben Deutschen und einem Dolmetscher wird die Stahltür aufgeschlossen. Der Schmuck, einige Goldmünzen und fünfzig ebenfalls goldene Haarnadeln fallen zu Boden. Ganz hinten liegt das Testament der Dolly Wilde. Berthe nimmt das Testament, liest den Schmuck und die fünfzig Haarnadeln auf. Die Goldmünzen braucht sie nicht aufzulesen, da sie bereits in den Taschen der Deutschen verschwunden sind.

26. Oktober 1941. Meine liebe Berthe, ich bin so froh und dankbar, daß es den fleißigen Sucherinnen (und vor allem Ihnen) endlich gelungen ist, das Testament von Miß Wilde zu finden.

4. November 1941. Es geht uns soweit gut – bis es auch hier soweit ist, und dann bleibt uns nur noch die Schweiz oder vielleicht Frankreich, wohin ich immer noch bald zurückzukehren hoffe, um alle meine lieben Pariser Freundinnen und meine liebe Berthe wiederzusehen.

(In den Briefen an Berthe reiht Natalie in bunter Folge alle Sorgen und Probleme aneinander, ob es um Fragen des Haushalts, des Wohlergehens, der Freundschaft oder der Politik geht, und sie ist ebenso um die Gesundheit ihrer lieben Lily de Clermont-Tonnerre besorgt wie über den Zustand ihrer Wandteppiche. »Kampfer für meine Wandteppiche, Berthe, Kampfer, ich beschwöre Sie!«)

Am 6. November 1941 erhält Natalie eine Kopie des Testaments. Sofort ermahnt sie Berthe:

Lassen Sie bitte diese beiden kostbaren Urkunden, das Testament und das Klischee auch nicht einen Tag zusammen herumliegen. Das ist zu gefährlich in einem unbewohnten Haus, und die Dokumente könnten beschlagnahmt werden, falls mein Land in den Krieg eintritt, was im Augenblick zu befürchten ist.

Die Befürchtung ist berechtigt. 1942 wollen die Deutschen das Häuschen in der Rue Jacob besetzen, aber Berthe verteidigt es »wie eine Löwin«. Noch einmal trägt das unwahrscheinliche aber beharrlich vorgebrachte Argument »Mademoiselle ist mit Mussolini intim befreundet« seine Früchte. Der Freundschaftstempel wird nicht requiriert.

Berthe ist bemüht, den Freunden Mademoiselles zu helfen. Ihr Mann, Henri Cleyrergue besitzt einen kleinen Bauernhof in der Nähe von Paris, und jeden Sonntag bringt Berthe Eier, Fleisch und Käse mit, die sie großzügig an Elisabeth de Clermont-Tonnerre oder André Rouveyre verteilt. Mademoiselle ist sehr zufrieden. Berthe hier, Berthe da, sie ist ein wahrer Figaro. Sie ist so mit allen möglichen Aufträgen und Dienstleistungen beschäftigt, daß sie keine Zeit findet, an Mademoiselle zu schreiben, die sich darüber beklagt:

Meine liebe Berthe, auf zwei Briefe von mir erhalte ich nur einen von Ihnen, und es sollte doch wohl das Gegenteil sein. Vor allem, weil ich eine genaue Erklärung über das plötzliche Schweigen um den Gesundheitszustand von Mme. Lucie De-

larue-Mardrus erwarte, mit der ich regelmäßig korrespondierte, aber die mir seit letztem Oktober nicht mehr geschrieben hat. Bitte senden Sie mir eine Nachricht und fragen Sie auch den Doktor Mardrus, der ihr, wie ich weiß, oft Briefe auf arabisch schreibt, die ihr als Unterricht dienen, so daß sie diese Sprache nicht verlernt. Gehen Sie zu ihm, sowie Sie meinen Brief erhalten haben und schreiben Sie mir postwendend, wenn möglich espresso.

Und bei der selben Gelegenheit bitten Sie den Doktor von mir aus um das schöne Zitat von Montesquieu – es steht entweder in den Lettres Persanes *oder im* Esprit des Lois *– das er mir immer so gern zitierte. Es fängt mit irgendeinem hochmoralischen Satz an, wie: »Wenn man mir etwas vorschlüge, das zu meinem Vorteile wäre aber meinem Nachbarn schadete, so würde ich mich weigern, es anzunehmen.« Ich möchte das genaue Zitat.*

14. Juli 1943. Es geht mir moralisch und körperlich gut, aber ich mache mir große Sorgen um meine Wahlheimat und die lieben Freundschaften in Frankreich, die ich nun schon so lange vermisse, und um mein Haus, das ich in Dankbarkeit unter Ihrer treuen Hut weiß.

Im August 1943 hofft Natalie, in die Schweiz zu fahren. Sie freut sich über »die Möglichkeit, dort meine französischen Freundinnen anzutreffen, was mich ein wenig tröstet, wenn ich für diese Zeit das schöne Florenz verlassen muß«.

4. September 1943. Meine liebe Berthe, ich bin entsetzt, daß das Stadtviertel der Herzogin von Clermont-Tonnerre und meiner anderen Freundinnen, sowie das Ihrige beschädigt wurde. Bitte schnell eine Nachricht per Eilbrief. Man lebt nicht mehr, man überlebt nur noch, und es wird immer schlimmer. Was soll man tun? Wohin soll man gehen? »Irgendwo jenseits der Welt«, wo man ein wenig Ruhe und Freiheit des Geistes fände.

14. April 1944. Meine liebe Berthe, ein Brief von Mme. Gautrat vermittelt mir den Eindruck, man nutze meine Abwesenheit ein wenig zu sehr aus, und ich hoffe, daß meine Freundinnen Ihnen helfen werden, für Ordnung zu sorgen. Denn ich begreife nicht, warum dieses seit langem abgeschlagene Holz unseren Eingang versperrt. Und daß Mme. Gautrat nicht in meinen Tempel gelangen konnte (wie ich sie gebeten hatte), weil das Holz überall auf dem Rasen herumliegt. Ich hoffe, daß, was sie gesehen hat, nicht auf meinem Efeurasen lag, dessen Pflanzung so viel Geld gekostet hat, *den ich zu erhalten wünsche, dessen Pflege ich Ihnen aufgetragen habe, und der nicht beschädigt werden darf, nicht wahr? Die Herren Rouveyre und Pound schreiben mir, sie möchten bald der Rue Jacob 20 einen Andachtsbesuch abstatten, und da sollten sie alles wie gewohnt vorfinden – außer den Kastanienbaum natürlich. Sie schreiben mir zu wenig Einzelheiten über den Schaden, der durch seinen Sturz verursacht wurde. Und warum spaziert ein Hahn auf einem Fenstersims im Hof umher? Das sieht mir zu sehr nach Hühnerhof aus.*

Berthe meint dazu: »Das ist wieder einmal typisch Mademoiselle. Wir sitzen hier im Bombenhagel, und sie denkt nur an ihren Efeurasen.«

Die sechs Jahre vergehen wie ein Traum. Als die Befreiung kommt, hat Natalie keine Eile, ihre Oase der Via Leonardo zu verlassen. Sie ist jetzt neunundsechzig Jahre alt und liebt zu sehr ihre Behaglichkeit und das bequeme Leben. Sie wartet, bis alles in Paris wieder völlig in Ordnung ist.

Im April 1945 erfährt sie, daß Lucie Delarue-Mardrus gestorben ist:

»Sie erlosch um Mitternacht, zur Zauberstunde, in jener Stunde, in der sie zu einem Astralleib, zu einem verzauberten Wesen wurde.«[1]

Lucie hatte noch vor kurzem ihrer »Natalie« geschrieben:

---

1 Myriam Harry, *Meine Freundin Lucie Delarue-Mardrus,* Ariane ed. Seite 207.

»Ich sehe mir noch von Zeit zu Zeit das kleine Photo an, das Du mir eines Tages geschickt hast, und ich denke an Dich mit einer Zuneigung, die so viele Jahre überdauert und sich so fest eingewurzelt hat. Grüße Deine Romaine von mir, ihr helles Lachen, in das sie sich so bequem zurückzog, wird mir in unauslöschlicher Erinnerung bleiben.«

Natalie besänftigt ihren Kummer mit der Auswahl der besten Gedichte ihrer Prinzessin Amanda und bezahlt die Druckkosten. Jeder ehrt seine Toten auf seine Weise.

Im Frühjahr 1946 kündigt Natalie Berthe ihre Rückkehr nach Paris an:

Ich hoffe, daß Sie trotz Ihres langen Schweigens am 22. Mai um sieben Uhr morgens, genau sechs Jahre und einen Tag nach meiner Abfahrt unter den traurigen Umständen, als Sie mich zur Bahn begleiteten, wieder auf dem Gare de Lyon sein werden, um mich mit einem Lächeln willkommen zu heißen. Da die Rue Jacob unbewohnbar ist und Sie so wenig Zeit haben, werde ich bei meiner Schwester, 74 Rue Raynouard, wohnen, bis die Dächer der Rue Jacob und des Hauses in Beauvallon wiederhergestellt sind. Ich brauche einige Frühlingskleider: das schwarze Taffetas Kleid, das ich 1940 bei Worth machen ließ, einige Hüte, Schuhe und alles, was Sie für mich für nützlich halten sollten, und was leicht bei meiner Schwester unterzubringen ist. Ich freue mich also, bald meine Berthe wieder zu sehen, die doch wohl ihrer früheren, zwar schwierigen aber stets zuneigend gesinnten Arbeitgeberin ein wenig Treue bewahrt hat, nicht wahr?

Natalie trifft mit zwei Tagen Verspätung, aber um sieben Uhr früh am 24. Mai 1946 in Paris ein. Sie wird von Odette, einer ihrer Freundinnen, und Berthe am Bahnsteig erwartet. Berthe hat es sich überlegt und beschlossen, die zu anspruchsvolle Mademoiselle nicht länger zu betreuen.

Kaum ist die erste Begrüßungsfreude vorüber, da verkündet Berthe ihren Entschluß. Natalie sagt dazu nur: »Keine Berthe, keine Rue Jacob.« Sie zieht sich, wie sie es in ihrem Brief schon andeutete, in die Wohnung ihrer Schwester in die Rue Raynouard zurück. Dann fährt sie mit Romaine nach Amerika. Als sie 1949 für immer nach Paris zurückkehrt, richtet sie sich wieder in der Rue Jacob ein. Berthe hat ihr Dolly Wilde gegebenes Versprechen schließlich doch nicht brechen wollen und konnte sich auch nicht den gemeinsamen Bitten der Damen Laura Dreyfus-Barney und Romaine Brooks verschließen, die sie anflehten:

»Lassen Sie Miß Barney nicht allein.«

So verläßt Berthe Miß Barney nicht, die ihr schwört, sie habe sich gebessert, und in der Rue Jacob sei jetzt »ein nettes kleines Leben« möglich, das genau so friedlich sein würde, wie das in Florenz. Mme. Brooks könne es bezeugen. Und so wirkt der Charme der nun dreiundsiebzigjährigen Verführerin aufs neue. Berthe ist überzeugt und hingerissen, und sie spricht aus vollem Herzen, als sie sagt:

»Ach! Mademoiselle weiß sehr wohl, daß man ihr alles verzeiht!«

13
Romaine 1950

»Ja, Romaine Brooks gehört keiner Zeit, keinem Land, keinem Milieu, keiner Schule, keiner Tradition an. (...) Sie ist die Zusammenfassung, ›der blühende Gipfel‹ einer sterbenden Zivilisation, deren Gesicht sie zu bewahren wußte.«

Natalie Clifford Barney
(Abenteuer des Geistes)

In den fünfziger Jahren nimmt das Leben in der Rue Jacob 20 scheinbar wieder seinen gewohnten Lauf. Natalie empfängt wieder am Freitagnachmittag. In einem Januar 1955 unter dem Titel »Salons de Paris« erschienenen Artikel räumt Denise Bourdet der Amazone einen guten Platz ein, neben den Donnerstagen bei Marie-Louise Bousquet, den Sonntagen bei Marie-Blanche de Polignac, den Spätnachmittagen bei Lise Deharme, den Abendessen bei Louise de Vilmorin und den Gesellschaftsabenden bei Marie-Laure de Noailles.
All die Getreuen sind wieder da. Paul Boncour hält einen Vortrag und Myriam Harry, die Eleganz mit Musselinschleiern verwechselt, deklamiert Auszüge des *Jardin des Roses.* Modedichterinnen ergötzen sich am Schatten der Renée Vivien, und junge Amerikaner wie Truman Capote mischen sich während ihrer Pariser Aufenthalte unter den Klan der alten Anbeter, der die Schrecken des Krieges nur überlebt hat, um aufs neue dem Kult der Amazone zu huldigen.

Die Neuerwählten erhalten ebenso dringliche wie zeremoniöse Einladungskarten, die Natalie selbst handschriftlich verfaßt hat:

Ich lade am Freitag, den 30. April 1954, einige Freunde zu mir ein. Die Johandeaus, Marie Laurencin, Yourcenar und Alice Toklas haben zugesagt. Wollen Sie unser Gast sein?

Alte Anbeter und Neuerwählte drängen sich um Natalie, die aber trotz allem allmählich in Halbvergessenheit gerät.
Die Spaziergänger, die vor den Schaufenstern der Antiquitätenhändler der Rue Jacob stehenbleiben, wissen nicht, daß die Lorely und Vally der Renée Vivien, die Flossie der *Sapphischen Idylle* und der *Claudine* noch immer dort lebt. Ein paar Schritte entfernt sitzt Sartre mit seinen Anhängern im *Café des Deux Magots* und hat Gourmont mit seinen Schülern abgelöst. Jede Zeit hat die Idole, die ihr gebühren.
Für die Wenigen, die sich noch an Rémy de Gourmont und seine Amazone erinnern, ist Natalie zu einer Sehenswürdigkeit geworden, die man besucht wie die *Sainte Chapelle* oder den Brunnen der Medicis. Und jeder Besucher kommt sich vor wie Peter der Große, als er nach dem Tode Ludwig des Vierzehnten Mme. de Maintenon betrachtete.
Natalie hat inzwischen die Bilanz der erträglichen Katastrophen aufgestellt, die während ihrer Abwesenheit geschehen sind. So ist die Villa *Le Trait d'Union* in Beauvallon einem Bombardement zum Opfer gefallen. Also fährt man nicht mehr nach Beauvallon, und damit hat es sich.
Schmerzlicher ist die Bilanz der verschwundenen und verschollenen Freunde. Nimet Eloui-Bey ist 1943 völlig verarmt in einem Pariser Hotel gestorben, die Chinesin hat die Schrecken eines Konzentrationslagers durchmachen müssen, und Max Jacob starb im Lager von Drancy, wo die Franzosen ihre Juden hingeschickt hatten.
Colette und andere Freundinnen erliegen dem Rheuma oder der Arthrose. Natalie ist die einzige unter der Gruppe der

jungen Feen von 1900, die vom Zahn der Zeit verschont blieb. Sie erfreut sich blendender Gesundheit und arbeitet mit Eifer an ihren Memoiren. Oft ist sie so vom Feuer der Erinnerungen ergriffen, daß sie sogar im Bade schreibt und Berthe zu Hilfe ruft: »Berthe, schnell, Papier und Bleistift.«

Diese Schreibwut trägt ihre Früchte in drei Bänden. Der erste, *Indiskrete Erinnerungen*, erscheint 1960 bei Flammarion. Der zweite, *Frauenporträts*, wird 1963 beim Mercure de France veröffentlicht. Der dritte, im Herbst 1948 in Florenz begonnene und am 31. Oktober 1950 in Paris beendete Band bleibt unveröffentlicht und schlummert in den Schränken der *Bibliothèque Doucet*. Er enthält jene Autobiographie Natalie Barneys, die ich am Anfang dieses Buches häufig zitierte. Das Manuskript hat drei Titel: *Unsere heimlichen Liebschaften*[1] oder *Der weibliche Liebhaber* oder *Geheime Memoiren*. In diesem Band ist Liane de Pougy, Renée Vivien und einigen anderen Damen, deren argwöhnische Nachkommenschaft mir verboten hat, sie beim Namen zu nennen, der erste Platz eingeräumt.

In den beiden ersten Bänden finden wir Rémy de Gourmont, Renée Vivien, Elisabeth de Clermont-Tonnerre, das Ehepaar Mardrus, Colette, Milosz, Bernard Berenson, Gertrude Stein, Harold Acton, Gabriele d'Annunzio, Rabindranath Tagore, Max Jacob, Paul Léautaud, André Rouveyre, Edmond Jaloux, José de Charmoy. Sie alle sind in dieser »Beichte unter freiem Himmel« lebendig vor uns und bezeugen, daß Natalie sich nie einem Menschen genähert hat, ohne ihm Gutes zu tun. »Hätte Renée Vivien ihren Weg ohne mich gefunden? Hätte Rémy de Gourmont ohne seine Amazone ein neues Dasein erlebt?«

Die große Presse und das große Publikum ignorieren diese Erinnerungen und Porträts, womit die Amazone nur zufrieden ist. Sie sagte zu mir: »Die Anerkennung sollte erst nach dem

---

[1] Natalie hat diesen Titel schon einmal benutzt, wie man sich erinnern wird, als sie eine Auswahl von Gedichten einer ihrer Liebhaberinnen zusammenstellte, die Renée Vivien ersetzen wollte.

Tode kommen, damit man so spät wie möglich gestört wird.«
Natalie liebt zwar keine Beerdigungen, aber sie schätzt besonders ein literarisches Genre, das im Französischen *Tombeau* (Grab) heißt, und das im Lexikon folgendermaßen definiert wird: »Eine Auswahl von Aufsätzen zum Gedenken an einen Toten.« So läßt sie eine nicht für den Verkauf bestimmte Huldigung *In Memory of Dorothy Ierne Wilde* erscheinen, für die sie alle Freundinnen Dollys – von Janet Flauner bis Bettina Bergery – um Beiträge bat. Sie bemühte sich, nach dem Grundsatz André Rouveyres zu leben und andere davon zu überzeugen: »Wissen Sie, für mich sind alle meine Freunde gleich, ob sie tot oder lebendig sind.«
Natalie wird in den fünfziger Jahren reichlich Gelegenheit haben, nach diesem Grundsatz zu leben, denn in dieser Zeit verliert sie ihre besten Freundinnen.
Liane Ghika stirbt 1950. Sie war in strengste Frömmigkeit verfallen und 1945, nach dem Tode ihres Mannes, in einen Tertiärorden unter dem Namen Schwester Maria Magdalena die Büßerin eingetreten. Die spät bekehrte Maria Magdalena hat sich geweigert, Natalie wiederzusehen, und nennt ihren »Mondstrahl« nur noch »meine Sünde«. Ach, Liane, meine Liane!
Im Jahre 1954 scheiden Colette und Lily de Clermont-Tonnerre aus dieser Welt. Beim Tode der »lieben Lily« weint die achtundsiebzigjährige Amazone zum ersten Mal in ihrem Leben in aller Öffentlichkeit. Sie hat die Schwäche gehabt, in das Zimmer zu gehen, in dem die tote Herzogin aufgebahrt ist und bricht »in ein Schluchzen aus, das diesem ruhigen und hoheitsvollen Gesicht unwürdig ist«. Tief betrübt und »von dem Gefühl der Ohnmacht bedrückt« bestellt sie ein Blumenarrangement aus weißen Lilien und Ahornblüten.
Liane, Lucie, Colette und Lily sind Renée und Dolly gefolgt. Aber sie alle sind für Natalie ebenso gegenwärtig wie Romaine. Gäbe es einen Apparat, der die Gefühle mißt, so würde er wohl anzeigen, daß Romaine die Frau ist, die Natalie am meisten geliebt hat. Aber es bedarf keines solchen Apparates, denn die Amazone hat es mir selbst eingestanden, als ich ihr gegenüber

all ihre schönen Eroberungen von Liane zu Renée, von Schewan zu Dolly aufzählte:
»Ja, aber Sie vergessen dabei die einzige, die wirklich für mich zählte, meine Romaine.«
Eine Liebe, die sechzig Jahre lang andauert, ist selten. Und es ist etwas so Kostbares, daß Natalie und Romaine jede Trennung fürchten, weil sie dieses Glück ohne Unterbrechung genießen möchten. Und wenn sie einmal voneinander scheiden, verfallen sie jener Angst, die eine Trennung mit sich bringt und die sich mit der fortschreitenden Zeit nur vergrößert. Dann ist die eine um die andere besorgt und bittet: »Telegraphiere und schreibe.«
Jede erzählt der anderen genau und in allen Einzelheiten, wie sie ihre Zeit verbringt, was sie denkt und was sie vorhat zu tun, auch wenn es sich um die banalsten Dinge handelt: »Was hältst du von einer braun-beigen Farbenverbindung für einen Mantel? Ich möchte nichts ohne deinen Rat tun.«
Natalie beschließt ihre Briefe stets mit leidenschaftlichen Auslassungen, die sie bis ins Unendliche zu variieren weiß und unterschreibt mit »Nat-Nat«. Romaine begnügt sich mit einem unveränderlichen *all love from Angel.* Es ist mehr als eine einfache Grußformel, denn Romaine schenkt ihrer Natalie unermüdlich »alle Liebe von Deinem Engel«. Jetzt drückt sich ihre Liebe auch in Ermahnungen wie »Erkälte Dich nicht« aus, die an Zärtlichkeit dem jugendlichen »Ich bete Dich an« gewiß ebenbürtig sind. Das Liebesduett nimmt kein Ende.
»Ich liebe Dich mit immer größerer Zärtlichkeit«, schreibt Romaine. »Erwidere meine Zärtlichkeit.«
»Ich schmachte nach Dir, ich segne Dich, ich liebe Dich«, antwortet Natalie.
Für kleine Spannungen und Aufmerksamkeiten ist auch stets gesorgt. Natalie klagt über einen Füllfederhalter, der sie »zur Verzweiflung« bringt. Postwendend erhält sie durch Eilboten einen herrlichen »Mont Blanc«-Füllfederhalter. Sie dankt gerührt ihrer Romaine, wie es sich geziemt und fügt dem Briefchen ein Postkriptum mit der Überschrift *News from Lesbos* bei:

Nachrichten aus Lesbos. Isaure ist einsam in einem Sanatorium gestorben, ohne ihre Freundin, die unter dem Vorwand der Ansteckungsgefahr nicht bei ihr war und sich in den Nachtlokalen herumtrieb. Ich hasse diese Tragödien. Ich hasse diese falschen Priesterinnen einer Liebe, die sie selbst verdorben haben.
Sie lügen wie die Männer.

Romaine empfindet nur Verachtung für das Gerede gewisser Damen, das sie als »rein kindisch vertrottelt« bezeichnet. Natalie amüsiert sich über diesen »rein kindisch vertrottelten« Ausdruck. Die beiden Freundinnen lachen viel zusammen. Und wenn man noch über die gleichen Dinge zusammen lachen kann, nachdem man sich schon über ein halbes Jahrhundert lang kennt, so ist das zu bewundern. Bei diesem Wort ist es mir, als höre ich Natalie berichtigen:
»Zu bewundern? Warum? Alles zwischen Romaine und mir war ganz natürlich!«
Romaine hat in Nizza eine Wohnung in der Rue des Ponchettes, deren Behaglichkeit Natalie im Winter genießt. Im Frühling kehrt Romaine gern in die Rue Jacob zurück, wo Berthe »speziell für Madame Brooks« Kuchen aus Schokolade und Vanille bäckt. Manchmal stürzt sich Romaine unter den spöttisch bewundernden Blicken Natalies in große Näharbeiten, deren Notwendigkeit sie mürrisch erklärt:
»Sehen Sie, Berthe, Mademoiselle kann überhaupt nichts tun, aber ich kann alles.«
Solche Vorhaltungen vermögen jedoch nicht das gute Einverständnis zwischen diesen beiden Achtzigjährigen zu stören, die entschlossen sind, ihr Leben gemeinsam zu beschließen. Ja, das Leben läuft scheinbar wie früher weiter, denn die Eifersüchteleien und die ständig wechselnden Liebesaffären haben aufgehört, und die fünfziger Jahre können als die Jahre Romaines betrachtet werden. Natalie will niemanden mehr verführen, außer ihren Engel. Aber diese Standhaftigkeit währt nicht mehr lange. Im Jahre 1958 begegnet die Verführerin ihrer letzten Liebe – Gisèle.

14
Gisèle 1958

»Mme. Monpalou thronte dort unumstritten inmitten eines Kreises junger Damen, die vom großen Vermögen, den enormen Diamanten und der hohen gesellschaftlichen Stellung Mme. Monpalous beeindruckt waren.«

Jean Lorrain
(Madame Monpalou)

Als ich meinen Roman *Eine junge Frau von sechzig Jahren* schrieb, glaubte ich, eine Kühnheit begangen zu haben. Seitdem habe ich gelernt, daß die Liebe keine Altersgrenze kennt. Die Liebe schlägt zu, wo sie will und wann sie will. Natalie und Gisèle sind ein Beispiel dafür. Als sie sich 1958 begegnen, ist Natalie zweiundachtzig Jahre alt und Gisèle, die mit dem Jahrhundert geboren ist, achtundfünfzig. Ich habe zwei Versionen von dieser Begegnung gehört.
Gisèle erzählt: »Ich saß allein in der Halle meines Hotels nach einem Streit mit meinem Mann. Mein Blick kreuzte sich mit dem Natalies, die gerade vorüberging. Dann blieb sie stehen, wandte sich zu mir und fragte mich: ›Warum sind Sie unglücklich?‹«
Berthe erzählt: »Die Damen haben sich zufällig auf der *Promenade des Anglais* kennengelernt. Dort sind immer viele Tauben, und ich glaube, die Damen haben sich über Tauben unterhalten und sind so ins Gespräch gekommen.«

Berthes Version ist die richtige. Sie entspricht dem, was Natalie ihr bei ihrer Rückkehr aus Nizza erzählt hatte, wie sie sich bei ihrem täglichen Nachmittagsspaziergang – nach dem Mittagessen und einem Schläfchen bei Romaine – »auf eine Bank neben Gisèle gesetzt hatte, die in Gedanken versunken vor sich hinträumte«. Die Geschichte mit den Tauben ist allerdings nur eine Vermutung von Berthe, und es steht fest, daß die beiden Damen nicht nur über diese Tiere plauderten, denn sie entdeckten eine gemeinsame Bekannte, Mme. T..., in deren Salon sie beschlossen, sich offiziell kennenzulernen. Mme. T... hat sich später gerühmt, Gisèle der Amazone vorgestellt zu haben.
Das Verhältnis Gisèle-Natalie hat vierzehn Jahre lang gedauert und wurde sieben Jahre lang geheimgehalten. Die achtundfünfzigjährige Gisèle ist voll und ganz von ihrem Familienleben beherrscht. Ihr Mann, ihre Tochter, ihr Schwiegersohn und ihr Enkel beanspruchen ihre ungeteilte Aufmerksamkeit. Aber sie sehnt sich nach anderen Dingen, und nun erscheint dieser Bovarygestalt das durch Natalie personifizierte Lesbos als das Heil und die langersehnte Abwechslung. Und Natalie bemüht sich, mit ihrem Beispiel, ihrer Verführungskunst und ihrer Liebe, Gisèle nach ihrem Bilde zu formen und in der Letzterwählten den gewünschten Wechsel herbeizuführen. Für diese Metamorphose bewahrt Gisèle ihr eine Dankbarkeit, die sie stets aufs neue preist:
»Endlich gehörte mir ein Teil meiner Tage. Zu meinem Erstaunen entdeckte ich die guten Seiten des Lebens! Ich kann beurteilen, wie armselig und bedürftig ich damals war, denn ich wagte ja nicht, meiner heiligen Familie auch nur eine Minute zu rauben. Und wie anders ist dann alles geworden. Natalie hat mich erweckt, mir die Augen geöffnet, mir genügend Selbstvertrauen und Kraft geschenkt, so daß ich für meine Freiheit kämpfen konnte. Ihr verdanke ich es«, berichtete sie mir anläßlich eines Mittagessens im Restaurant, während die Amazone sich bis zu unserer Rückkehr in ihrem Zimmer ausruhte.
Mit einer lyrischen Emphase, die der gute Weißwein zum Fisch und der Grand Marnier zur flambierten Nachspeise noch ge-

steigert hatten, richtete sie sich direkt an die abwesende Natalie, um über ihre Befreiung zu jubeln:
»Welche Auferstehung, welch herrliches Erlebnis, welche Freude hast Du auf ewig meinem Herzen geschenkt!«
Hierzu sei bemerkt, daß die beiden Damen sich höchst selten duzen. In den sieben Jahren der Geheimhaltung ihrer Affäre haben sie die Gewohnheit angenommen, sich in der Öffentlichkeit zu siezen.
Zuweilen duzt Natalie ihre Freundin in einem kurzen Satz, wenn sie ihr auf die Nerven geht, oder um ihr eine kleine Zärtlichkeit zu sagen, und Gisèle bedient sich der Du-Form eigentlich nur, wenn der lyrische Schwung sie dazu hinreißt.
Gisèle hat eine äußerst langsame Sprechweise, herrliche blaue Augen, sie ist eine Schönheit mit dem Charme der Moldau-Walachei und den Allüren einer Hofdame. Einst war sie auch Oberhofmeisterin einer Kusine ihres Mannes, einer der letzten Königinnen Mitteleuropas gewesen. Von diesem Hofaufenthalt hat Gisèle die Neigung zu einer gekünstelten Eleganz bewahrt, überlädt die Ärmel und Halsausschnitte ihrer Kleider gern mit Rüschen und Kamelien aus Musselin, trägt große Federhüte, pelzverbrämte Seidenmäntel, goldbestickte, mit Fransen betreßte Jacken und seltsame perlmuttbesetzte und mit Perlen verzierte Samtschuhe. Auch sie gleicht einer jagenden Diane – wie Natalie sie in den dreißiger Jahren liebte – aber sie ist eine byzantinische Diana. Die von der Meute ihrer höfischen Erinnerungen verfolgte Gisèle gibt jedoch kein Tüpfelchen ihrer früheren Vergangenheit preis. Kein Wort über ihre Kindheit, nicht die Spur einer Erwähnung von Großmutters Marmeladeschnitten oder Onkels Obst und Kräutergarten. Ihr Leben beginnt mit ihrer Heirat.
Und vor ihrer Heirat? Böse Zungen – und sie fehlen in Natalies Umgebung nicht – behaupten, ohne es beweisen zu können, Gisèle sei eine Bardame oder vielleicht noch etwas Schlimmeres gewesen. Andere stellen sie als eine ehemalige, angeblich sogar diplomierte Krankenschwester hin oder als eine Sekretärin, der es gelungen war, sich von ihrem Chef heiraten zu lassen. In Wirk-

lichkeit sind wir ganz auf Vermutungen angewiesen. Gisèle verstand es, ihr Geheimnis zu wahren. Aber sie liebte es, zu fabulieren, was Natalie auf die Nerven ging:

»Ich habe Gisèle gesagt, ihren Mann könne sie nach Belieben anlügen, aber mich nicht«, erzählte mir die Amazone.

Natalie und Gisèle hatten den Ehemann mit dem Spitznamen »Mister Pickwick« bedacht, denn er ähnelte dem Helden des Romans von Dickens, aber bald wurde der Name zu »Pick« verkürzt, und so werden wir ihn auch hier in der Folge nennen. Monsieur Pick zeichnete sich durch hohe Geburt, Vermögen – das er auf unerklärliche Art gerettet hatte, als die Russen das osteuropäische Königreich in eine Volksrepublik verwandelten – Intelligenz und Häßlichkeit aus. Er ist zwanzig Jahre älter als Gisèle und ist das klassische Beispiel des alten Ehemanns. Seine mit Adelstiteln geschmückte Persönlichkeit strahlt eine ebenso imposante Langeweile aus. Er verbringt seine Tage und einen Teil seiner Nächte mit irgendeiner hochgelehrten Forschungsarbeit. Seit langem hat das Paar getrennte Schlafzimmer, und dieser Umstand ist der Verführerin sehr willkommen.

Gisèle ist eine gute Ehefrau und Mutter, und sie leidet eigentlich nur unter der Unausgefülltheit ihres Seelenlebens und dem Mangel an Sinnesfreuden. Dem hilft Natalie ab. Es ist allerdings wieder nur eine Vermutung, aber es kann angenommen werden, daß Natalie das erste weibliche Erlebnis für Gisèle ist, die aus dieser Neubekehrung wahre Jungmädchenfreuden schöpft:

»Ich bin so erfreut bei dem Gedanken, einige Tage mit meiner Natty zu verbringen, daß ich mich kaum wiederkenne. Ich fürchte fast, daß es den Meinen gegenüber zu sichtbar sein könnte. Und so schaue ich in den Spiegel und spreche zu mir selbst. Ach, welche Strecke ich schon auf dem Weg zu den neuen Lebensgrundlagen, die Du mir schenktest, und die nun ein Teil meiner Selbst geworden sind, zurückgelegt habe.«

Mit solchen Ergüssen bedenkt sie die Amazone und nennt sie nunmehr oft und gern »mein geliebter Ritter«, und das kaum sechs Monate nach ihrer ersten Begegnung, kurz bevor sie zum ersten Male in die Rue Jacob kommt. Um den Schein zu wahren, hat Gisèle ihr Gepäck in einem Hotel nebenan abgestellt, und nun erscheint sie wie ein Schulmädchen, das heimlich auswärts schläft, mit einem Köfferchen im Freundschaftstempel. Beim Freitagsempfang tut Gisèle, als käme sie aus ihrem Hotel. Die Idylle entwickelt sich in einer Atmosphäre des Familienlebens mit seinen Besorgnissen um die Grippe der Tochter, den Schnupfen des Enkels, die Launen des Gatten und das Schmollen des Schwiegersohns. Natalie wird vom Klan akzeptiert. Der Ehemann schätzt ihre Konversation und die anderen ihre Geschenke.

Für Natalie, die den »Familienstil« haßt, bedeutet das eine Qual, aber sie nimmt sie auf sich, um Gisèle leichter zu verführen, denn die immer noch auf Anstandsregeln, einen Rest von Tugendhaftigkeit und ein wenig Koketterie bedachte Gisèle ziert sich ein bißchen. Diese Widerstände und Verzögerungen werden jedoch von Natalie nicht gebilligt. Die Amazone ist an totale Hingabe gewöhnt, und wie viele Frauen haben der Amazone nicht schon Mann, Tochter, Enkelkind und Schwiegersohn geopfert? Und nun kommt Gisèle und verweigert sich ihr unter den fadenscheinigsten Vorwänden: Gott, ihre Gesundheit, die Versorgung des Haushalts – die Amazone wird ungeduldig und beklagt sich am 24. Mai 1958 in Versen:

Vertagte Hoffnungen sind Kümmernisse:
Zögernd vergeht die Nacht, da ich den Schlaf vermisse –
Zögernd wie Sie, Sie ewig Ungewisse.

Und als Gott, die Gesundheit, die Versorgung des Haushalts und andere Vorwände sich schließlich erschöpft haben, ist es eine Königin im Exil, die ihren Besuch im Landhaus der Picks angesagt hat.

Gisèle setzt Natalie mit unfreiwilliger Komik von ihren Sorgen in Kenntnis:

»Es wird gewiß sehr amüsant sein, aber in Erwartung der Königin werde ich meine Turnübungen wiederaufnehmen müssen,

denn ich habe gar keine Übung mehr mit den großen Hofknicksen.«
Natalie belächelt vergnügt diese Kindereien und Hofknickse, die sie selbst früher einmal in Washington für irgendeine Hoheit auf der Durchreise geübt hat. Natalie amüsiert sich, und Gisèle hat schnell begriffen, daß ihre Verführerin die Langeweile über alles verabscheut. So bemüht sie sich, die Geliebte mit allen Mitteln zu zerstreuen. Gisèle hat ein gewisses Talent, völlig unwichtige Dinge mit Geist und Witz zu erzählen. Sie berichtet z. B. von den katastrophalen Kochkünsten einer besonders ungeschickten Küchenfee und schließt mit einem unübersetzbaren Wortspiel – etwa wie man im Deutschen sagen könnte: »Bei ihr braucht man nicht viele Köche, um den Brei zu verderben.« Die Amazone schätzt derartige Bemühungen, aber mehr noch schätzt sie Gisèles Listen, sich von ihren gesellschaftlichen Verpflichtungen zu befreien. So verkündet Mme. Pick triumphierend, es sei ihr gelungen, ein Mittagessen mit einem Minister und einem namhaften Schriftsteller abzusagen, um vierundzwanzig Stunden früher in der Rue Jacob zu sein. Die Verführungskünste der Amazone haben über den Snobismus gesiegt.
Gisèle unternimmt verzweifelte Versuche, Natalies hohen Ansprüchen zu genügen. Sie liebt über ihre Mittel, und das bedeutet für sie, auf Ruhe und einfache Vergnügen zu verzichten. Sieben Jahre lang bringt sie es fertig, sowohl für ihre Familie da zu sein, als sich auch für Natalie unentbehrlich zu machen. Die Verführerin ist verführt und hat verführt. Welchen Stolz schöpft sie aus dieser Eroberung! Und mit welcher Genugtuung hört sie Gisèle zu, wenn diese ihr sagt: »Ich trage Dich in meinem Herzen, wie man sein Kind trägt.«
Sieben Jahre eines leidenschaftlichen Briefwechsels. Die Damen haben sich der Zeit angepaßt und zitieren nicht mehr Verse der Sappho, wie es Renée Vivien tat, sondern eher Sätze aus *Der Sommer* von Albert Camus. Sieben Jahre liebevoller Besorgtheit: »Keine Sonnenbäder mehr, denn sie sind sehr schädlich für blonde Frauen mit blasser Haut wie Du. Außerdem

hat mir mein Arzt versichert, sie riefen Schwindelanfälle hervor und verursachten Krämpfe und Blutgefäßverengung. Also keine Unvorsichtigkeiten, meine Natty, ich bitte Dich, achte auf Deine Diät und ruhe Dich viel im Schatten oder Halbschatten aus, das bekommt Dir besser«, rät Gisèle.

Sieben Jahre geheimer Stelldicheins, verstohlenen Zusammenseins und schwieriger Verstellungen. Die Verführerin zeigt noch im Alter von fünfundachtzig Jahren die gleiche Ungeduld, die sie als junges Mädchen verspürte, wenn sie sich mit Eva, Carmen, Liane oder Renée traf. »Gedulde Dich, mein geliebter Ritter, gedulde Dich. Ich tue ja alles, was ich kann, um Dich so bald wie möglich wiederzusehen«, versichert ihr Gisèle. Die Geduld ist für Natalie keine Tugend, wenn sie es auch für Romaine ist, die gute Miene zu bösem Spiel macht und diesen neuen Seitensprung mit Würde zu ertragen sucht.

Romaine tröstet sich mit dem Gedanken, daß Gisèle letzten Endes eine Gefangene ihrer Familie ist. Aber weiß sie, daß ihr offizielles Verhältnis mit Natalie gerade Monsieur Pick in ruhige Gewißheit wiegt? Daß Gisèle mit diesen beiden »verrufenen Frauen« verkehrt, erscheint ihm als der Gipfel der Originalität und liberaler Denkart. Die Erinnerungen Natalies, Romaines Anekdoten über d'Annunzio faszinieren diesen Liebhaber der Vergangenheit. Außerdem sind die beiden Paare, Natalie und Romaine, Gisèle und ihr Pick in der Freimaurerei des Feinschmeckertums vereint. Sie essen einmal in der Woche gemeinsam in einem der in Nizza entdeckten guten Restaurants zu Mittag, wo sie alle den Winter verbringen. (Die Picks leben irgendwo in Nordfrankreich.)

Ist Monsieur Pick von dauerhafter Blindheit geschlagen, so hält Romaine doch hie und da ein Auge offen. Es kommt zu Szenen zwischen den beiden Freundinnen, aber Natalies Verführungskunst siegt wieder einmal, und Romaine nimmt ihre Toleranz gegenüber der Favoritin wieder auf wie eine alte, liegengebliebene Teppichstickerei. Vielleicht freut sie sich im geheimen über die Gisèle bevorstehenden Kämpfe und Hindernisse, die die Amazone in einem Gedicht an Gisèle beschreibt:

Um Deines Herzens Preis bekämpfen sich zwei Lieben:
Eine will Dich besitzen, und die andre kann
Dir Freiheit schenken und – niemand besitzt Dich dann
Sieh, wer Du wirklich bist, bevor Du Dich entschieden!

Spielst Du die Gattin, wie Dein Mann Dir vorgeschrieben,
Benachteilst Du das Kind, das Dir verzeihen kann,
Und willst Du's nicht, so leidet darum Dein lieber Mann,
Befrei Dich aus dem Netz, in das man Dich getrieben.

Traust Du Dir selbst nichts zu? Gehst Du die Knechtschaft ein?
Sollt' solcher Brauch nicht heut' längst überwunden sein?
Flieh' der Vergangenheit, Du kannst es noch erreichen,
Dein Herz ersteht Dir neu, entdeckst Du neues Land,
Und die Gewohnheit muß dem neuen Glücke weichen:
Greif zu, es steht vor Dir und reicht Dir seine Hand.

Ermahnungen und Gedichte vermögen nichts gegen »die übermäßigen Bande«, in die Gisèle verstrickt ist. Der Ehemann, die Tochter, der Schwiegersohn, das Enkelkind und die Exilkönigin sind Hindernisse, die tagtäglich zu überwinden sind. Aber die Amazone wird siegen. Die fünfundachtzigjährige Verführerin verfügt noch über ihre ganze Vitalität, Einfallskraft und ihr Überzeugungsvermögen.
Als Pick mit seiner Frau nach Spanien fährt, folgt Natalie heimlich dem Paar von Stadt zu Stadt mit ihrem Chauffeur im Auto. Man glaubt zu träumen. Diese sentimentale Reise steht an romantischer Schwärmerei in nichts jenen Begegnungen mit Liane nach, als sie »gemeinsam und verschleiert durch die Stadtviertel von Paris streiften«. Um ihrem Auftreten als Verschwörerin aus Liebe noch mehr Gewicht zu geben, kauft Natalie in Toledo einen herrlichen spanischen Capemantel, in den sie sich hüllt, um unerkannt zu bleiben.
Lassen es die beiden Verliebten an Vorsicht mangeln? Der Ehemann beginnt seine Zweifel zu haben und wendet sich an André Germain, der endlich die erträumte Gelegenheit findet,

sich an Natalie für die Komödie jenes Abends zu rächen, als sie ihn glauben ließ, die verkleidete chinesische Soldatin sei ein Oberst.

So erfährt Monsieur Pick von seinem Mißgeschick, und die sieben Jahre der Blindheit sind vorüber. Er weint viel und leidet ein wenig. Aus verletzter Eitelkeit macht er Natalie zum Gegenstand eines Skandals und hält ihr anschließend noch eine Moralpredigt. Die Amazone nimmt das alles mit einer Gelassenheit hin, die sie noch unterstreicht, wenn er sie zu Worte kommen läßt.

Aber Monsieur Pick unterbricht sie und läßt seinem Zorn freien Lauf:

»Ich ersuche Sie zum letzten Male, meine Frau in Ruhe zu lassen.«

»Und ich bitte Sie um das gleiche. Lassen Sie gefälligst Ihre Frau in Ruhe, und reden Sie nie wieder in diesem Ton zu mir. Sie vergessen, daß ich die Amazone bin, und daß ich immer das letzte Wort habe.«

Drei Monate später stirbt der alte Ehemann an einem schönen Herzinfarkt. Die Amazone hat das letzte Wort gehabt.

Nachdem die Erbschaftsangelegenheiten in langwierigen Verhandlungen mit der Tochter geregelt sind, kann Gisèle nun in Frieden mit ihrem »geliebten Ritter« in der Rue Jacob leben, die sie ihr »Natyland« nennt.

15
Scheherazade im November

»Ihre Gegenwart ist ein Entzücken, die Zärtlichkeit ihrer Worte eine Ekstase.«

Liane de Pougy
(Yvée Jourdan)

Natalie hat ihr letztes Verführungswerk vollbracht. Jetzt muß sie dafür sorgen, daß Romaine und Berthe die neue Eroberung akzeptieren. Und das ist dringlich, denn Gisèle ist nach dem Tode ihres Mannes frei und kann sich ausschließlich Natalie widmen, die sie nie mehr verläßt.

Romaine verhält sich zuerst höflich, geduldig und abwartend, weigert sich aber schließlich, weiterhin mit dieser Frau zu verkehren, die sie verächtlich die Krankenschwester nennt, obgleich sie zugibt, daß Gisèle es versteht, sich um das gesundheitliche Wohlergehen Natalies zu kümmern.

Berthe, die an die Einfachheit ihrer Mademoiselle gewöhnt ist, empfindet bald Mme. Gisèle mit ihren hochtrabenden Allüren als störend, denn diese Dame scheint immer noch zu glauben, sie lebe an einem osteuropäischen Königshof und könne ein Heer von Lakaien herumkommandieren. Mme. Gisèle wird jedoch zu ihrem eigenen Schaden bald eines besseren belehrt, denn Berthe ist und bleibt der Großwesir im Hause.

»Fragen Sie Berthe. Berthe hat alles im Kopf«, empfiehlt ihr Natalie immer wieder.

Bankkonto, Besuche, Telefon, Angelegenheiten jeder Art: für alles ist Berthe zuständig. So hat auch Berthe das Datum für mein erstes Rendezvous mit Miß Barney festgelegt.

Ich war damals Journalist am *Figaro Littéraire*, und ich hatte im Herbst 1963 ein Presseexemplar des letzten Buches von Natalie Barney, *Frauenporträts*, erhalten. Ich rief den Pressedienst beim *Mercure de France* an und erkundigte mich, ob es sich hier um ein posthumes Werk handle. Ich schämte mich dann ein wenig meiner Unwissenheit. Aber man tröstete mich: Ich sei nicht der einzige, der Miß Barney bereits unter den Toten glaubte, und die Autorin der *Frauenporträts* würde sich gewiß freuen, mich zu einem Interview zu empfangen.

Ich war ehrfurchtsvoll gerührt, diesem literarischen Monument, der Amazone Rémy de Gourmonts begegnen zu können, schickte einen sehr feierlich abgefaßten Rohrpostbrief in die Rue Jacob 20 und kündigte die Stunde an, in der ich anrufen würde, um anzufragen, wann ich sie besuchen dürfe.

Diese Vorsichtsmaßnahme wurde – wie ich später erfuhr – zu meinen Gunsten bewertet. Nach einer kurzen Rücksprache mit Berthe erklärte sich Natalie bereit, mich zu empfangen: »Nächsten Mittwoch um fünf Uhr«, teilte mir Berthe mit.

Ich zähle die Tage. Um vier Uhr streife ich bereits um die Rue Jacob herum, und punkt fünf überquere ich den Hof in einem Schrittempo, das Natalie, die mich vom Fenster aus beobachtet, als passend billigt. Es hat gerade geregnet. Ein Duft von toten Blättern hängt in der Luft. Der Oktober ist bis in den Garten gedrungen. Hier ist alles so rotgetönt wie das Haar Eva Palmers. Aber dieser Vergleich kam mir damals noch nicht in den Sinn. Eva Palmer ist mir noch kein Begriff, und Renée Vivien kenne ich nur vom Hörensagen. Ich habe noch viel zu lernen, und Natalie hat es bald bemerkt. Sie fragt mich nach meinem Alter, und ich bin so verwirrt, daß ich erst nachdenken muß, bevor ich »achtundzwanzig Jahre« stammle, während ich mir krampfhaft überlege, ob ich sie mit Madame oder Mademoiselle ansprechen soll. Bei all der peinlichen Unsicherheit, die mich befällt, ist die Frage der korrekten Anrede die schlimmste.

Das Papier, auf dem ich meine sorgfältig vorbereiteten Fragen aufgeschrieben habe, liegt nutzlos auf den Knien. Man stellt der Amazone keine Fragen! So schweige ich betreten, bis mir die Amazone zur Hilfe kommt:

»Man behauptet, ich sei eine Quelle der Erinnerungen. Ich glaube, daß das stimmt und daß ich einmal mehr der Versuchung nachgegeben habe, als ich meine *Frauenporträts* schrieb. Aber jetzt mache ich Schluß. Es ist mir peinlich, über mein eigenes Leben zu schreiben. Das sollen andere tun. Vielleicht Sie, junger Mann?«

Ich, der ich mich mit meinen achtundzwanzig Jahren bereits für einen respektablen alten Herrn halte, erröte doppelt über den »jungen Mann« und über das Ansinnen der Amazone. Unfähig, ein Wort hervorzubringen, höre ich mir ihren Monolog an und lausche dieser Stimme, die völlig akzentlos und ohne jede Affektiertheit so zart und leicht und so natürlich klingt. Das ist die Stimme der Scheherazade. Sie sagt:

»Die meisten Leute schreiben, weil sie kein eigenes Leben haben, und das ist ebenso gefährlich wie der Alkohol oder die Droge. Ich mag nun einmal keine Ersatzprodukte. Und Sie, junger Mann?«

Dieser Angriff hat mich überrascht. Ich stammle ein undeutliches »Ich auch nicht«. Die Amazone wiegt sich leicht auf einem korbgeflochtenen Schaukelstuhl, den ich wie gebannt anstarre. Sie hat meinen Blick erfaßt und erklärt mir lächelnd:

»Mein *Rocking-Chair* ist das einzige, das an mir noch amerikanisch ist. Gefällt er Ihnen?«

Sie lacht, und ihr Lachen zeigt keine Spur des Alters. Das Alter hat auch ihren unter dem Silberhaar – »warmes Silber«, würde Lorca sagen – fast schwarz leuchtenden blauen Augen nichts anhaben können. Ein weißer Seidenschal und ein ebenfalls weißes Gewand, eine Art von Djellaba, lassen das herrliche Haar besser hervortreten, dieses Haar, das in seiner Blondheit von so vielen verliebten Frauen besungen wurde.

Die Amazone wiegt sich weiter auf ihrem Schaukelstuhl. Sie hat es aufgegeben, mir mehr als ein »Ja« oder »Nein« zu ent-

locken, und setzt ihren Monolog fort. Jetzt spricht sie von den heutigen Amazonen:
»Es gibt keine Amazonen mehr in unserer Zeit. Das Wort ist in die Kinderstube gefallen. Die heutigen Amazonen sind Frauen, die sich für frei halten, weil sie ihre Kinder allein, ohne die Hilfe eines Mannes aufziehen. Einfach großartig! Der Konformismus hat sich tatsächlich alles angeeignet.«
Sie gebraucht einen ihrer Lieblingsausdrücke: »Man muß sich sein Leben erfinden.« Dann stellt sie Betrachtungen über das Alter an:
»Wenn man alt wird, hat man nur noch Besitz. Dann kann man nichts mehr verlieren. Aber es ist gut, daß diese Dinge einmal ein Ende haben. Man braucht nur abzuwarten und die Spuren betrachten, die man hinter sich gelassen hat. Ein Leben ohne Spuren ist unvorstellbar.«
Sie schweigt eine Weile. Vielleicht träumt sie von den unzähligen Spuren ihres eigenen Lebens. Darauf erzählt sie mir ihre Eindrücke von dem Film *Lawrence von Arabien,* den sie am Vorabend unserer Begegnung gesehen hat:
»Dieser *Lawrence* ist wirklich amüsant! Haben Sie bemerkt, wie Peter O'Toole die letzten Wassertropfen benutzt, um sich zu rasieren? Wie englisch das ist! Und Sie, junger Mann, was möchten Sie trinken? Tee? Pampelmusensaft? Porto? Porto. Sie haben ganz recht. Die Pampelmusen sind augenblicklich sehr bitter.«
Ich trinke meinen Porto, aber allmählich berauscht mich ein anderer Wein, der Wein einer beginnenden Freundschaft, die ich bereits empfinde und die mein ganzes Wesen von Grund auf verändern wird. Denn trotz meines Schweigens – oder vielleicht gerade deswegen – betrachtet mich die Amazone mit nachsichtiger Sympathie.
Mein Artikel über die Amazone erscheint im *Figaro Littéraire* am 2. November 1963. Berthe ruft mich an, um mir mitzuteilen, daß Mademoiselle sich sehr darüber gefreut habe und mich für den nächsten Mittwoch zu einem Mittagessen »unter vier Augen« – so wie Mademoiselle es liebt – einlädt. Dieser

Tag wird unser Tag bleiben, und bis zu Natalies Tod verbringe ich jeden Mittwoch bei Natalie, außer wenn ich oder sie auf Reisen oder in den Ferien sind, und so lerne ich jeden Mittwoch mehr, mich auf dem Amazonenstrom fortzubewegen. Es ist eine Fahrt auf den Wogen froher Erinnerungen und einer Gegenwart, der wir gemeinsam ebenso viel Fröhlichkeit abgewinnen. Eine Fahrt, die zuweilen so heiter und ausgelassen wird, daß Berthe ins Zimmer stürzt, »um zu sehen, was los ist«. Es ist nichts anderes los, als die zu einem Ritus gewordene Erfüllung unserer spontanen Komplizität, die auf gegenseitigem und absolutem Vertrauen beruht.

Natalie interessiert sich für alles und ist um alles besorgt. Als ich zu unserem zweiten Mittagessen vom Novemberregen durchnäßt erscheine, tadelt mich Natalie:

»Ein Gentleman geht niemals ohne einen Regenschirm aus.«

»Aber ich bin doch kein Gentleman.«

»Das macht nichts, aber Sie müssen wenigstens den Schein wahren.«

Natalie ruft Berthe und verlangt Frottiertücher, damit ich mich abtrocknen kann und mich nicht erkälte. Genau wie Drieu. Ich weiß nicht warum, aber jedesmal, wenn Drieu La Rochelle mich besuchte, war er erkältet. Das hinderte ihn allerdings nicht daran, sich in eine meiner Freundinnen zu verlieben. Er wollte sich ihr erklären. Ich habe ihm abgeraten. »Man kann doch keine Liebeserklärung machen, wenn man den Schnupfen hat.«

Seit ich diesen weisen Rat bekam, gehe ich stets mit meinem Regenschirm aus.

16
Natalie 1963-1968

»Oh! Danke, Harold ... Jeden Tag etwas Neues genießen, das ist mein Wahlspruch. Schließlich ist uns das Leben geschenkt, damit wir Erfahrungen sammeln. Und leider ist das Leben nicht ewig.«
»Wenn man Sie ansieht, könnte man es aber glauben.«
»Mich? Habe ich Ihnen schon gesagt, daß ich am Samstag meinen achtzigsten Geburtstag feiere?«

Colin Higgins
(Harold und Maude)

1. Ich ziehe Liane de Pougy Paul Valéry und Renée Vivien Ezra Pound vor. Natalie hat es bemerkt, und ich mache keinen Hehl daraus. Es bereitet ihr Vergnügen, und sie belohnt mich für meine Vorliebe, indem sie mir einige Betrachtungen über die Liebe anvertraut:
»Man muß vielfältig sein. Ich brauchte immer mehrere Lieben zur gleichen Zeit. Renée war auf Liane eifersüchtig. Renée wollte durchaus, daß ich Liane verlasse. Warum? Warum muß man wählen? Man kann im Leben nur zwischen zwei Dingen wählen. Jemand zu sein, oder um jemanden besorgt zu sein. Zu dem ersten gehört große Intelligenz und zum zweiten ein großes Herz. Was dazwischen liegt, ist eine trostlose Reise zwischen zwei Wassern.«
2. Ich muß die Barneysche Sprache erlernen. Um mich in diesem Wald von geheiligten Namen zurechtzufinden – Liane, Renée, Dolly und all die anderen –, muß man ständig Gehirn-

akrobatik treiben. Allerdings kann man Natalie nicht jenen Snobismus vorwerfen, der darin besteht, Berühmtheiten bei ihrem Vornamen zu nennen. Familienmitglieder nennt man beim Vornamen. Liane, Renée, Dolly und all die anderen sind die wahre Familie Natalies.

3. Natalies Haus ist gewiß der letzte Ort in Paris, in dem man noch von Oscar Wilde als »Dollys Onkel« spricht. Da jetzt gerade die Rede davon ist, sein Theaterstück *Salome* in einer Neuinszenierung aufzuführen, stellt Natalie fest: »Dollys Onkel ist im Augenblick wieder einmal sehr im Gespräch.«

4. Natalie hat einen Fehler, einen einzigen. Sie drückt sich in Aphorismen, geistreichen Einfällen und Gedankenspielen aus. Eine ständige Darbietung von Wortschöpfungen, ein wahres Feuerwerk. Und wie soll man dieses Sprühfeuer in allen Einzelheiten behalten? Jedesmal wenn ich aus der Rue Jacob 20 komme, eile ich in die Kirche St. Germain, wo ich in Ruhe einige der Geistesblitze Natalies notieren kann. Die Kirchgänger müssen mich für einen Dichter der Mystik halten.

5. Natalie: »Warum hätte ich mein Leben dem Ruhm opfern sollen? Was ist denn schon der Ruhm? Ein Echo und sonst nichts.«

6. Wieder Natalie: »Wer ist gewissenhaft und energisch genug, um untätig bleiben zu können, und wer ist erwachsen genug, um unproduktiv zu sein?« Es ist die Spezialität der Amazone, unbeantwortbare Fragen zu stellen, die mich verfolgen und immer wieder auf die Amazone zurückführen. Ihre Verführungskunst paart sich mit dem Vermögen, mich in ihren Bann zu schlagen, und das tut sie ganz natürlich und ohne jede Anstrengung.

7. Anfang Dezember 1963. Natalie schreibt mir:

Mein junger Freund, die Vitalität meines schwachen Herzens wird wahrscheinlich nach dem Mittagessen bei Florence Gould erschöpft sein, so daß unser gewohntes Zwiegespräch dieses Mal nicht stattfinden kann. Ich muß mein Herz vor jeder Regung schonen – sogar beim Treppensteigen. Mit diesem Satz pflegte ich einst Florence zu ärgern, aber nun ist er Tatsache geworden. Aber fürchten Sie nichts, denn man gelangt jetzt mit einer in einen Fahrstuhl umgebauten Sänfte in ihre Wohnung.

Kaum ist ein Monat vergangen, und schon sorge ich mich um dieses Herz, das so oft gepocht hat, und schon sorgt sich Natalie um meine Besorgtheit.

8. Wie die Walküre in ihrem Flammenkreis ist Natalie von ihrer Legende umwoben. Sie ist das blendende Feuer und alles durchdringende Wasser. Sie ist der Wind, in dem der Geist wohnt. Die Amazone würde solche Überschwenglichkeit mißbilligen. Das macht mir nichts aus. Ich habe mir ein wenig zärtliche Verstiegenheit verdient, nachdem ich eine Extraportion Huhn à la Maryland verspeisen mußte, die Natalie in Berthes Abwesenheit auf meinen Teller schob, weil sie nicht mehr essen wollte. Sie benahm sich dabei wie ein Kind, das etwas vor den Erwachsenen verheimlicht:

»Essen Sie es, ich bitte Sie, sonst wird Berthe mich ausschimpfen.« Ich weiß zwar sehr gut, daß Berthe es nicht wagen würde, Mademoiselle zu schimpfen, aber ich gehorche. Zum Dank schenkt mir Natalie einen Hyazinthenzweig. Ich weiß nicht, was ich damit anfangen soll. Man kann doch nicht mit einem Hyazinthenzweig in der Hand in die Untergrundbahn steigen. So schneide ich den Zweig auf der Straße so kurz wie möglich und verstaue die Hyazinthe in einer meiner Manteltaschen. Jetzt wandle ich in einer Duftwolke.

9. Natalie wird Weihnachten und den restlichen Winter in Nizza verbringen. Dort wird sie sich mit ihrer Romaine und ihrer Gisèle treffen. Da sie heute in zärtlich besitzerischer Laune ist, werde ich sogar mit einem »mein Jean« beehrt. Und Natalie seufzt: »Man kann nicht jeden Tag in wahrer Liebe lieben.«

10. Erste Trennung von Natalie. Die Abwesenheit ist eine Form des Todes oder zumindest eine Kostprobe davon. Gleich nach ihrer Ankunft in Nizza schreibt sie mir: »Nein, unsere gemeinsamen Freistunden werden niemals ein Ende nehmen.« Und sie

fügt hinzu: »Dem Leben muß man stets sagen können, ›Ich bin da‹. Das gilt auch für die Freundschaft: Wer ruft mich?«
11. Jetzt fahre ich nach Spanien. Natalie beschwört mich, »mich vor Abenteuern vorzusehen, bei denen man sich eine Krankheit holen kann... Versuchen Sie, sich selbst zu genügen.« Um mich zu überzeugen, schickt sie mir die Abschrift ihres Gedichtes *Genüge* und unterstreicht zwei Verse:

...denn Deine Wollust ist Alleinherr Deines Bettes,
Du bleibst der Sinnesfreudenschöpfer Deiner Nacht.

Diesen Ermahnungen folgt ein Postskriptum: »Ich habe mir einen Knöchel verstaucht, was mich jedoch am Schreiben nicht hindert! Das Meer läßt Gewitter über sich ergehen und bleibt unverändert, das ist ungefähr mein Zustand.«
Welche Gewitter? Ich erkundige mich bei Berthe, die einen Anruf von Gisèle erhalten hat:
»Mme. Gisèle hat mir gesagt: ›Miß Barney ist wohlauf, aber jetzt hat ihr Mme. Brooks schon zum zweiten Mal in dieser Woche eine Szene gemacht. Miß Barney ist kreidebleich und atemlos ins Hotel zurückgekehrt. Ihr Puls war unregelmäßig, und sie hatte Tränen in den Augen.‹ Madame Gisèle hat mir außerdem noch gesagt: ›Wenn Mme. Brooks nach Paris kommt, so reden Sie doch bitte einmal mit ihr – denn Sie hört auf Sie, meine liebe Berthe – und erklären Sie ihr, daß derartige heftige Auftritte zu einem Herzanfall führen könnten, den Miß Barney nicht überleben würde.‹«
Das bedeutet – kurz gesagt – daß Romaine es nicht erträgt, wenn Natalie und Gisèle im gleichen Hotel wohnen. Ich hätte nie geglaubt, daß Eifersucht in einem so hohen Alter noch möglich ist. Allerdings habe ich von meiner Amazone und ihren Freundinnen noch allerlei zu lernen.
12. Frühling 1964. Natalie kehrt nach Paris zurück und bringt die berühmte Romaine mit, auf deren Bekanntschaft ich sehr neugierig bin. Hier ist sie:
Schwarze Baskenmütze, getüpfelte Halsbinde, strenggeschnittenes Kostüm, die Hände in den Taschen. Sie sieht fast wie ein

alter Junggeselle oder ein verspäteter Genremaler von Montmartre aus. Ihre mürrische Liebenswürdigkeit läßt mich erschaudern. Und ich bin nicht der einzige. Auch Natalie scheint in ihrer Gegenwart irgendwie ängstlich zu sein.
Natalie: »Man ist nur frei, wenn man sechs oder sechzig Jahre alt ist.«
13. Sommer 1964. Natalie ist in Begleitung Gisèles irgendwo auf dem Lande. Wir schreiben uns oft.
Natalie:

Wie doch die Wärme der Freundschaft zunimmt, wenn die erkaltende Liebe uns frei macht. Ist eine Freundschaft wie die unsrige nicht viel behaglicher? Und wie beruhigend ist es, sich nicht mehr Dinge sagen zu müssen, die man nicht mehr empfindet. Was treiben Sie in Paris, wo der Sommer ganz unbrauchbar ist?

14. 31. Oktober 1964. Wir feiern Natalies (achtundachtzigsten) Geburtstag. Ich erscheine als erster Gast mit einem Hexenstab, d. h. mit einem Vierfarbenkugelschreiber, dessen Mechanismus die Amazone amüsiert.
Berthe strahlt wie ein polierter Weihnachtsapfel und erklärt mir stolz, jetzt werde ich sehen »wie ein großer Empfang in der Rue Jacob stattfindet«. Und ich sehe sie alle, die Größen der Vergangenheit, Berühmtheiten von heute, Prinzessinen, elegante Damen aus England und den Vereinigten Staaten, junge Amerikaner und einige diamantenbehangene, zahnlose, gespensterhafte alte Frauen, unter denen sich besonders die hervorhebt, der man schon in den dreißiger Jahren den Spitznamen »die Pechsträhne« gegeben hat. Sie ist eine riesengroße Klapperschlange, und sie ist von all den Giftbrocken, die sie in ihrem endlosen Leben geschluckt hat, ganz aufgebläht, und nun will sie absolut diese Brocken wieder los werden und an andere weiterreichen, was sie zu einer wahren Landplage macht, vor der alles die Flucht ergreift. Nur Natalie ist ihr nicht böse und erklärt es mir:

»Schon vor zwanzig Jahren habe ich mich mit der Pechsträhne überworfen, und sie hat es nicht einmal gemerkt. Sie ist unverbesserlich. Wozu soll ich mich auch mit ihr überwerfen? Um mir die Mühe zu machen, mich dann wieder mit ihr zu versöhnen? Die Pechsträhne amüsiert mich, und ich kann einfach nicht widerstehen, wenn mich etwas amüsiert. Sie hat sich einmal mit einem Mann verheiratet, der acht Tage nach der Hochzeit wahnsinnig geworden ist. Man fragt sich nur, ob er nicht schon vorher wahnsinnig war, oder ob er es erst geworden ist, weil er dieses Ungeheuer geheiratet hat.«
Die gelehrte Pechsträhne zitiert mir einen Satz, den Edmond Jaloux einmal über die Amazone gesagt haben soll: »Wenn eine Frau dermaßen intelligent ist, erregt sie ein gewisses Unbehagen.«
Natalie meint dazu: »Jaloux vergaß eben jene geheimere weibliche Kraft, der der naive männliche Stolz nicht genügend Beachtung schenkt.«

15. Dezember 1964. Natalie:

Ein herrliches Postkartenwetter empfängt mich in Nizza. Meiner Romaine geht es nicht sehr gut. Ich gebe ihr Vitamin B 12, um sie wieder aufzumuntern. Wozu? Ich ziehe mich in mich selbst zurück und vermisse Ihre Gegenwart. Wem schenken Sie sie? Sie großer Selbstverschwender. Diesem Brief fehlt es an Munterkeit, an jener Munterkeit, die ich stets verspüre, wenn Sie da sind.

Innerhalb eines Jahres ist unsere Freundschaft zu einer zärtlichen Zuneigung geworden, zu einer undefinierbaren Zärtlichkeit, die uns über den Winter und die anderen Jahreszeiten hinweghilft. Wenn ich auf die Reise gehe, bin ich sicher, bei meiner Rückkehr einen Brief von meiner stets aufmerksamen Natalie vorzufinden. Auf dem Briefumschlag steht »Bei der Rückkehr auszuhändigen«.
16. Frühling 1965. Natalie schickt mir einen Text mit dem Titel *Diebe und Einbrecher*. Er ist einer ihrer letzten:

»Für gewisse arme Leute ist der Diebstahl zu einem Sport geworden. Gehört zu einem Einbruch nicht mehr Geschicklichkeit als zu irgendeinem Sportspiel? Gäbe es heute so viel trostloses und unvermeidliches Elend, wenn das Christentum nicht ständig das Lob der Armut gepriesen hätte? Es scheint mir, daß der Kommunismus viel leichter Anhänger für seine Doktrin gefunden hätte, wenn er der des Christentums gefolgt wäre. Unterdessen triumphieren Diebstahl und Einbrüche trotz der wohlorganisierten Polizei. Und erfordert es nicht mehr Mut und Erfindungsgeist, sie erfolgreich durchzuführen – natürlich ohne Mord und Vergewaltigung? Respekt vor der Person des Menschen – wenn auch nicht vor seinen Gütern – müßte eine der ersten Regeln dieses Spiels sein.
Der Vertrauensmann eines vermögenden Geschäftsmannes wurde in flagranti ertappt, als er eine Unterschlagung beging, und er hatte die Kühnheit, seinem Arbeitgeber zu sagen: ›Was nützt es mir denn, Ihr Vertrauensmann zu sein, wenn ich nicht einmal davon profitieren kann?‹ Der Arbeitgeber lachte, ließ die Sache auf sich beruhen und rief nicht die Polizei. Wäre selbst die gute Dienerschaft heute so rar und anspruchsvoll geworden, wenn ihre neuen Herren nicht allzu selten gute Dienste zu schätzen wüßten? Und deshalb werden wiederum die guten Herren auch als solche viel zu selten geschätzt und anerkannt. Glücklicherweise gibt es unzählige Ausnahmen. Ich kenne eine, die aus der *Belle Epoque* stammt: Eine sehr pariserisch gewordene Amerikanerin, eine Mrs. Moore hat nicht nur ihr gesamtes Personal großzügig belohnt, sondern auch ihren Fleischer in ihrem Testament mit einer königlichen Summe bedacht, weil er sie so viele Jahre lang stets gut mit ›Chateaubriands‹ und anderen erstklassigen Fleischsorten bedient hatte. Allerdings sind solche testamentarischen Schenkungen gefährlich, denn wenn die Begünstigten den Gewinn, den sie zu erwarten haben, kennen, haben sie nicht immer die nötige Geduld, ihren Reichtum abzuwarten. Ich kenne einige Fälle von Dienstherren und Erbtanten, die vor ihrer Zeit verschieden sind, aber lassen wir das …

Der Geiz der Neureichen kennt ihren Erben gegenüber – seien es Diener oder Angestellte – weder Vorsicht noch Skrupel. Folglich scheinen die Räuber und Wegelagerer den Dieben im Haus ihren Platz abgetreten zu haben.
Wäre es um das soziale Leben nicht besser bestellt, wenn wir Leute hätten, die von uns abhängig sind, und die sich auf uns verlassen – oder wenn es wenigstens mehr Verständnis und Großzügigkeit gäbe? Diener und Hausangestellte sind heutzutage so schwer zu finden und zu halten, weil es sich herumgesprochen hat, daß die regelmäßige Arbeitszeit in den Fabriken ihnen mehr Freiheit und höhere Löhne zusichert. Und doch, war es nicht schöner Zofe als Roboter zu sein?«
(Man soll den Teufel nicht an die Wand malen. Ein Jahr später wurde im Haus der Rue Jacob eingebrochen. Um Miß Barney jede Aufregung zu ersparen, nimmt Berthe das Flugzeug nach Nizza und bringt ihr schonend bei, daß die Silberleuchter und die persischen Kästchen verschwunden sind. Natalie nimmt es gelassen hin und sagt: »Berthe, die Hauptsache ist, daß Ihnen nichts geschehen ist. Wenn diese Einbrecher wiederkommen, sollen sie nur alles mitnehmen, aber dafür sollen sie Ihnen nichts antun.«)
17. März 1965. In acht Tagen werde ich dreißig Jahre alt sein. Wie die Zeit vergeht! Ich klage Natalie mein Leid, und sie antwortet:
»Sie vergessen, daß Sie mit jemandem sprechen, der bald neunzig ist. Mit dreißig Jahren kennt man das Geheimnis, das den meisten Menschen auf dieser Welt bekannt ist, das aber am strengsten gehütet wird: man weiß, daß man nicht glücklich ist.«
18. Ich habe von Natalie geträumt, wir gingen die Treppe hinauf, die zu ihrem Zimmer führt, und auf dem Treppenabsatz nahm sie meinen Arm und sagte zu mir: »Glücklicherweise ist mein Herz blind geworden – oder fast.« Nun erfahre ich, daß dieser Traum mit zwei Szenen übereinstimmt, die sie am Morgen mit Gisèle und am Abend mit Romaine hatte. Beide verlangen von Natalie das, was sie am meisten haßt: zu wählen.

Die Amazone will aber sowohl ihre Romaine als ihre Gisèle behalten. Der Frühling 1965 verspricht, stürmisch zu werden.
19. Natalie schreibt mir:

Mein Jean, Ihre Nachricht beruhigt mich. Es ist gefährlich, zu fühlen, daß man nicht mehr im Mittelpunkt seiner selbst steht. Da kann man sich so leicht verirren und sich verlieren. In einem solchen Falle wäre es schon weniger schlimm, jemand anderen zu verlieren als sich selbst. Meine Gedanken begleiten Sie – diskret – wie ein Schatten, den die Freundschaft wirft. Man muß sehr auf sich achtgeben. So gehe ich meinen neunzig Jahren ohne großen Schaden entgegen, obgleich ich mich gerade von einer Lungenentzündung erhole, die mich geschwächt hat. Romaine ebenfalls. Gisèle ist wieder einmal *vortrefflich zu mir, und wie es scheint, bin ich es auch zu ihr.*

20. Ich möchte Fahrunterricht nehmen und teile es Natalie mit. Sie antwortet sogleich:

Romaine hat mir ihren Studebaker überlassen, da sie sich einen Wagen angeschafft hat, den ihr schwerfüßiger Chauffeur, der mit der automatischen Schaltung dieser amerikanischen Marke nicht vertraut ist, leichter fahren kann. Ich glaube, daß das der Wagen ist, den Sie brauchen. Betrachten Sie also den Studebaker als Ihre Verlobte.

Aber die Ehe findet nicht statt. Nach zwei oder drei Durchfällen bei der Fahrprüfung habe ich es aufgegeben. Ich bin wirklich nicht begabt. So ist es aus mit dem Studebaker, aber Natalie tröstet mich:
»Automobilisten sind gefährliche und unangenehme Leute. Ich freue mich, zu hören, daß Sie sich ihrer Schar nicht anschließen. Bleiben Sie unantastbar, und begnügen Sie sich, sich selbst in der Gewalt zu haben. Das ist viel wichtiger.«
21. Um mich von meinem völligen Versagen beim Fahrunterricht zu trösten, unternimmt Natalie den Versuch, mir Verführungsunterricht zu erteilen:

»Man darf niemals die Augen senken, außer um Ergebenheit zu zeigen. Wenn ich eine schöne Person sah, bin ich einfach auf sie zugegangen und habe gesagt: ›Wie schön Sie sind.‹ Machen Sie es nur wie ich.« »Sie vergessen, daß ich schüchtern bin. Und schamhaft. Männer sind schamhafter als Frauen.« »Weil sie mehr zu verbergen haben«, hält mir die Amazone triumphierend entgegen.

22. Ich glaubte mich stark, doch nun, da mich meine Amazone bei der Hand genommen hat, verstehe ich erst, wie schwach ich bin und wie sehr ich Führung und Schutz brauche. So finde ich Zuflucht in meinem »Natalien«. Wir haben ein Land erfunden, das Natalien heißt, und wir phantasieren lustig über seine Einwohner, seine Architektur, seine Feste und Gebräuche.

23. Wir verlassen »Natalien«, um uns ins Restaurant *Lapérouse* zu begeben, wo Gisèle uns eingeladen hat, mit einer Schar ihrer Vettern aus der Moldau-Walachei und der Pechsträhne zu Mittag zu essen. Natalie hat seit ihrem Einzug in die Rue Jacob im Jahre 1909 nicht mehr bei *Lapérouse* gespeist.

»Da ich keine Köchin hatte, bin ich hierher gekommen und habe mir eine gute Mahlzeit bestellt. Als Robert de Montesquiou mich all die feinen Gerichte bestellen hörte, hat er mich gefragt, mit wem ich verabredet sei. Ich antwortete ihm ›ich bin mit mir selbst verabredet, und das genügt mir‹.«

24. Juni 1965. Natalie veranstaltet ein Fest zu Ehren Philippe Jullians, dessen Buch *Robert de Montesquiou, ein Prinz von 1900* gerade erschienen ist. Auf dem Fest bringt sie zwei Generationen durcheinander und beglückwünscht eine junge Frau mit den Worten: »Ihr Mann hat sich im letzten Krieg wunderbar geführt.« Als die junge Frau in großer Verlegenheit protestiert und ihr klarzumachen versucht, es müsse sich um einen Irrtum handeln, will Natalie, die an den Krieg von 1914–1918 denkt, nichts davon wissen und wiederholt: »Wunderbar, ganz bestimmt, er war wunderbar.«

Man führt die junge Frau in eine andere Ecke des Zimmers. Die Arme ist am Rande eines Nervenzusammenbruchs, denn sie glaubt, die Amazone treibe grausamen Spott mit ihr und spiele auf ihre unglückselige Vergangenheit an. Denn der Mann dieser Dame hatte während des Krieges 1940–1945 zahlreiche Liebesabenteuer mit deutschen Offizieren und Soldaten gehabt und wäre bei der *Libération* beinahe mit geschorenem Schädel an den Pranger gestellt worden. Er verdankte seine Rettung der Schwiegermutter, die eine der ersten Widerstandskämpferinnen war und deren Mann sich im Ersten Weltkrieg durch heldenmütige Tapferkeit ausgezeichnet hatte.

Ich war bei diesem Fest nicht zugegen, da ich außerhalb von Paris zu tun hatte, und erfuhr die Sache erst durch Natalie, die mir strahlend die ganze Geschichte erzählte. Ich frage mich, ob sie nicht absichtlich Mutter und Tochter verwechselt hatte.

25. Freitag, 21. Juni 1965. Mittagessen mit Violette Leduc. Tee bei Natalie Barney. Abendessen mit und bei Louise de Vilmorin. Und das alles am gleichen Tag! Ich habe es überlebt; also erzähle ich. Natalie mag Louise nicht und macht kein Hehl daraus:

»Louise ist eine Schauspielerin, die sich selbst darstellt, und Sie sind ein sehr schlechter Regisseur.«

Louise mag Natalie nicht und macht ebenfalls kein Hehl daraus:

»Mit Natalie verlierst du deine Zeit, und du hast keine Zeit zu verlieren.«

Violette dagegen liebt nur Violette, und das ist beruhigend.

26. Damit ich nicht allzusehr meine Zeit verliere, kommt Louise mich mittwochs an meinem Natalie-Tag gegen drei Uhr nachmittags in der Rue Jacob 20 abholen. Wenn diese beiden Verführerinnen sich gegenüberstehen, ziehen sie die Krallen ein und beschränken sich auf eine lächelnde aber unerbittliche Höflichkeit.

27. Natalie über Louise:

Sie sind von Natur aus nicht hart, sondern eher schwach. Und ich schätze durchaus diese Schwäche an Ihnen, die eigentlich auch immer meinem Wesen entsprach, wenn auch mit mehr

Zärtlichkeit. In Ihrem gegenwärtigen und sich wiederholenden Falle bedaure ich Sie, liebe es jedoch, Sie Louise gegenüber zuweilen schwach zu sehen, denn sie betrachtet sich in Ihnen wie in einem Spiegel – wenn es auch ein verzerrender Spiegel ist. Ihr ganzes Streben, verführerisch zu wirken, braucht immer neue Beweise und eine gute Portion von Egoismus. Louise sollte wissen, daß sie nicht das Recht hat, derartig in Ihr Leben und in unsere Mittwochnachmittage einzudringen. Was mich anbetrifft, so habe ich es nie an Herzensgüte fehlen lassen. Vielleicht ist deshalb mein Herz so müde – und leidet für andere. Seien Sie nachsichtig. Sie haben so wenig aus Liebe gelitten. Immerhin dient das Leiden der Entwicklung des Charakters, und wenn man es durch andere lernen kann, so ist es vielleicht peinlicher, aber weniger bitter, als wenn man es am eigenen Leibe erfahren muß.

28. Eins kann mir Natalie beim besten Willen nicht beibringen, und das ist das Nichtstun. Ich laufe immer hinter jemandem oder hinter etwas her. Gerade komme ich von einer Reportage aus Irland zurück und behaupte:
»In Irland muß man schon ein Pferd sein, um jemandem zu gefallen. Dort sieht einen niemand an.«
Natalie: »Glauben Sie das nicht. In Irland üben die Leute jene angelsächsische Schamhaftigkeit, die ihnen gestattet, alles mit gesenkten Augenlidern zu sehen, wie in der Liebe.«
29. Natalie: »Man hat mir erzählt, Sie sähen Louise jetzt viel seltener. Haben sich Ihre Beziehungen schon so abgeschwächt, daß sie dauerhaft geworden sind?« Man kann der Amazone wirklich nichts verheimlichen!

Mein Jean,
ich habe lange über diese Gewohnheit des Zusammen-Schlafens nachgedacht, und es scheint mir, daß dadurch die Liebe nicht verlängert, sondern eher verkürzt wird. Die nächtlichen Gewohnheiten eines jeden sind verschieden oder ändern sich mit der Zeit. Wie viele Liebende – und mögen sie noch so entflammt

und zärtlich sein – sind mit einem eingeschlafenen Arm unter dem Kopf des anderen aufgewacht. Oder man erwacht aus Angst, geschnarcht zu haben. Denn dieses den anderen im Schlaf vergessen *– sei es am Tage oder in der Nacht – scheint mir die größte Unhöflichkeit und die größte Gefahr zu sein. So viele verheiratete oder freie Liebespaare erleben damit den Anfang des Endes ihres Zusammenseins. Und das umsomehr, als man frei sein muß, um seinen Traum zu genießen. Auch wenn man träumt, daß man jemand anders liebt. Man lenkt nicht seine Träume, aber oft lenken die Träume uns. Und auch in dem Fall ist der Alleinschlaf notwendig. Ich bin für getrennte Schlafzimmer, getrennte Betten und sogar auch für eine Trennung im Leben.*

Nur so kann man das, was man liebt, bewahren.

Da kommt mir mein Gedanke über »die Intimität und ihre fortschreitenden Schamlosigkeiten« in den Sinn. Nackt füreinander zu leben, das ist zwar ein Privileg, aber wenn man gemeinsam altert, muß man es teuer bezahlen: Wenn man sich nicht mehr sieht, weil man sich schon so lange liebt, ist man bereits geschieden – oder man ist bereits einer Person begegnet, die man besser zu sehen beginnt.

Beweisen die Orientalen nicht mehr Feinsinn als wir, wenn sie ihren teuersten Schatz hinter Schloß und Riegel halten, weil sie fürchten, daß gleichgültige oder von Gewohnheit abgestumpfte Blicke ihn sonst abnutzen könnten? Im Westen hat man es zu eilig. Man will zwar auch hier seine Schätze verschließen, aber nur aus Angst, sie könnten gestohlen werden. Man schützt sie auch durch Gesetze, aber was vermag schon ein Gesetz gegen die Liebe auszurichten? Oder für die Liebe? Die Liebe erfordert zuweilen, daß man sich trennt, daß man von weither kommt oder wiederkehrt, um seinen Blick zu erneuern und dem anderen etwas Neues bieten zu können. Meiner Meinung nach muß die Liebe Flügel haben, wenn sie bestehen oder wiedererstehen soll. »Göttliche Ruh' genieß' ich nach dem Liebesakt« – das ist eine typisch männliche Freude, und in diesem Fall sogar eine Dichterfreude (Henri de Régnier), aber die Frau

hat dann oft andere Sorgen. Zwar kann zuweilen jene selige Entspannung der Liebenden die Ekstase verlängern, solange man sich ihrer noch bewußt ist, aber bevor man sich den Rükken zudreht, um in tiefen Schlaf zu verfallen, sollte man lieber fliehen!
Ein Liebhaber der Melba (von der uns nur noch der »Pfirsich« geblieben ist) beklagte sich einst, in die »kalten Laken seines Bettes« zurückkehren zu müssen, aber ist eine Wärme, deren Feuer ausgegangen ist, denn besser? Ich bezweifle es.
So komme ich zu dem Schluß: Wenn zwei Körper sich nichts mehr zu sagen haben, sollten sie voneinander scheiden.

31. Ich ziehe um. Ich gebe mein Studio in Passy auf und ziehe nach Les Batignolles. Natalie ist besorgt und ermahnt mich:
»Bei der Wahl einer neuen Wohnung sollten Sie sich nicht allzuschnell entschließen. Achten Sie auf die umliegenden Geschäfte, die Nachbarschaft, die gute Luft und die Straßenruhe, und denken Sie auch an die Frau, ohne die kein Junggeselle auskommt – die Reinmachefrau.«
32. Mittwoch, 25. Mai 1966. Ich esse bei Natalie zu Mittag, wie an jedem Mittwoch, wenn sie in Paris ist. Nach dem Mittagessen brechen wir auf. Berthe blickt besorgt drein, und Gisèle erteilt letzte Ermahnungen. Wir fahren, um uns meine neue Zweizimmerwohnung im Erdgeschoß in der Rue des Batignolles anzusehen. Es regnet. Im Taxi empfinde ich plötzlich starke Rührung über meine Gefährtin, die mit ihren über neunzig Jahren weder Regen noch die Verkehrsstauungen von Paris scheut, um sich zu vergewissern, wie ihr Freund untergebracht ist.
Wir sind angekommen, Natalie geht über den Hof und steigt die drei Stufen hinauf. Sie ist aufrecht, hält die Hände hinter ihrem Rücken verschränkt und verweigert meinen Arm und meine Hilfe. Kaum hat sie die Wohnung betreten, da fragt sie: »Wo ist das Bett?«
Sie setzt sich darauf, prüft die Elastizität der Matratze und sagt: »Es ist sehr wichtig, ein bequemes Bett für die Liebe und

den Schlaf zu haben. Es ist gut.« Und dann fügt sie mit ungewohntem Ernst hinzu: »Sie haben noch lange Jahre des Vergnügens vor sich. Lassen Sie niemals zu, daß das Vergnügen Sie verläßt. Verlassen Sie es zuvor.«

Dann spiele ich Natalie eine Platte meines Idols, Lola Florès, vor. Sie läßt sich herab, meinen Geschmack zu billigen: »Sie hat eine anregende Stimme, und das ist selten. Und dann sagen Sie, sie sei so schön wie meine persische Tänzerin Armen Ohanian?«

Mit diesen Worten beendet die Amazone ihren ersten und letzten Besuch in meiner Wohnung. Während der Rückfahrt erzählt sie mir die Geschichte eines Malers, der kurz nachdem er sich verheiratet hatte, eine achtzehnjährige Amerikanerin und ihren fünfzehnjährigen Bruder verführte. Die Geschwister sind bereit, sich den Maler zu teilen, falls er sich scheiden lasse. Der Taxichauffeur traut seinen Ohren nicht, als Natalie mir heiter weitere Einzelheiten aus dem Liebesleben des Malers beschreibt.

33. Es ist Mittagszeit. Ich höre, daß es Natalie nicht gut geht. Wie immer habe ich kein Taschentuch zur Hand, wenn meine Augen und meine Nase weinen. Ich kann es nicht fassen, daß meine Unsterbliche mich verlassen könnte.

34. Zwei Tage später. Natalie ist wiederauferstanden. Sie strahlt und ist mehr Amazone denn je.

Über ihre Mutter, Alice Pike Barney: »Sie sollte den Afrikaforscher Stanley heiraten. Aber es kam nicht zur Hochzeit. Können Sie sich mich als Miß Stanley vorstellen? Die einzigen Forschungsreisen, die mich interessieren, sind die der Herzen.«

Über Anna de Noailles: »Ihr Ende war furchtbar. Sie war ganz verlassen. Sie erzählte Geschichten, die niemanden interessierten. Aber Jean, wenn Sie sich für Anna de Noailles interessieren und ihr Werk lieben, warum bemühen Sie sich nicht, beiden ihren Denkmalsplatz zu errichten? Träge Bewunderung führt zu nichts. Sie verzetteln sich zu sehr, genau wie ich in Ihrem Alter. Geben Sie acht, daß Sie nicht mit Leuten verkehren, mit denen man nicht verkehrt. Sonst laufen Sie Gefahr, ein nicht empfehlenswerter Mensch zu werden. Ich gebe zu, daß solch ein Ruf auch seine guten Seiten hat. Als ich eine nicht empfehlenswerte Person war – widersprechen Sie mir nicht, denn Sie wissen noch nicht alles – bin ich alle meine sogenannten Freunde auf die natürlichste Art losgeworden. Das ist praktisch.«

Und um diese Unterhaltung zu beenden, seufzt sie:

»Die Liebe setzt manchmal Schmutz an und riecht schließlich so schlecht, wie die Untergrundbahn um sechs Uhr abends.«

»Wie können Sie denn das wissen? Sie fahren ja nie in der Untergrundbahn.«

»Das macht nichts. Ich kann es mir vorstellen. Wissen Sie, es gibt Abende, an denen man bereit wäre, eine Million an Zärtlichkeit für zehn Pfennig Liebe herzugeben.«

Oft setzt Natalie unser Gespräch mit einem Brief fort. Sie schwärzt ein Blatt Papier einschließlich der Ränder. Dann überlegt sie sich's noch einmal und setzt das Gespräch und den Brief auf der Rückseite des verschlossenen Umschlags fort. Sie fügt auch noch einen kleinen Nachtrag hinzu, um mich daran zu erinnern, daß wir am Mittwoch wie immer gemeinsam zu Mittag essen, als ob ich das vergessen könnte – nein wirklich, Natalie:

Ich erwarte Sie am Mittwoch – keine Blumen und Kränze – zur Feier unseres Händedrucks.

Es ist ein Fest des Gefühls, das uns vereint, und das Zeit und Raum auflöst. Die Rue Jacob ist mir zur Rue Natalie Barney geworden.

35. »Die Maurer machen Hausputz. Man schneidet mir den Efeu von der Fassade. Lebewohl Efeu – es ist jetzt nur noch eine Erinnerung.« Mit diesen Worten empfängt mich die Amazone. Die epikuräische Natalie kann auch stoisch sein. Sie verliert den Efeu, das Buch, den Freund – und sie beklagt sich nicht. Sie lebt in einer Wüste, wo sie mit Natalie allein ist. Es ist eine Wüste, die weder Lieb- noch Freundschaften bevölkern konnten. Einsamer Narziß, der sich eine Wüste als Spiegel vorhält.

Um dieser schrecklichen Abgeschiedenheit zu entrinnen, stürzt sie sich in alle möglichen Abwechslungen. Man kann von einem Tag auf den anderen von der Amazone verurteilt werden, denn Langweiligkeit ist für sie ein Verbrechen.

36. Natalie betrachtet jeden Tag als eine genüßliche Frucht. Sie ist die Verkörperung jenes Wortes von Raymond Radiguet: »Jedes Alter trägt seine Früchte, man muß sie nur zu pflücken wissen.« Und sie, die behutsame Feinschmeckerin, sagt dazu: »Nur wenige wissen wirklich diese Früchte zu genießen. Und die späten Früchte sind doch die besten.«

37. Das Haus in der Rue Jacob ist die wahre Ali-Baba-Höhle. Welche Fülle an Wundern und Schätzen der Erinnerung. Ich habe die Erlaubnis, herumzustöbern und alle möglichen Dinge auszugraben, die Natalie und mir Freude machen. Vor meiner Schatzsuche erteilt mir die Amazone ihren Segen:

»Ich behalte alles. Ich zerstöre nichts. Meine Unordnung ist unerschöpflich. Erschöpfen Sie sich nicht.«

Einige Funde sind wahre Neuentdeckungen. So krame ich das Manuskript ihres Theaterstückes in drei Akten, *Die Doppelwesen oder das Mysterium der Psyche,* hervor, und schon erwacht in Natalie wieder die von der Mutter geerbte Theaterleidenschaft. Sofort muß ich *Die Doppelwesen* lesen, das Manuskript abtippen lassen und es so schnell wie möglich den Theaterdirektoren, die ich kenne, vorlegen. Ohne Ergebnis. Ich bitte Jacques Brenner, einige Auszüge in seiner Zeitschrift *Cahiers des Quatre Saisons* zu veröffentlichen. Natalie ist ungeduldig wie eine Debütantin, und wie eine Debütantin freut sie sich, ihren Namen im Autorenverzeichnis der Sommerausgabe 1966 zwischen René Crevel, Jacques Chardonne und Christopher Isherwood zu finden. Natalie, die ewige Debütantin. Natalie ist ebenso unerschöpflich wie ihre Unordnung, denn jetzt entdecke ich in ihr eine Autorin des avantgardistischen Theaters. In *Die Doppelwesen,* das sie 1925 schrieb, versucht ein junger Flieger (Eros) vergeblich, das von ihm geliebte Mädchen (Psyche) zu verführen. So beauftragt er seine Mutter (Aphrodite) mit dieser heiklen Aufgabe. Handlung und Personen

scheinen der Welt eines Jean Giraudoux entronnen zu sein. Aber da hört die Ähnlichkeit schon auf. Giraudoux wäre vor der Gewagtheit der Dialoge und der Szenen zurückgeschreckt. Aphrodite spricht, denkt und weiß zu gefallen wie die Amazone. Und als Aphrodite schließlich die Psyche verführt, verführt Natalie Natalie. Man stelle sich die Szene und den Dialog vor. Da blitzt es: »Ich verachte die Schwächen, die ich erwecke«, da wird gestanden: »Ich hatte nie meine Hilfsbereitschaft zu bedauern: sie hat sich stets gegen mich gekehrt«, da wird festgestellt: »Ich bediene mich nie meiner Arme ... Eine Göttin braucht niemanden zurückzuhalten«, oder da wird mit ernüchternder Eleganz bekannt: »Wer von uns kann sich noch an unsere ersten Lieben erinnern? Oder an seine letzten? Wenn sie vorüber sind, bleibt nichts, nur eine Legende.«
Legendäre Natalie. Sie belächelt glücklich ihr *Doppelwesen*, und von ihrer Hängematte aus, die an den Bäumen ihres Gartens befestigt ist, erklärt sie mir ihr Erstaunen, als ich ihr vorhalte, sie habe das Mysterium der wahren Liebe Psyches entschleiert, die natürlich in Aphrodite und nicht in deren Sohn Eros verliebt war, wie man bisher fälschlicherweise annahm. Natalie verweiblicht alles, selbst die Mythologie!
38. Die letzte Eroberung Natalies ist ihr Arzt. Doktor Nogrette, der für seine Patientin ein amerikanisiertes Sonett gedichtet hat. Es fängt mit folgenden Zeilen an:

Erlauchte Fee, durch welche Zauberkraft
War's möglich, in der Zeit der Tiefkühlwaren,
Des Supermarkts, der Drugstore-Popkundschaft,
Die Wildheit Ihres Gartens zu bewahren?

Ich begegne dem Dr. Nogrette im Hof der Rue Jacob. Er beruhigt mich über den Gesundheitszustand Natalies:
»Miß Barney ist erstaunlich«, erklärt er mir. »Sie spricht nie von ihrem Alter oder vom Tod. Sie will einfach nur wissen, was sie noch alles tun und unternehmen kann. Sie ist bereit, sich zu pflegen, aber nur, wenn es sie nicht zu sehr langweilt.«

Nach diesem, Gott sei Dank beruhigendem Befund des Arztes muß ich nun Gisèles Glaubensbekenntnis über mich ergehen lassen. Für sie ist Romaine an allen Krankheiten Natalies schuld. Und das noch auf dem Treppenflur, wo wir jeden Augenblick von der Pechsträhne überrascht werden können, die gerade Abschied nimmt und laut beteuert: »Die jetzige Herzogin hat gar keinen praktischen Verstand. Sie hat übrigens überhaupt keinen Verstand. Mit ihrem kratzbürstigen Gesicht hätte sie eine Kratzbürste bleiben sollen, anstatt sich mit Literatur zu befassen.«
Die gute Pechsträhne weiß wirklich ganz genau über ihre beste Freundin, die jetzige Herzogin, Bescheid.
39. Natalie: »Es gibt keine reine Liebe. Es gibt nur die reine Eigenliebe. Und rein ist die Liebe auch nie.«
40. Im Herbst 1966 ist mein Roman *Die Unfreiwilligen Paare* erschienen. Die Amazone kommt darin mit einer Schar von Husarinnen und anderen Huris vor. Natalie hat ihren Spaß an dieser Nachbarschaft und freut sich über die romanhafte Huldigung. Die Pechsträhne, Gisèle und ein mit ihr befreundeter Maler nutzen die Gelegenheit, um über mich herzufallen. Der Maler fordert Natalie auf, mich nicht mehr zu empfangen, da ich mich der Amazonenlästerung schuldig gemacht habe. Rémy de Gourmont würde angeblich außer sich gewesen sein, sein Idol inmitten dieser Paare zu sehen. Aber da kennt er die Amazone schlecht. Sie weigert sich und antwortet dem Maler:
»Dann kommen Sie eben nur, wenn Jean Chalon nicht hier ist.«
Sturm im Serail. Berthe nimmt tapfer für mich Partei, und Natalie schreibt mir:

Wie disturbing *das alles ist, und wie langwierig ist die Erziehung eines so unabhängigen jungen Mannes, wie Sie es sind. Gestatten Sie sich doch lieber die Freuden einer wohltuenden Gleichgültigkeit denen gegenüber, die Ihnen schaden wollen, ohne daß Sie ihre eigentlichen Gründe kennen. Und zürnen Sie ihnen nicht mit geballten Fäusten. Ich verabscheue den Haß, der in diesem Fall eine Vergiftungserscheinung ist. Sie müssen*

Ihre gelassene Heiterkeit bewahren. Und vergessen Sie nie, daß ich Ihnen immer beistehen werde – als wahre Amazone.

Für diesen letzten Satz segne ich den Sturm.
41. Um zu beweisen, daß man einer neunzigjährigen Amazone nicht sagt, was sie zu tun hat, lädt Natalie mich zum Allerheiligenfest in die Rue Jacob ein »um Papiere zu ordnen«. Ein Freundschaftsbeweis, den Gisèle scheinbar gutheißt. Ein Vertrauensbeweis, der die Pechsträhne und den Maler zum Kochen bringt. Gisèle, die Pechsträhne und der Maler eilen durch Stadt und Land, um meine Schmach zu verkünden. Mir ist es egal. In Begleitung meiner lieben Amazone durchstöbere ich die Schatzkammern, stoße auf Rohrpostbriefe von Liane, Briefe von Renée Vivien, klassiere, behalte, notiere und zerreiße. So bittet mich Natalie, eine mit Jacqueline unterschriebene Korrespondenz zu vernichten, ganz unten liegt ein von Natalie gezeichneter Abschiedsbrief. »Behalten Sie diesen Abschiedsbrief, Jean, er kann Ihnen nützlich sein. Sie brauchen ihn nur abzuschreiben.« Ich lese:

An allem ist Deine Schönheit schuld, die mich zu rasch verführt hat, bevor ich Zeit hatte, Dich zu lieben und Dich von allen fortzunehmen, wie es hätte sein sollen. Jacqueline, ich weiß, wie sehr ich The Lover *(mein einziger Ruhmestitel) sein kann und wie sehr Du das Absolute wünschst – und daher bedaure ich, daß wir uns nie völlig gehörten. Jetzt hat Deine Freundin die schöne Rolle. Möge sie sie behalten. Was zählt, ist, daß Du glücklich bist. Und sie auch, falls es möglich ist. Aber sie unterstehe sich nicht, aus Liebe zu sterben. Das ist zu einfach. Für die Liebe muß man leben, wie ich es stets getan habe. Meine Enttäuschungen sind so zahllos, wie es meine Mätressen waren.*

Kaum habe ich den Brief zu Ende gelesen, da fragt mich Natalie:
»Aber Jean, wer war denn nur diese Jacqueline?«
»Aber Natalie, wenn Sie es nicht wissen, wie soll ich es denn wissen?«

Gelächter und Betrachtungen über kurzlebige Leidenschaften, von denen nur ein Vorname ohne Gesicht übrigbleibt.

42. Wir sind am Ende unserer Sortierungsarbeit, die drei Tage gedauert hat – Freitag, Samstag und Sonntag. Allerheiligen 1966 – und wir sind voll von Staub, niesen und schwelgen in Erinnerungen. Ein letzter Fund: Ein Blatt Papier fällt aus einem Gedichtband. Auf der einen Seite hat Natalie ihre mehr oder weniger festen Verhältnisse aufgezählt, auf der anderen ihre Abenteuer. Dieser weibliche Don Juan hat also Buch geführt. Ich bemerke, daß sie sich verzählt hat. Neues Gelächter. Wir zählen aufs neue, und dieses Mal laut: Eva, Jenny, Carmen, Liane, Renée, Olive, Nina (...), Henriette, Romaine, Emma, Dolly, Armande, Isabelle, Valentine, Schewan, Nadine, Ilse, Odette, Micheline, Rachel, Sonia, Geneviève, Catherine, Mimi, Armen, Eliane ...

43. Die Amazone hat ihre alte Lebhaftigkeit bewahrt. In einem Brief vom 21. Februar 1967 schreibt sie:

Die Herzogin de la Rochefoucauld hat soeben einen Vortrag über Paul Valéry gehalten, der die Hälfte des Saals geleert hat; die andere Hälfte ist eingeschlafen.

44. Nizza, 7. April 1967:

Mein Jean, wir müssen zur Gewalt Adieu sagen. Da ich nun fast hundert Jahre alt bin, sehe ich die Dinge recht klar. Wir werden darüber reden, wenn ich wieder in Paris bin – und über vieles andere mehr. Ich werde Anfang Mai mit Romaine in der Rue Jacob sein, ihre Augen machen mir Sorge. Sowie ich sie eingerichtet und zu ihrem Augenarzt gebracht habe, melde ich mich, denn nach diesem langen Winter ohne Sie, freue ich mich auf ein baldiges Wiedersehen. Hier ist das schöne Wetter so beständig, daß man es nicht mehr als sein eigenes Glück bemerkt.

45. 23. August 1967: Über die Reise des Generals de Gaulle in Quebec:

Der verlorene Sohn hat sein Geld gemacht
Und will das Glück seiner Eltern schmieden:
Sein Adoptivland ist aufgebracht,
Und alle Welt ist unzufrieden.

46. 12. September 1967:

Mein Jean, Romaine wird noch einen Monat in der Rue Jacob bleiben, und danach erwarte ich Gisèle, mit der es leichter ist, zu leben, und die eine gute Gesellschafterin ist.

47. Romaine in der Rue Jacob. Romaine und ihre Zornausbrüche beherrschen die Szene. Bei Tisch werde ich gebeten, den Text vorzulesen, den Paul Morand für die letzte Ausgabe der Zeitschrift *Bizarre* über Romaine und ihr Werk verfaßt hat. Gleich nach den ersten Sätzen unterbricht mich Romaine und beschuldigt Natalie, diesen Artikel Paul Morand »diktiert« zu haben. Natalie wird so bleich wie die Tassen, in denen unser Tee erkaltet. Berthe bringt das Gebäck herein, und es herrscht eine Stille, die keiner von uns zu unterbrechen wagt. Romaine schmollt in ihrer Ecke. Aber schließlich treibt der Hunger die Wölfin aus dem Wald hervor, und Romaine bittet:
»Berthe?«
»Meine liebe Berthe, könnte ich ein paar Hühnersandwiches haben, aber nicht von denen, die hier auf dem Tisch sind?«
»Jawohl, Madame Brooks, ich werde sie Ihnen aus der Küche holen.«
Wir werden wie die Aussätzigen behandelt. Arme Natalie. Ich breche auf, sowie es geht, und mache mich auf leisen Sohlen davon. Berthe begleitet mich zur Tür und beruhigt mich:
»Machen Sie sich keine Sorge. Bei Miß Barney und Madame Brooks folgt auf den Regen stets der Sonnenschein. In einer Stunde ist alles vergessen, und dann werden sie auf englisch plaudern und wieder lachen.«
48. Auf die Unwetter Romaines folgt das Gewitter Gisèles. Mit ihren einundneunzig Jahren muß die Amazone noch Eifer-

suchtsszenen über sich ergehen lassen: »Wenn Sie Ihre Romaine so sehr lieben, dann bleiben Sie doch mit ihr.« Was ich Gisèle nicht verzeihe, ist, daß sie Natalies Ruhe stört, denn Natalie hat wieder eine Lungenentzündung gehabt, die sie dank der Pflege Berthes gut überstanden hat. Ich versuche, Natalie mit dem Stadtklatsch zu zerstreuen und erzähle ihr von der Versöhnung Louises mit Lise, die durch die Vermittlung Marie Laures zustande gekommen ist. Lise hatte dazu bemerkt, Marie Laure habe »aus purer Zerstreutheit einmal an jemanden anderen als sich selbst gedacht«. Damit entlocke ich Natalie kaum ein Lächeln. Ich krame in einer Pappschachtel herum und bringe einige Briefe Renée Viviens zum Vorschein. »Renée war arbeitsam, eifersüchtig und eine Märtyrerin der Schönheit«, sagt Natalie und wird etwas angeregter.

»Natalie, in diesem Karton lag doch das Porträt Gourmonts von Dufy. Wo ist es?«

»Ich habe es Robert geschenkt.«

»Warum?«

»Weil er mich darum gebeten hat.«

Jetzt lacht sie. Endlich. Wir schweigen einen Augenblick. Wir fühlen uns wohl. Spontan berühren sich unsere Hände. Und in diesem Augenblick glücklichen Beisammenseins denke ich an den schweren Kummer, den ich mir bereite, wenn Natalie einmal nicht mehr da sein wird. Mein Blick muß sich auffallend verfinstert haben, denn die liebe Amazone läßt meine Hand los, ruft Berthe, und bittet sie, mir ein Glas Porto zu bringen. Nun will sie mich zerstreuen. Sie erzählt mir wieder von Renée Vivien, von ihrer Reise nach Lesbos und ihrem Aufenthalt in Konstantinopel, wo eine gewisse Karima, die Frau eines Paschas, sich in sie verliebte. Aber nichts geschah. Später begegnete sie Karima wieder in St. Petersburg, wohin sie Henriette Roggers nachgereist war. Natalie gibt mir ihr Gespräch mit Karima wieder:

»Natalie, Sie konnten mich damals nicht lieben. Sie liebten Renée zu sehr.«

»Das ist wahr, Karima.«

»Und Sie liebten auch Henriette Roggers.«
»Das ist auch wahr, Karima. Ich hatte Sie ja gewarnt, daß ich immer mehrere Personen zugleich liebe.«
»Und warum dann nicht mich, Natalie?«
»Weil ich keine Lust dazu hatte, Karima.«
Und die Amazone beschließt ihre Erzählung: »In der Liebe soll man sich nicht zwingen. Merken Sie sich das.« Ich verspreche es. Jetzt unterhalte ich Natalie mit anderen, aktuelleren Türkenstreichen. Sie lacht. Ihr Lachen ist mir eine Belohnung. Vielleicht bin ich nur ihr Hofnarr. Aber der Hofnarr der Amazone zu sein, ist immerhin schon etwas.
49. Nizza, 20. Dezember 1967:

Mein Jean, Gisèle ist wohlauf, aber meine Romaine beklagt sich über das Altwerden. Was soll man denn anderes tun mit dreiundneunzig Jahren? Gewiß ist es eine Verminderung mit all ihren Demütigungserscheinungen. Aber solange der Geist noch lebendig ist, will ich alles übrige gerne hinnehmen. In zärtlicher Freundschaft.

50. Nizza, 22. Januar 1968:

Ihr Artikel über Isabelle Eberhardt interessiert mich. Die Mardrus' haben mir viel von ihren Abenteuern erzählt, denn Sie waren gerade zu Pferde unterwegs zu ihr, als sie von ihrem Tod erfuhren. Victor Barrucand, der Verleger einer kleinen algerischen Zeitschrift, stand mit Isabelle Eberhardt in enger Verbindung. Dieser Menschenfreund forderte in seiner Zeitschrift kostenloses Brot für jeden Franzosen und dgl. Isabelle Eberhardt hat alles über sich selbst gesagt, und ich besitze in meiner Unordnung der Rue Jacob ihr schönes Buch Im Warmen Schatten des Islam, *aus dem ich noch oft Sätze zitiere: »Man verzichtet auf sich selbst, um ein Paar zu werden«, oder – über einen armen Gehenkten –: »Er hat sich über seine Kondition erhoben.«*

51. Nizza, 20. März 1968:

Ich sende Ihnen diese Zeilen nach Paris, da ich Sie hier nicht wiedersehen werde, was ich sehr bedaure. Inzwischen begieße ich Ihren hübschen Efeutopf, bis sein Durst gestillt ist.

Unsere Freundschaft hat jenes banale Wahrzeichen, den Efeu, angenommen, der einst die Mauern des Hauses in der Rue Jacob bedeckte und die Besucher zu warnen schien, jede Hoffnung auf Untreue der Amazone gegenüber aufzugeben. Oft bringe ich Natalie einen Efeuzweig, den ich in einem Park ihres Stadtviertels gestohlen hatte. Sie schmückt sich damit wie mit einem ländlichen Juwel, sie, die fast niemals Schmuck trägt – außer hie und da das Saphirhalsband, das Romaine ihr geschenkt hat oder die berühmte Diamantenschnur ihrer Mutter.

52. Mittwoch, 24. April 1968. Mittagessen bei Natalie. Sie trägt ein lilagestreiftes schwarzes Kleid, das ich noch nicht kannte. Sie ist ein wenig müde. So bleiben wir nicht lange bei Tisch. Kaum ist der Kaffee aufgetragen, da verläßt Natalie das Speisezimmer, um sich auf ihrem Sofa im Salon auszuruhen. Das unwandelbare Ritual der Königin Natalie, die sich zur Nachmittagsruhe begibt. Ich häufe die Kissen aufeinander und breite die große Hermelindecke über die Amazone aus. Dann setze ich mich zu ihren Füßen ans andere Ende des Diwans und stelle die unabänderliche Frage:

»Liegen Sie bequem, Natalie?«

»Ja, mein Jean.«

»Dann ist alles gut.«

Jetzt kann uns nichts Böses mehr geschehen. Natalie und ich sind schützend von Efeu, Hermelin und Vertraulichkeit umgeben. Natalie erzählt mir von ihrer Freundin Colette:

»Colette hatte zwei Schwächen: Sie war für Schmeicheleien empfindlich und ertrug es nicht, allein zu sein. Das war sie übrigens auch nie. Sie hatte Willy und Missy und auch ihren Auguste Herriot, den Sohn des Warenhauses *Le Louvre*, der später der Kommandant Herriot wurde. Er hat seine Karriere in der Armee in Marokko gemacht. Er war sehr reich, sehr schön, hatte braunes Haar und große grüne Augen. Er war ein Antinous der *Magasins du Louvre.*

»Aber das ist ja die Beschreibung *Chéris,* die Sie mir da machen!«

»Das war er auch. Der wahre Chéri ist Auguste Herriot. Auguste war wie *Chéri* ein Kind der Frauen, und wie er, war er auch geizig. Er ließ sich immer Geschenke machen. Als er mit Charlotte brach, fragte sie ihn: ›Was möchten Sie als Abschiedsgeschenk?‹ Sie hatte an eine Krawatte oder eine Krawattennadel gedacht. Er antwortete: ›Eine Hermelindecke wie die von Natalie Barney.‹ Charlotte hat ihm die Decke gekauft.«

53. Ich natalisiere mich mehr und mehr. Sich natalisieren heißt, alles an seinen rechten Platz zu stellen – einschließlich Herz und Unterleib, die sonst leicht überlaufen und in das Gehirn eindringen. Das sind physiologische Rätsel, die kein Arzt erklären kann, aber mein Guru, meine Amazone kann es.

Manchmal frage ich mich, ob ich unter all dem lesbischen Einfluß nicht eines Tages selber lesbisch werde.

54. Natalie schenkt mir ein 1904 veröffentlichtes, siebzehnseitiges Heft, *The Woman Who Lives With Me.* Sie übersetzt es, »Die Frau, die mit mir lebt«, gibt aber nicht an, wer diese Frau war. Die Amazone hat eben auch ihre Geheimnisse. Ich blättere das Büchlein durch und stoße auf den Satz: »I only love the Love I give«, den Natalie mir nicht zu übersetzen braucht (»Ich liebe nur die Liebe, die ich gebe«). Ich liebe diese kurze Formulierung, die die ganze Liebeskunst der Amazone enthält.

55. Natalie möchte ihre alte Freundin Florence Jay-Gould, die gerade auf der Durchreise in Paris ist, wiedersehen. Eine Verabredung wird getroffen, und ich begleite Florence in die Rue Jacob. Unterwegs erzählt sie mir:

»Frank, mein Mann, war früher, vor unserer Ehe, in die Amazone verliebt. Natürlich ohne jede Hoffnung. Er behauptet, sie sei damals völlig nackt durch den Wald geritten.«

Florence und Natalie umarmen sich. Sie beglückwünschen sich gegenseitig zu ihrem guten Aussehen. Dann deutet Florence auf mich und sagt zur Amazone:
»Ich glaube, dieser junge Mann ist in Sie verliebt. Aber ich kann mir nicht vorstellen, daß Sie sich während dieses Interviews für den *Figaro* kennengelernt haben.«
Florence stellt sich tatsächlich eine etwas romantischere Begegnung vor. Natalie jedoch läßt solche Vermutungen gar nicht erst aufkommen und bemerkt einfach: »Wir haben uns nicht kennengelernt, wir haben uns wiedererkannt.« Was Florence immerhin einwenden läßt: »Aber für ein Mädchen aus Dayton (Ohio) und einen jungen Mann aus Carpentras (Vaucluse) ist das wohl doch ein recht weiter Weg.« Wir geben ihr recht.
56. Freitag, 10. Mai 1968. Ich erfahre, daß die neuen Besitzer des Hauses Rue Jacob 20 in dieses – ihrer Meinung nach zu baufällige – Heiligtum einzudringen beabsichtigen, um einen Stützbalken anbringen zu lassen. Das wäre eine Entweihung dieses zu einer Legende gewordenen Ortes und die Zerstörung eines der Lebensfäden, die Natalie mit ihrem Erdendasein verbinden. Ich verstehe nicht, warum Natalie all die Jahre als Mieterin in diesem Hause geblieben ist, das sie doch mühelos mit dem »phantastischen Vermögen der Barneys« hätte kaufen können. Auch das ist ein Geheimnis der Amazone, die, um sich den Eindringlingen und ihren Stützbalken zu widersetzen, beschließt, am kommenden Freitag ein Fest zu Ehren der Schriftstellerin Marguerite Yourcenar zu geben, deren letztes Buch gerade erschienen ist.
57. Montag, 12. Mai 1968. Die Unruhen im Quartier Latin stören Natalie nicht. Das Fest soll trotz allem am 17. stattfinden. Als ich der Amazone erkläre, daß man sehr schwer ein Taxi auftreiben kann, antwortet sie mir stolz und hochfahrend:
»Meine Gäste werden eben zu Fuß kommen. Die Leute gehen sowieso nicht genug.« Ich muß ihr schwören, nicht auf die Barrikaden zu steigen und brav in meinem Viertel Les Batignolles zu bleiben:
»Das ist ein ruhiges Stadtviertel«, erklärt sie. »Ich habe dort

einmal mit Lucie Delarue-Mardrus meinen Freund Jean Lorrain besucht, und ein anderes Mal war ich dort bei den Ghikas, bei George und Liane, die, wenn ich mich recht erinnere, in der Rue de Saussure wohnten. Auf dem Platz stand ein Zigeunerwagen, in dem eine Zigeunerin wahrsagte ...«

58. Freitag, 17. Mai 1968. Ich gehe am Place de la Concorde über die Brücke, die von unzähligen C.R.S. (Polizeistreitkräfte) besetzt ist. Weiter unten kaufe ich im Blumengeschäft an der Ecke des Boulevard St. Germain und der Rue de Bac den letzten Strauß Glockenblumen. Am Place St. Germain blühen die Barrikaden wie meine Glockenblumen, die ich bereit bin, wie ein Schild vor mir zu halten, falls die in der Rue de Rennes versammelten C.R.S. – sie sind wirklich überall – zum Angriff übergehen sollten. Ich muß wie ein lächerlicher Gewaltgegner, wie ein Gandhi im grauen Jerseyanzug aussehen. Bei diesem Gedanken bleibe ich in der Rue Bonaparte stehen und lache laut vor mich hin. Ein Vorteil des Mai 1968: Man kann ungestört auf der Straße lachen.

Außer meinen Blumen bringe ich Natalie die neuesten an die Wände gemalten Texte mit. »Es ist verboten zu verbieten«, gefällt der Amazone am meisten, und sie fragt sich, ob sie das nicht in ihren *Gedanken* oder *Neue Gedanken* geschrieben habe. Wir wollen gerade nachsehen, als Marguerite Yourcenar mit ihrer weißen Spitzenbluse und ihre Übersetzerin Grace Fricks mit ihrem Blaufuchs erscheinen. Die beiden Damen sind von der Rue de Rivoli zu Fuß gekommen. Die Karussellbrücke war voller C.R.S., und so zogen sie es vor, den Umweg über den ruhigeren Pont des Arts zu machen. Natalie findet diese Vorsicht angebracht.

Ebenfalls zu Fuß kommt die Pechsträhne aus ihrem entfernten Grenelle. Sie sinkt erschöpft in einen Sessel und ist Gott sei Dank für eine Weile stumm.

Unter den Damen mit den Schleierhüten und den mit Ordensbändern geschmückten Herren wirkt Mary McCarthy in einer Art von lässigem Battledreß wie eine Sensation. Ich helfe Berthe beim Öffnen der Champagnerflaschen. Die Korken knallen im Rhythmus der Explosionen draußen, die bald näher, bald ferner erklingen. Natalie weiß, wie sehr ich auf mein Vorrecht eines Tête à Tête bedacht bin, und winkt mich zu sich. »Also, mein Jean?« Also erzähle ich von den Bränden im Quartier Latin. Die Amazone meint dazu: »Das erinnert mich an den Brand des Bazar de la Charité.« Wir vergessen den Mai 1968 und reden über den Mai 1897. Natalie sollte damals mit einer befreundeten Baronin gemeinsam einen Stand des Wohltätigkeitsbazars betreuen. Dann hatte sie aber abgesagt, weil sie befürchtete, sie würde sich langweilen, und weil sie Besseres vorhatte: Sie wollte den Nachmittag mit Carmen, »Carmen, meine Mätresse«, verbringen. Am Abend glühte vorzeitige Dämmerung über Paris. Die stets lyrische Carmen sagte zu Natalie:

»Sieh dir das große rote Leuchten an. Wie schön es ist. Das ist der Himmel unserer Verlobung.«

Das »große rote Leuchten« war der Bazar de la Charité, der in Flammen stand, so wie heute die Autos auf dem Boulevard St. Michel. Natalie beendet den Bericht ihrer wunderbaren Rettung vor den Flammen mit der köstlichen Bemerkung: »Ich wurde stets durch meine Vergnügen gerettet.«

Da kommt auch schon Marguerite Yourcenar, der ich meinen Platz überlasse. Sie sagt zu unserer Gastgeberin:

»Eigentlich ist das achtzehnte Jahrhundert Ihre Epoche, vielmehr als die *Belle Epoque*. Wie jung Sie sind, Natalie, für eine Zeitgenossin der Madame du Deffand und Rivarols.«

Und mit diesem Glanz ewiger Jugend geht das letzte Fest bei der Amazone zu Ende.

17
Die neuen Besitzer

»Und was konnte ich erhoffen? Welche Hilfe in welcher unbekannten Einsamkeit?«

François Augiéras
(Der Zauberlehrling)

Ende August 68, ohne einen Sommer gehabt zu haben. Mein Jean, Sie sind ein warmherziger Mensch, während mein hohes Alter mir zuweilen eine Kälte verleiht, die aber in nichts unsere Freundschaft abkühlen sollte. Ich denke, am Mittwoch in der Rue Jacob 20 zurück zu sein, und das ist unser Tag. Vergessen Sie es nicht. Das »amtliche Schreiben« der neuen Hausbesitzer nimmt mir jede wohltuende Hoffnung. Werde ich bleiben können? Das wird meine Anwältin entscheiden.

Dieses »amtliche Schreiben« ist das Vorspiel zu einem juristischen Kleinkrieg, aus dem die neuen Besitzer als Sieger hervorgehen werden. Um die Sicherheit der Amazone zu gewährleisten, haben sie das Recht, im ganzen Haus, vom Salon bis in die Küche, vom Waschzimmer bis in die Eingangshalle Stützbalken zu errichten. Sechzig Jahre eines Zaubers sind vorüber. Natalie verliert darüber den Schlaf, den Appetit und ihre legendäre gelassene Heiterkeit.
Eine Pressekampagne zugunsten der vierundneunzigjährigen Amazone bricht los. Sie erklärt im *France Soir* am 12. Oktober 1968: »Mein Salon ist ein Denkmal der zeitgenössischen Lite-

ratur, niemand hat das Recht, ihn zu verändern. Ich habe mir geschworen, meine Seele dort auszuhauchen, wo der Geist geherrscht hat.«

Am 20. Juli 1970 erkrankt Berthe an einer Bauchfellentzündung und wird in eine Klinik überführt. Das ist der Zusammenbruch. »Keine Berthe, keine Rue Jacob.«

Am 24. Juli 1970 verläßt Natalie ihr Haus, ihren Freundschaftstempel und ihren geliebten Garten auf immer. Gott sei Dank weiß sie es nicht. Denn kaum ist sie im Hotel Meurice abgestiegen, hofft sie schon wieder unerschütterlich, »im nächsten Frühjahr« zurückzukehren.

18
Romaine 1970

»Ich will nicht zur Beerdigung gehen[1]. Ich sage es fast niemandem, und ich trage auch keine äußerliche Trauer.«

Colette

(Briefe der Vagabundin)

1970 ist ein schreckliches Jahr für die Amazone: Verbannung aus der Rue Jacob, Krankheit Berthes und der Tod Romaines am 7. Dezember, im Alter von sechsundneunzig Jahren. Es gelingt Gisèle, Natalie drei Monate lang diese Nachricht zu verschweigen. Das fällt ihr um so leichter, als Romaine am 3. Mai 1969 alle Beziehungen zu Natalie abgebrochen hat. Gisèle ist an diesem Bruch nicht unbeteiligt.

Schon vor 1969 erzählte mir Gisèle von ihren Gesprächen mit Romaine, und natürlich gab sie sich selbst stets das triumphierende letzte Wort:

»Romaine hat mir gesagt: ›Natalie sieht wohler aus als Sie.‹ Ich antwortete ihr: ›Bei Ihnen findet Natalie eben nicht die Ruhe, die sie unbedingt braucht. Sie denken nicht genügend daran, dieses Ausnahmewesen zu schonen.‹

Romaine hat Natalie erzählt, sie sei ohnmächtig geworden, aber Gino, ihr Vertrauensmann, hat mir versichert, es sei nur ein kleines Unwohlsein gewesen. Da habe ich Romaine zur Rede gestellt und ihr Vorwürfe gemacht. Sie sagte dazu: ›Ich weiß nicht, warum Sie und Natalie sich so haben und alles so

1 Die Beerdigung ihrer geliebten Mutter, Sido.

tragisch nehmen.‹ Da mußte ich allerdings die Dinge richtig stellen und habe ihr gesagt: ›Romaine, Sie sind diejenige, die Tragödien nötig hat.‹«

Aus diesen Wortgefechten kann man sich vorstellen, welcher Ton zwischen der Sultanin Romaine und der Favoritin Gisèle geherrscht hat. Und Natalie versuchte, zwischen ihren beiden Lieben einen immer zerbrechlicheren Frieden aufrechtzuerhalten. Schon 1965 während eines Wochenendes, das ich in Nizza verbrachte, hatte ich begriffen, daß es im Paradies der Amazone nicht zum Besten bestellt war. Wir hatten gerade zu dritt, Natalie, Gisèle und ich, in einem Restaurant auf der Promenade des Anglais zu Mittag gegessen. Nach dem Essen sollten Natalie und ich Romaine einen Besuch in ihrer Wohnung in der Rue des Ponchettes abstatten. Ich beging wieder einmal gewissenhaft meinen täglichen Faux Pas und fragte:

»Kommen Sie nicht mit, Gisèle?«

Gisèle raffte hastig ihr Feder- und Pelzwerk zusammen und beteuerte, sie habe schrecklich viel zu tun, und sie müsse jetzt gleich zum Zahnarzt gehen. Natalie verbarg sich hinter ihrem Sphinx- und Mona-Lisa-Lächeln, bis wir im Taxi waren. Dann seufzte sie:

»Ich werde bis an mein Lebensende unter der Eifersucht der anderen zu leiden haben.«

Am 18. Februar 1969 schreibt mir Natalie:

Gisèle leidet an einem Weisheitszahn, der sie am Schlafen hindert. Wenn man sich sogar vor der Weisheit in acht nehmen muß, dann frage ich mich, wohin das nur führen soll.

Das Ehepaar René Mayer wohnt hier im Hotel, sowie die schöne Madame Carpentier, die sich ständig irgend etwas bricht. Die Kunst zu fallen und richtig zu fallen ist nicht jedem gegeben. Hier wirft die Sonne ihre kalten Diamantenstrahlen, und man fühlt sich so einigermaßen. Mit dem »man« meine ich mich. Ich verlasse nicht gern meine Romaine, die außer mir niemanden sieht. Ich tue nichts weiter, als beharrlich weiterzuleben, und so angenehm wie irgend möglich.

Aber dieses möglichst angenehme Leben geht seinem Ende zu. Immer wieder fordert Gisèle sie auf, mit Romaine zu brechen, und Romaine fordert sie auf, mit Gisèle zu brechen.
Unterdessen schwebt Natalie wie ein Sturmvogel über den Wolken und hofft, daß das Gewitter vorüberzieht. Sie will auf jeden Fall eine Entscheidung vermeiden, unter der sie nur zu leiden hätte. So beschließt Romaine heldenmütig, zu brechen. Am 3. Mai 1969 nimmt Natalie vor ihrer Rückkehr nach Paris noch zärtlichen Abschied von Romaine. Romaine will es nicht zu einer schmerzlichen Szene kommen lassen und sagt nichts an diesem Tag und in den folgenden Tagen. Sie zieht sich in Kummer und Schweigen zurück. Und dieses Schweigen, das Romaine schließlich eines Tages Berthe am Telefon erklärt, bestürzt Natalie. Sollte ihr altes Spielzeug zerbrochen sein? Das ist doch nicht möglich. Wie zur Zeit Renée Viviens bittet, fleht, schreibt, telegrafiert Natalie, schickt Gesandte und Botschafterinnen. Romaine bleibt unerbittlich. Ihre Hausangestellten Gino und Ana haben strikte Anweisungen: Mme. Brooks ist weder für Miß Barney, noch für die Freunde Miß Barneys zu sprechen.
Im August 1969 erklärt Gino der wieder einmal anrufenden Berthe:
»Es geht Mme. Brooks etwas besser, aber sie ist noch sehr schwach. Sie hat sehr abgenommen und sieht wie ein Skelett aus. Sie will von niemandem gestört werden, nicht einmal von ihrem Arzt. Sie hofft, daß Miß Barney nicht mehr nach Nizza kommt. Berthe, Madame Brooks bittet Sie, Miß Barney zu verstehen zu geben, daß ein Besuch hier völlig nutzlos wäre. Madame Brooks wünscht, Miß Barney nie mehr wiederzusehen.«
Ein solcher Entschluß schmerzt Natalie. Zumal man sagt, Romaine sei am Erblinden. Ihre Romaine, blind und einsam! Im Februar 1970 ist Natalie so besorgt, daß Berthe ihr erklärt:
»Mademoiselle darf sich keine Sorgen machen. Ich werde Mme. Brooks besuchen. Sie war immer sehr nett zu mir, und sie hat keinen Grund, mich nicht zu empfangen.«

Und wirklich empfängt Romaine an drei aufeinanderfolgenden Nachmittagen Berthe sehr freundlich und sogar mit etwas gespielter Fröhlichkeit. Bevor Berthe nach Nizza fuhr, ließ Mademoiselle sie noch einmal ins Hotel Meurice kommen – als Gisèle gerade abwesend war:

»Meine Berthe, ich möchte Ihnen eine vertrauliche Bestellung für Madame Brooks auftragen.«

»Jawohl, Mademoiselle.«

»Sagen Sie Madame Brooks: ›Miß Barney hat immer nur ihre kleine Romaine geliebt.‹ Das ist vertraulich, verstehen Sie? Wollen Sie es bitte wiederholen?«

Berthe hat begriffen und wiederholt die Bestellung Wort für Wort vor Madame Brooks, die sofort losplatzt:

»Es gibt keine kleine Romaine mehr! Das ist vorbei, seit diese Kreatur es fertiggebracht hat, sich zwischen uns beide zu stellen. Ich hatte geglaubt, meinen Lebensabend mit Miß Barney zu beenden. Das ist jetzt ausgeschlossen. Sie soll mich endlich in Ruhe lassen!«

»Madame Brooks, was soll ich Mademoiselle nun ausrichten? Welche Antwort soll ich ihr überbringen?«

»Berthe, sagen Sie Miß Barney, daß es zwischen uns aus ist, aber daß ich mich freue, da sie ja nun diese Person gefunden hat, die ihr sicher eine gute Krankenschwester auf ihre alten Tage sein wird.«

Berthe überbringt eine etwas versüßte Fassung dieser Worte, die Natalie darauf auf ihre Weise interpretiert und mir mit der Bemerkung wiedergibt:

»Romaine hat sich wieder einmal eine Liebeskummerkrise geleistet, wie es ihre Gewohnheit ist.«

Und dann fügt die Amazone hinzu:

»Wenn Romaine nichts mehr von meiner Liebe wissen will, dann sehe ich nicht ein, warum ich sie weiterhin lieben sollte.«

Schöne Worte, die Gisèles volle Zustimmung finden – denn Gisèle hat unserem Gespräch beigewohnt. Aber in Abwesenheit Gisèles ändert sich der Ton. Natalie trauert ihrer Romaine nach. Sie überhäuft die arme Berthe mit Fragen:

»Ist es wahr, daß Madame Brooks erblindet ist, wie man behauptet?«
»Aber nein, Mademoiselle. Als ich ankam, war eins der ersten Dinge, die Madame Brooks an mir bemerkte, meine kleine Brosche. Und dann sagte sie zu mir: ›Was? Berthe, Sie haben noch die kleine Brosche, die ich Ihnen 1946 aus Italien mitbrachte?‹ ›Jawohl, Madame Brooks, ich bewahre die Andenken, die man mir schenkt.‹«
Zehn-, zwanzigmal muß Berthe von ihren drei Nachmittagen in Nizza erzählen. Natalie wird nicht müde, von ihrer Romaine zu hören. Natalie ist stets ihrer Art zu lieben treu geblieben, und auch jetzt braucht diese vierundneunzigjährige Verführerin Gisèle *und* Romaine, um glücklich zu sein. Aber sie muß sich von nun an mit einem unvollkommenen Glück abfinden, das heißt mit Gisèle allein. Berthe faßt die Lage in einem Satz zusammen: »Jetzt ist ihre Madame Gisèle ihre Droge.«
Es ist eine Palastrevolution. Die Favoritin hat die Sultanin verdrängt. Natalie hat es an Scharfsinn fehlen lassen. Sie hat geglaubt, Romaine würde Gisèle ebenso akzeptieren, wie sie Dolly, die Chinesin und andere akzeptiert hatte. Romaine hat sich stets den Seitensprüngen Natalies gebeugt. Romaine liebte nur Natalie. Sie hatte gehofft, den Preis ihrer Treue zu kassieren und ihr Lebensende mit einer Amazone zu verbringen, die ihr endlich allein gehörte. Und so hat sie den letzten und grausamsten Verrat nicht ertragen. Romaine hat sich in ein Schweigen zurückgezogen, das sie erst für das große Schweigen – den Tod – verlassen wird.
Aber Natalie diesen Tod zu verheimlichen, ist eigentlich eine Beleidigung ihres außergewöhnlichen Mutes. Sie hat die Nachricht mit beispielhafter Würde aufgenommen. Beim Mittagessen des darauffolgenden Mittwochs fragt sie mich, ob ich an Gott glaube. Ich bejahte es. Sie schloß daraus, daß ich demnach auch an das ewige Leben glaube, und fragte mich: »Was ist denn nun eigentlich das ewige Leben?«
Zum erstenmal in unseren Gesprächen waren wir an die Ufer des Metaphysischen gelangt. Ich verwickelte mich in eine lange

Erklärung, die Natalie sich aufmerksam anhörte. Dann drückte sie einen Wunsch aus, der von ihrer ewig jungen Liebe zeugte: »Wenn das, was Sie mir eben über das ewige Leben erzählten, wahr ist, dann werde ich meine Romaine wiedersehen.«

19
Eine Verführerin im Exil

Hab die Zeiten überdauert,
Aller Gnade längst entsagt,
Aller Hoffnung nachgetrauert,
Und verzichtend still geklagt.
Louise de Vilmorin
(Das Alphabet der Geständnisse)

Mit dem Tod Romaines wird auch Natalies Abstieg offenbar. Dazu kommt, daß sie die Rue Jacob verlassen mußte. Man hat sich vergeblich bemüht, in der »Suite«, die die Amazone im Hotel Meurice bewohnt, die Atmosphäre des Freundschaftstempels wiederzugeben, hat *Der kleine Page* von Carolus Duran an der Wand aufgehängt, eine große Photographie von Romaine, eine Reproduktion des Porträts der Renée Vivien von Lévy-Dhurmer und ein kleines Photo von Liane auf die Kommode gestellt. Die alten Göttinnen sind noch da, aber der Olymp ist zerstört.

Natalie lebt mehr und mehr in der Vergangenheit. Morgens im Bett widmet sie zwar der Gegenwart einige Augenblicke, indem sie den *Figaro* und den *New York Herald* durchblättert. Über den Krieg in Vietnam ist sie betrübt, und das Problem der Schwarzen ringt ihr immerhin den Satz ab:

»Die Amerikaner benehmen sich wirklich unmöglich. Ich muß einmal mit meinem Vetter, dem Gesandten, darüber reden.«

Ich weiß nicht, ob es zu diesem Gespräch gekommen ist. Wenn

ich Mittwochs um die Mittagszeit bei ihr erscheine, fällt es mir zusehends schwerer, die Amazone zu zerstreuen. Sie lacht immer seltener, setzt aber dafür immer häufiger ihr nachsichtiges Lächeln auf. Ihr Lächeln ist die letzte Verteidigungslinie einem Heute gegenüber, das sie nicht mehr glücklich macht, es ist auch der letzte Schutzwall, hinter den sie sich flüchtet, um Niedergeschlagenheit oder eine plötzliche Gedächtnisschwäche zu verbergen. »Man muß sein Gedächtnis wirken lassen; seine Schubfächer öffnen sich meist dann, wenn man es am wenigsten erwartet«, liebt sie zu sagen.

So pilgern wir unermüdlich in eine Vergangenheit mit Namen Carmen, Eva, Liane, Renée, Jenny, Olive, Nina (...), Henriette, Emma, Armande, Isabelle, Valentine, Ilse, Odette, Mimi, Armen, Rachel, Sonia, Geneviève, Catherine, Nadine ... Jetzt ist es an mir, meine Gedächtnislücken mit einem Lächeln zu maskieren. Um mir die Arbeit zu erleichtern, beschließt Natalie, immer nur von einer Person auf einmal zu sprechen. Einmal ist es Isadora Duncan: »Sie war nicht schön, hatte aber Persönlichkeit und Charme.« Dann war es Cocteau: »Ich mochte ihn nicht. Er war zu sehr das Plakat seiner selbst. Eines Tages waren wir, Colette, Romaine und ich mit ihm zusammen auf einer Yacht im Mittelmeer. Da hat Cocteau seinen ganzen Charme aufgeboten, um Romaine zurückzuerobern, weil sie einmal sein Porträt gemalt hatte. Verlorene Liebesmüh.«

Manchmal führen wir Gespräche wie alte Eheleute, die sich ihren alten Kummer entgegenhalten, besonders meinen Kummer. So eröffnet Natalie das Feuer:

»Erinnern Sie sich, Jean, in welchem Zustand Sie damals von New York zurückkehrten, nachdem Sie dort Ihre ewige Liebe von drei Wochen erlebten? Ich habe meine Zeit damit verbracht, Sie zu trösten ...«

Und mir zu sagen: »Das soll Ihnen eine Lehre sein. Vergessen Sie nie mehr die Bäume meines Gartens für die vom Central Park und die Rue Jacob 20 für Sutton Place.«

Es war eine unvergeßliche Lehre gewesen. Gleich nach meiner Rückkehr aus New York war ich zur Amazone gelaufen, um ihr von einer katastrophalen Liebesaffäre zu erzählen, über die ich glaubte, nie hinwegkommen zu können. Die Amazone öffnete mir ihre Arme, und ich stürzte mich zu ihr. Es folgte ein langes Schweigen, das meine Freundin mit den Worten unterbrach:

»Wie jung Sie sind, und Sie haben so schwarzes Haar!« Nach dieser doppelten Feststellung machte sie mir klar, daß ich mich wirklich nicht zu beklagen hatte. Sie heilte mich von meinem Liebeskummer mit einer Geschicklichkeit, die ich noch heute an ihr loben muß. Und wenn ich ihr widersprechen wollte, brachte sie mich sofort zum Schweigen, indem sie sagte: »In diesen Dingen habe ich schließlich eine hundertjährige Erfahrung.«

Das Telefon läutet. Ich nehme ab. Es ist Laura Dreyfus-Barney, die mit ihrer Schwester zu sprechen wünscht.

»Natalie, es ist Laura.«

»Sagen Sie ihr, ich sei nicht da.«

»Aber Natalie, wenn ich hier bei Ihnen bin, müssen Sie doch auch da sein!«

Angesichts dieses zwingenden Beweises schneidet Natalie ihre Kleinmädchengrimasse, nimmt den Hörer und bittet Laura, »morgen – nein, besser übermorgen« anzurufen. Sie hängt auf und seufzt:

»Gibt es auf der Welt eine Schwester, die mich so anödet, wie meine Schwester?«

Darauf erscheint Berthe, um sich zu erkundigen, ob alles in Ordnung ist, und um von den letzten Ereignissen in der Rue Jacob 20 zu erzählen:

»Mademoiselle, der alte Professor, der in Eva Palmer verliebt war, ist gekommen. Kann Mademoiselle sich erinnern? Mademoiselle hatte mir aufgetragen, diesem Herrn Miß Palmers Haar zu geben. Und das habe ich getan. Der arme Mann! Er hat dieses Haar vor seinen Mund gehalten, und dann war er plötzlich wie in Trance. Ich habe beinah gefürchtet, er würde tot umfallen. Und dann – wissen Sie, was er mir dann gesagt hat? ›Es fehlt was.‹ Da habe ich ihm gesagt: ›Aber mein lieber Herr, was wollen Sie? Was hätte ich denn mit diesem Haar

anfangen sollen?‹ Miß Palmer ist schon so lange tot, daß das Haar sicherlich geschrumpft ist, nicht wahr, Mademoiselle?«
Mademoiselle stimmt den Erklärungen Berthes zu und tadelt das Betragen des alten Professors. Berthc verabschiedet sich, und es ist Mittagszeit.

Unser erstes Mittagessen im Hotel findet in Gegenwart eines aufmerksamen Oberkellners statt, wodurch die Vertraulichkeit unseres Gesprächs behindert ist. So beschließen wir, für alle kommenden Treffen ein ebenso kaltes wie unabänderliches Mittagessen zu bestellen: Melone mit Schinken, Räucherlachs, und dazu eine Flasche Sauternes, »auf Empfehlung des Arztes«, erklärt mir diese überzeugte Wassertrinkerin, die nur zwei kleine Gläser dieses Weins tropfenweise schluckt. Ich bediene sie, räume ab, und verzichte auf eine Tasse Kaffee, um jede von draußen kommende Störung zu vermeiden. Die Gewohnheiten können wiederaufgenommen werden – wie in der Rue Jacob.

Ich erzähle meine vergangene Woche, und Natalie fragt mich nach der folgenden aus. Sie hört sich meinen Stundenplan an und bemerkt stets dazu: »Beschäftigen Sie sich mit sich selbst, bevor Sie sich mit anderen beschäftigen.«

Beim Nachtisch – es ist Eistorte, Natalies Lieblingsgericht – gehen wir die Reihe unserer gemeinsamen Freundinnen durch. Ich erzähle ihr, daß eine von ihnen ihren neuesten Roman *Der Köstliche Quell* nennen will.

Natalie: »Das ist ein guter Titel für ein Abführmittel. Jean, Sie müssen mir versprechen, die Unglückliche von ihrem Quell abzubringen.« Ich verspreche es. Ich vergesse die vorübereilende Zeit. Wir vergessen die Zeit so sehr, daß wir alle möglichen Zukunftspläne schmieden. Im nächsten Sommer fahren wir nach Lesbos, in den nächsten Tagen essen wir Couscous im Restaurant der Moschee von Paris. Und nächste Woche beginnen wir gemeinsam, ein Buch zu schreiben, das *Herzenslehre* oder *Herzensleere* heißen soll, und das allen einsamen und wunden Herzen gewidmet ist. Wir werden alle unsere Erfahrungen zusammentun:

»Natalie, wir werden eine Gefühlsklinik eröffnen und dabei sehr reich werden.«
»Jean, Sie vergessen, daß ich bereits sehr reich bin«, sagt Natalie, fast als wolle sie sich entschuldigen.
Wir wandeln durch die Lustgärten der Phantasie. Wir schweben. Es wird drei Uhr, halb vier – ich muß an meine Arbeit zurück, Natalie zu ihren Erinnerungen. Ich verlasse das Zimmer fast im Rückwärtsgang, um noch einmal ihr Lächeln und ihr Händewinken in mir aufzunehmen.
»Auf bald, meine Natalie, auf Wiedersehen.«
»Auf bald, mein Jean, auf immer.«

20
Gisèle 1971

»Giselle, wirst du mich denn allein lassen? Ich verzichtete gern auf alle Bälle und Vergnügungen der Welt, um dich nicht zu verlassen, um bei dir zu sein.«

Comtesse de Ségur
(Welch ein liebes Kind!)

Meine Amazone war also nicht die Amazone Rémy de Gourmonts, sondern die der Liane, Renée, Romaine, Dolly und Gisèle. Gisèle hatte zu Beginn ihres Verhältnisses Natalie zu folgendem Vierzeiler inspiriert:

Liebreiz hat mein Herz geneckt,
Schönheit hat es neu erweckt:
Herz, das stets um Liebe wirbt
Bis sein Pochen einst erstirbt.

Die Schönheit ist geblieben. Gisèle ist eine Büstenfigur – ich will damit sagen, daß sie zu jenen Frauen gehört, die unaufhaltsam, mit emporgestreckter Büste vorwärtsschreiten, um sich ihre Welt zu erobern. Der Liebreiz ist verschwunden. War er jemals vorhanden? Ich weiß es nicht. In den zehn Jahren ihres Verhältnisses mit Natalie habe ich nicht viel über diese mysteriöse Frau herausgefunden. Nur einmal gab sie mir einen Anhaltspunkt. Sie behauptete, sie habe Louise de Vilmorin früher in Mitteleuropa gut gekannt, als Louise noch eine Gräfin Palfy war. »Wir saßen zusammen in den Konditoreien von Bratislava beim Tee«, erzählte Gisèle. Und das ist wahr. Leider aber schien Louise diese tschechoslowakischen Teestunden nicht gerade in guter Erinnerung zu haben, denn als ich sie um mehr Einzelheiten darüber bat, unterbrach sie mich sofort: »Ich bitte dich, mich mit dieser Nervensäge zu verschonen.« Und bei Louise de Vilmorin bedeutet das Wort »Nervensäge« vor allem eine aufdringliche Person, vielleicht sogar eine ehemalige Rivalin. Bei der Beerdigung Louises jedoch beteuerte die »Nervensäge aus Bratislava« in aller Öffentlichkeit ihren Schmerz über den Verlust »einer so lieben Jugendfreundin«. Da soll man sich noch auskennen!

Seit sie im Hotel wohnt, spielt Gisèle eifrig die Rolle der »Grande Dame«, so wie sie sich das vorstellt. Vom frühen Morgen an läuft diese völlig versnobte Frau in ihrem Lameüberhang und Federkopfputz durch die Gänge des Meurice, stets bereit, irgendeiner durchreisenden Hoheit, einer Öl- oder Fleischwarenkönigin mit ihrem Hofknicks aufzuwarten. Sie hat sich mit einer Schar eleganter dummer Gänse umgeben, die sie protegiert. Die Schar dieser Gänse schnattert ständig Loblieder über die Wohltäterin:

»Sie ist eine Heilige. Ihre Hingabe für die Amazone ist einfach zauberhaft.«

Obgleich alle Schecks von Natalie unterschrieben sind, behaupten diese Damen ganz unverblümt, Gisèle bezahle die Pension Natalies in diesem Luxushotel. Es ist ein ganz absurdes Gerücht, wenn man »das phantastische Vermögen der Barneys« bedenkt, aber eine Museumsdirektorin, die in Gisèle ganz vernarrt ist, glaubt fest daran.

Gisèle hat von der Amazone gelernt, daß man nicht nachgeben darf, wenn man Leidenschaften entflammen will. Achtzigjährige Rheumatikerinnen und juwelenbehangene Siebzigerinnen machen Gisèle den Hof, und sie sonnt sich inmitten der kichernden Anzüglichkeiten und gibt vor, darüber zu lachen. Natalie lacht auch. Nur klingt das Lachen der Amazone oft gezwungen, denn in den letzten achtzehn Monaten ihres Lebens

lernt sie ein Gefühl kennen, von dem sie vorher nichts wissen wollte: die Eifersucht. Und diese Eifersucht erstreckt sich auf Männer und Frauen. Eines Mittwochs nach dem Mittagessen stellt sie mir die Frage:
»Glauben Sie, daß Gisèle Max heiraten wird, wenn ich nicht mehr da bin?«
Ich protestiere heftig. Max ist verheiratet, Max hat Kinder, Max hat Liebhaber, Max hat Schulden. Wozu sollte Gisèle ausgerechnet einen Mann heiraten, der vor Lastern und Schulden stinkt?
»Weil er sie amüsiert.«
Das ist in den Augen der Amazone das schlagende Argument. Es gibt nichts, das einem bißchen Vergnügen gleichkommt. Ich beruhige meine besorgte Natalie, so gut ich es kann, und ich bin traurig über das »wenn ich nicht mehr da bin«, das diese vierundneunzigjährige Frau sonst immer vermeidet auszusprechen. Am liebsten hätte ich ihr gesagt: »Wenn Sie einmal nicht mehr da sind, werden sich Gisèle und Max sofort überwerfen, denn sie sind sich zu ähnlich.« (Das ist übrigens auch am Tag nach Natalies Beerdigung geschehen.) Aber ich schweige, und mein Schweigen wird als Zustimmung aufgefaßt. So schließt Natalie mit unerwarteter Bitterkeit:
»Da sehen Sie, daß ich Recht habe. Gisèle wird Max heiraten.«
Gisèle hat ihr Spiel gespielt und gewonnen. Sie hat es fertiggebracht, Romaine auszuschalten, und jetzt vergreift sie sich noch an der Toten:
»Romaine hat Sie nicht geliebt«, wagt sie Natalie zu sagen, deren Augen sich mit Tränen füllen, die sie aber schnell bekämpft. Eine Amazone klagt nicht. Eine Amazone begnügt sich damit, Schecks zu unterschreiben oder ein Schmuckstück zu verschenken. Von Monat zu Monat häuft sich Natalies Schmuck auf den Ohren, dem Hals und den Schultern Gisèles – sogar die berühmte Diamantenschnur der Mutter. Als ich diese, sich bis zum Gürtel Gisèles ergießende Diamantenflut betrachte, erklärt mir die Amazone, die meinem Blick gefolgt ist:

»Schmuck ist für junge Frauen da.«
»Die junge Frau« erhebt sich sogleich und küßt Natalie auf die Stirn. Gisèle feiert ihren Triumph und vergißt alle Zurückhaltung. Sie läßt die Maske der uneigennützigen Geliebten fallen. Gewiß hat sie zu Beginn ihres Verhältnisses ihre Verführerin geliebt, die sie von der Sklaverei ihrer Familie befreit hat. Aber dann hat sie allmählich der Versuchung jenes »phantastischen Vermögens der Barneys« nachgegeben. Das Einkommen Gisèles ist viel bescheidener, als ihre Helotinnen es annehmen. Und sie gibt das Geld mit vollen Scheffeln aus. Sie hat sich von Natalie eine Vollmacht erteilen lassen, wie die, die Berthe seit 1939 hatte. Berthe, die immer noch die verbrauchten Scheckbücher kassiert, ist über die »unglaublichen« Summen, die auf den Abschnitten verzeichnet sind, entsetzt.
Natalie gibt alles her: ihre Dollar, ihren Schmuck, alles was Gisèle will, außer den Briefen, diesen einzigen übriggebliebenen Zeugen ihrer geistigen Abenteuer. Diese kostbaren Dokumente werden der Bibliothek Doucet anvertraut, deren Direktor, François Chapon, der auch ein Freund der Amazone ist, das Schlimmste vermeiden kann. So kann Gisèle nicht diese Briefe in alle Welt verscherbeln oder sie ihren gierigen Sklavinnen schenken.
Gisèle treibt es so weit, daß sie sich selbst für die Amazone hält. Sie empfängt Freitag nachmittags im Hotel. Cocktails und Oliven sind anstelle des Portweins und der gezuckerten Erdbeeren getreten. Gisèle drängt Natalie eine Gesellschaft auf, die sich einzig und allein auf drittklassigen Klatsch beschränkt oder höchstens den letzten Film erzählt.
»Warum lädt sie diese unausstehlichen Leute ein? Kamen die denn in die Rue Jacob?« fragte Natalie ihre Berthe. Berthe muß gestehen, daß dieser Klüngel nicht zu »unseren Gästen« gehörte. Diese Neuankömmlinge bereiten – ohne es zu wissen – Natalie eine zusätzliche Qual, denn für sie ist jedes unbekannte Gesicht wie eine Aggression. Die Amazone betrachtet lieber ihre wahre Wirklichkeit in den Gesichtern Lianes, Renées und Romaines.

Natalie ist an wahren Luxus gewöhnt und verabscheut den Talmiluxus der großen Hotels. Sie haßt die bei Tisch servierten Gerichte, bei denen die überladene Dekoration den guten Geschmack ersetzt. Berthe kommt jeden Tag ins Hotel und bringt ihren Optimismus und exquisite Speisen mit. Alles was Berthe bringt, ist besser, einschließlich der Blumen aus ihrem Garten auf dem Lande. »Richtige Rosen, Rosen von Berthe«, ruft Natalie bewundernd aus und wirft einen verächtlichen Blick auf die anderen, die blöden Baccarat Rosen, die Gisèle zu Dutzenden bestellt. Nachher erzählt sie allerdings, die Museumsdirektorin, ein Milliardär, ein Maler oder Max hätten sie ihr geschickt. Ausgerechnet der geizige Max, der imstande wäre – wie man bei uns in der Provence sagt – »einen Floh zu häuten, um sich einen Mantel daraus zu machen«! Die Amazone, die das Spiel durchschaut hat, nimmt wieder einmal die Gelegenheit wahr, auf Max zurückzukommen:

»Wenn Max Ihnen Rosen schickt, ist er bestimmt in Sie verliebt.«

»Oh! Naty, Naty, ich beschwöre Sie, um Himmels willen!«

Und Gisèle hält sich die Wangen, die schon seit langem unter der dicken orangefarbenen Schminke nicht mehr errötet sind. Sie spielt das kleine Mädchen. Dieses siebzigjährige kleine Mädchen gibt sich geziert und neckisch, und das amüsiert die Amazone. Gisèle gibt der Amazone die Illusion einer Zärtlichkeit.

Was kann man mehr verlangen?

Dafür hat Gisèle das Recht auf ihre eigenen Zerstreuungen, die vor allem das Kino und ihre Mondänitäten sind. Um diesen Vergnügungen nachgehen zu können, hat sie eine Art von Natalie-Dienst eingerichtet. Ich übernehme das Mittagessen am Mittwoch. Andere lösen sich an den übrigen Tagen der Woche ab. Für den Sonntag hat Gisèle eine kleine Bewunderin der Amazone vorgesehen. Sie ist eine achtzehnjährige Tänzerin, die wir *La Tutu* nennen, weil sie in ihrem Tütüröckchen und ihren Ballettschuhen Kostproben ihrer Kunst darbietet. Und während *La Tutu* für die Amazone tanzt und sich mit ihr über

ihr Seelenleben unterhält, thront Gisèle mit ihren Helotinnen in irgendeiner Theaterloge, und danach lädt sie ihren hungrigen Hofstaat zu einem ausgiebigen Kaffeekränzchen ein.
Gisèle gestattet sich auch kurze Reisen, und während ihrer Abwesenheit bleibt Berthe im Hotel. Wenn Mademoiselle sich zu langweilen scheint, schlägt Berthe vor:
»Wünscht Mademoiselle, daß ich Madame Gisèle telegraphiere, sie möchte schon früher heimkommen?«
»O nein! Nein! Leben wir unser ruhiges Leben weiter, wie früher.«
Denn mit Berthe kann Natalie ganze Nachmittage über Dolly, Lilly, Nadine und vor allem über Romaine reden. Und Berthe konnte sie auch endlich beruhigen:
»Madame Brooks hat nur Mademoiselle geliebt. Wer behauptet das Gegenteil?«
Natalie verlöscht wie eine Flamme. Aber wie eine Flamme behält sie bis zum Schluß ihre Ausstrahlung.

21
Natalie 1972

... died Saint Musset, proof of Earth ...
Ladies Almanach

Am 31. Oktober 1971 feiern wir den fünfundneunzigsten Geburtstag der Amazone. Berthe hat für die gewohnte Speisenfolge gesorgt. Es gibt Huhn à la Maryland und Zimtgebäck. Auf dem Tische hat sie Hyazinthenzweige, mexikanische Früchte und die unerläßlichen Pfefferminz- und Likörpralinés verteilt.

Man packt die Geschenke aus, und beim Rascheln des Papiers ruft Natalie glücklich aus:

»Hört ihr, wie das Papier applaudiert?«

Nach diesem Geburtstag sind alle Hoffnungen erlaubt. Natalie kann gut hundert Jahre alt werden, wie eine ihrer Großmütter und – wer weiß? – vielleicht kann sie in die Rue Jacob zurückkehren. Ob hundert Jahre oder nicht, Natalie hat ihr Wesen und ihr Leben erfüllt. Sie hat ihr Testament gemacht und die Inschrift entworfen, die auf ihrem Grab stehen wird: »Ich bin das Wesen der Legende, die ich weiterlebe.« So hat sie, gemäß ihrer Gewohnheit, und durch ihren Willen allein die Grenzen des Zufalls, »jenes Stümpers« nach Möglichkeit zurückgedrängt.

Am 29. Januar 1972 erscheint Berthe strahlend und schelmisch im Hotel. Sie hat einen Fund gemacht, als sie in der Rue Jacob Ordnung machte.

»Wenn Mademoiselle das wüßte. Ich habe Liebesbriefe von jungen Männern gefunden. Ich habe – aber hatte ich eigentlich das Recht dazu?«
»Berthe, Sie haben alle Rechte.«
»Ich habe hineingeschaut. Männer, die in Mademoiselle verliebt waren. Amerikaner. Ich kann es gar nicht fassen.«
»Berthe, nichts bleibt Ihnen erspart«, lachte die Amazone, und wir lachen mit. Die Briefe sind von einem Dick und von einem John unterschrieben. Die beiden hatten sich in die schöne Natalie Clifford Barney, den Stern der Bälle von Washington und Baltimore verliebt. Berthe hat das Photo von John mitgebracht. Es trägt die Widmung: *To my darling Natalie with love from John. May 1896. This is the way I looked, when I was a pretty Cadet officer in 1889.*
Natalie übersetzt: »Für meine geliebte Natalie mit Liebe von John, Mai 1896. So sah ich als hübscher Kadettenoffizier im Jahre 1889 aus.« Die Verführerin gesteht, daß ihr Bewunderer wirklich reizend war. Erneutes Gelächter, das noch zunimmt, als die Amazone uns von ihrem letzten Sieg erzählt. Gestern waren ein paar Arbeiter im Hotelflur beschäftigt und fluchten und sangen dabei so laut, daß es die Amazone störte. Sie öffnet ihre Zimmertür, tritt hinaus und befiehlt:
»Arbeiter! Aufhören!«
Die Arbeiter hören auf und arbeiten schweigend weiter. Während Natalie wieder ihre Türe schließt, hört sie einen Satz, der sie in Freude versetzt. »Die hält sich für die Königin von England.« Natalie ist entzückt. Aber es stimmt. Sie ähnelt sowohl einer Königin von England als auch einer Königin der Prärie. Sie ist halb Victoria, halb Indianerhäuptling. So sah ich sie zum letzten Mal strahlend.
Am ersten Februar verläßt Gisèle das Hotel verhältnismäßig früh, gegen elf Uhr. Sie geht zu einem Mittagessen und anschließend ins Kino. Die Amazone ist ärgerlich. Sie weigert sich, zu Mittag zu essen. Am frühen Nachmittag läutet sie ihrem Zimmermädchen Suzanne und bittet sie, in der Bar des Hotels nachzusehen, »ob Madame Gisèle dort nicht herum-

sitze«. Das wiederholt sich alle Viertelstunden. Ihre letzten Viertelstunden der Einsamkeit.
Gisèle kommt am späten Nachmittag zurück und findet Natalie stark fiebernd vor. Die Amazone legt sich ins Bett, und gegen zehn Uhr abends tritt das Koma ein. Sie stirbt um ein Uhr früh.
Gisèle ruft mich um sieben Uhr an, um mir die Nachricht mitzuteilen. Eine Sekunde lang weigere ich mich, es zu glauben, und sage: »Das ist doch nicht möglich.« Aber dann muß ich es mir eingestehen. Natalie ist tot. So oft habe ich an diesen Tod gedacht, und nun bin ich so überrascht und fassungslos.
Ich gehe zu Fuß von Les Batignolles in die Tuilerien. Der Morgen dämmert. Es hat geregnet wie am Tag unserer ersten Begegnung. In einem Blumenkasten vor einer Caféterrasse wächst Efeu. Ich pflücke ein Blatt und gebe es Berthe, als ich im Hotel ankomme. Ich weigere mich, das Zimmer der Amazone zu betreten.
Am Donnerstag, dem 3. Februar, wird Natalie in die amerikanische Kirche überführt. Sie trägt das weiße Satinnachthemd, das ihr Berthe geschenkt hatte, und darüber einen weißen Flanellschlafrock, das Geschenk Gisèles. Auf ihrer Brust ist das Photo Romaines, und sie hält das Efeublatt in ihrer Hand.
Am Freitag, dem 4. Februar, gegen halb fünf Uhr nachmittags, zur Stunde, in der alle ihre Getreuen sich in der Rue Jacob 20 zu versammeln pflegten, wird Natalie im Friedhof von Passy – nicht weit vom Grabe Renée Viviens entfernt – beerdigt.
Das Wetter ist strahlend sonnig.
Nun bleibt noch das Schlimmste zu erledigen. Die persönliche Habe der Amazone wird im Hôtel Drouot versteigert. Die Leute vom »Trust« haben die Bilder von Carolus Duran und von Alice Pike Barney dem *Smithsonian Institute* in Washington vermacht. Aber all die Bücher, die Hermelindecke und alles andere fällt unter den Hammer.
Das Bett der Amazone steht aufrecht an eine Wand gelehnt auf der Straße in Erwartung eines Käufers. Am gleichen Tag

wird in einem anderen Stockwerk des Hôtels Drouot das Louis-XV-Bett der Liane de Pougy versteigert.
Ein Jahr später, im gleichen Monat starb Gisèle. Es ist, als habe die Amazone wie eine Pharaonin die Favoritin zu sich abberufen. Berthe wohnt immer noch in ihrer Hochparterrewohnung in der Rue Jacob.
Ich besuche sie oft, ohne einen Blick auf den Hinterhof, das Schlößchen, den Garten, den Freundschaftstempel zu werfen. Und mit Berthe plaudern wir immer wieder von Mademoiselle, von Miß Barney, von der Amazone.
Wie lebendig sind Sie geblieben, meine Natalie, wie lebendig!

Herbst 1963 bis Sommer 1975

22
Nachwort und Dank

Ich begann dieses Buch mit großem Ehrgeiz. Es stellt zehn Jahre meines Lebens und zwei Jahre Arbeit dar. Ich wollte die Biographie der ersten freien Frau ihrer Zeit, meiner Freundin Natalie Clifford Barney, schreiben. Aber ich mußte auf vieles verzichten, denn zu viele noch lebende Personen wären betroffen gewesen, und so beschränkte ich mich auf ein Porträt.
Es ist gewiß ein recht subjektives Porträt geworden, und ich hätte es auch *Porträt meiner Verführerin* nennen können. Aber in einem werden mir ihre unzähligen Anbeterinnen und Bewunderer Recht geben: jedem seine Natalie, jedem seine Amazone. Was die meine anbetrifft, so fühle ich mich ein wenig Vater und Sohn zugleich – und das ist ein schwieriges Verwandtschaftsverhältnis. Der Sohn ist vor Bewunderung hingerissen, aber der Vater kann über gewisse Betragensformen nicht einfach hinwegsehen.
Natalie wollte bis zum letzten Atemzug den Frieden ihres Paradieses genießen und hatte mich deshalb gebeten: »Versprechen Sie mir, kein Buch über mich zu schreiben, solange ich lebe ...« Und dann hatte sie den vernichtendsten Satz hinzugefügt, den man jemandem in einem solchen Fall sagen kann: »Danach – haben Sie mein Vertrauen.« Um mir dieses Vertrauen zu beweisen, hatte sie mir die Korrespondenz mit Liane de Pougy, Renée Vivien, Rachilde, Lucie Delarue-Mardrus, Rémy de Gourmont, Max Jacob und Pierre Louÿs gegeben. Einige dieser Briefe sind hier zum ersten Male veröffentlicht.

Der Ozean Barney enthält noch wahre Abgründe an Schätzen, deren Reichtum noch lange nicht erschöpft ist. Ich hätte mich gewiß in diesen Abgründen verloren, wenn François Chapon, der Konservator der literarischen Bibliothek Jacques Doucet und testamentarische Verwalter des unveröffentlichten Werkes von Miß Barney mir nicht die notwendigen Genehmigungen erteilt und mich mit seinem Rat unterstützt hätte. Außerdem halfen mir bei diesem Forschungsversuch: Berthe Cleyrergue, die ich bereits am Anfang dieses Buches genannt habe, Marguerite Yourcenar, Christine de Rivoyre, Betsy Gautrat, die Damen Fort-Valette, Castellier, Baron, Pater Robert de Gourmont, Jean d'Ormesson, Jean Griot, Jean Denoël, Georges Wickes, Jacques de Ricaumont, Philippe Jullian, William Huntington, Rechtsanwalt Dr. René Michel, Jean Labayle-Couhat, Dr. Nogrette, Dr. Chiquouri und Carlos de Angulo.
Ich danke ihnen allen aus vollem Herzen.

Namenregister